李文田年譜長編

李骜哲　著

南方传媒
广东人民出版社
·广州·

图书在版编目（CIP）数据

李文田年谱长编 / 李骘哲著. -- 广州：广东人民
出版社. 2024. 7. -- ISBN 978-7-218-17904-9

Ⅰ. K825.72

中国国家版本馆CIP数据核字第202478AZ43号

LI WENTIAN NIANPU CHANGBIAN

李 文 田 年 谱 长 编

李骘哲　著

出 版 人：肖风华

责任编辑：刘飞桐　钱　丰
责任技编：吴彦斌

出版发行：广东人民出版社
地　　址：广州市越秀区大沙头四马路10号（邮政编码：510199）
电　　话：（020）85716809（总编室）
传　　真：（020）83289585
网　　址：http://www.gdpph.com
印　　刷：广州市豪威彩色印务有限公司
开　　本：889毫米×1194毫米　1/32
印　　张：10.625　　插　页：4　　字　数：350二
版　　次：2024年7月第1版
印　　次：2024年7月第1次印刷
定　　价：98.00元

如发现印装质量问题，影响阅读，请与出版社（020-85716849）联系调换。
售书热线：（020）87716172

本书为2021年度广东省哲学社会科学规划项目《李文田年谱长编》（编号：GD21HZL01）结项成果。

李文誠公遺像

李文田像

李文田用印

上諭本年值更換學政之期江西學政著李文田去欽

此九年十一月二十二日轉補翰林院侍讀十年七

月十八日補授詹事府左春坊左庶子十年八

月初二日奉

旨仍留學政之任欽此十年十二月初一日奉

旨補授翰林院侍講學士十年十二月十五日奉

旨仍留學政之任欽此十三年四月二十五日奉

旨轉補侍讀學士欽此十三年三月初三日田江西學政差竣

十三年三月初五日奉

上諭翰林院侍講學士李文田著仍在南書房行走欽

此十三年六月二十八日奉

上諭翰林院侍讀學士李文田著請開缺養親一摺李文

田著准其開缺回籍養親欽此光緒八年正月初十

日丁生母憂服滿准其起復十年四月初十日服

滿十一年十一月二十日起復到院十一年三月二十

一日奉

上諭前翰林院侍讀學士李文田著仍在南書房

行走欽此光緒十二年二月初七日奉

旨補授翰林院侍讀學士欽此是日任京捐局八月上

甲指修工程銀五百兩內劃出銀二千二百兩續

林院侍讀學士於予身常加五級專為請二品

封典之母合併聲明十三年九月十六年奉

旨江南正書官著李文田去欽此十一月初九差竣

十四年六月二十二奉

光緒十五年正月二十四日奉

旨補授詹事府詹事少詹事是日任十五年正月二十八奉

懿旨皇帝大婚禮成所有內廷行走各員一併加恩加以

藥欽南書房行走各詹事府少詹事李文田著過看

應外之缺開列在前等因欽此十五年六月二十日奉

旨浙江正考官著李文田去欽此十六年四月初五奉

旨李文田補授內閣學士兼禮部侍郎衛走月初六到

任是年十一月十二日奉

上諭值更換學政之期順天學政著李文田補授欽此是月十四到任

上諭禮部右侍郎著李文田補授欽此是月十

七年八月初一日奉

初八日接卯現天學政正月二十年正月初一日奉

上諭朕欽奉

黃禧端佑康頤昭豫莊誠壽恭欽獻皇太后懿旨本年

六旬慶辰推恩遍加在廷臣工克勤職守乃有年

應一體加恩以光盛曲禮部右侍郎李文田著賞

戴花翎欽此二十年八月初二日奉

上諭徐會灃道在出差工部右侍郎兼管錢法堂事

務著李文田暑理欽此二十年八月初二日奉

上諭禮部右侍郎李文田仍在南書房行走欽此二十年

十二月二十五日其辰請充署漢

經筵講官一摺李

旨深出禮部右侍郎李文田充署漢經筵講官欽此

李文田履歷單

秦相泰山刻石

咸豐辛酉七月李文田書題

李文田藏泰山刻石拓本

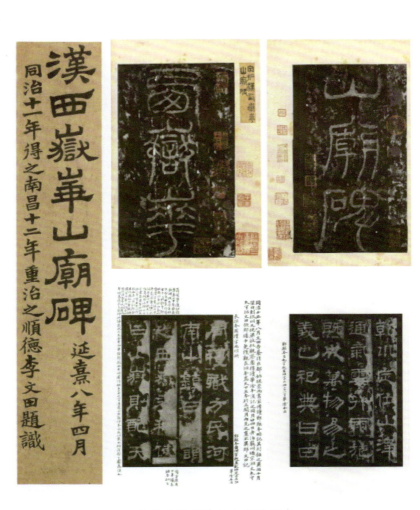

李文田藏西岳华山庙碑拓本

唐人稱蘭亭自劉餗隋唐嘉話始矣嗣此何延之撰蘭亭記
述蕭翼賺蘭亭事如目觀之此記在太平廣記中第鄙意以為
定武石刻未必晉人書以今所見晉碑皆未能有此一種筆意此
南朝梁陳以後之迹也按世說新語企羨扁劉孝標注引王右軍
此文稱曰臨河序今無其題目則唐以後而見之蘭亭非梁以前
蘭亭也可疑一也世說云以右軍蘭亭擬石季倫金谷序慧
有欣色是序文本擬金谷序也今攷金谷序文惠與世說注所
引臨河序備極相應而芝武本自大人之相與以下多無數字此
必隋唐間人知晉人喜述老莊而妄增之不知其與金谷序不相
合也可疑二也即謂世說注所引或經刪節原不能比照右軍文集
之詳悉錄其所述之下說注多四十二字注家有刪節右軍文
集之理無增添右軍文集之理此又其與右軍今集不相應之一
確證也可疑三也有此三疑則梁以前之蘭亭與唐以後之蘭亭
文當難信何有於此三疑右軍善書曰龍跳天門虎卧鳳
闕曰銀鉤鐵畫故世無右軍之書則已茍或有之必其與繄
寶子靈龍顏相近而後可以東晉前書與漢魏篆書相似
時代為之不得作梁陳以後體也然則定武雖佳盖吳興與
昭陵諸碑間之佳書不必右軍筆也往讀
汪容甫先生述學有此帖跋語今始見此帖亦且以驚心動
魄然予跋是以助趙文學之論惜諸君不見我也光緒己丑浙江
試竣北還過揚州為
午橋公祖同年跋此順德李文田

李文田跋汪中旧藏《定武兰亭》

西游錄注

順德李若農先生著

門人唐繼盛謹署耑

《西游录注》书影

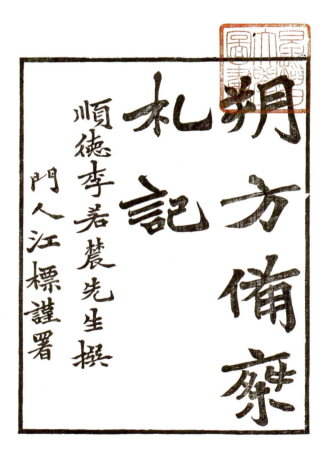

朔方備察札記

順德李若農先生撰

門人江標謹署

《朔方备乘札记》书影

目　录

引言：李文田与"清流"

　　同光时期的"清流"研究，多聚焦于那些被看作是"清流"的人物。但既然"清流"是一种现象，那么，除了政治舞台中心的所谓"清流"人物，亦还有聚光灯之外的与"清流"关系密切的朋友、前期交好和后期疏远的同事。随着"清流"在中法战争后的散落，这些人物也长久地处在历史从业者的考察视野之外。

　　李文田就是这样一位"清流"的挚友，他是名臣兼名士，同时又不被看作"清流"。他算得上是"清流"的老师辈的人物，但出道比潘祖荫和翁同龢略迟，又比"清流"中的名角（如张佩纶、张之洞、陈宝琛、黄体芳）稍早；他是广东顺德人，与"清流"的中坚分子似乎也叙不上地望之缘，或许这些因素使他在京城交往圈子里显得特别，这也造成他与"清流"的特殊关系，同时更造就他与"清流"不同的官宦生涯。

　　在所谓"中兴"所带来的仕途拥堵时代，他的仕途可谓顺风顺水，但他却在即将进入枢臣的关键时刻，主动辞官；他的知识结构广博而繁杂——书法金石、西北地理、中医相术，那时"清流"所热衷的时髦学问，都是他的拿手好戏，但他在附和潮流的同时又能学以致用；他脾性温和，同时又刚烈，在"清流"尚未形成气候的同治后期，冒险直谏。

　　这样的人物，不是"清流"，却胜似"清流"，他身上所发生的一切，充满着历史之谜，同时也构成历史的魅力。他与"清流"究竟是什么关系？他身上的特质与"清流"有什么异同？他的政治观点、学术抱负与他的仕途有着什么样的关系？研究李文田，应该能够让我们看到更多、更丰富的"清流"面相。

一、家世

李文田，字畬光，[①]广东顺德人，祖居顺德江尾上村。1834年9月22日（清道光十四年八月二十日）[②]生于南海县佛山镇。[③]父名吉和，吉和妻何氏，妾徐氏，有子四人。[④]李文田为次子，徐氏所出，因长兄李显球早夭，在家中以长子居。幼颖异，有神童称，受到梁氏塾师何铁桥和梁九图赏识，被收作梁九图长子梁僧宝的伴读，长期在梁园学习。[⑤]

李文田家贫，十三岁时，其父弃世，竟无钱归葬。其母徐氏"悉索十指"也难以养活三个儿子。李文田欲弃学从商以养其母。其师何铁桥谓："文田子天才英绝，必能早致青云。贫者士之常，奈何以小困辍学？"资以膏火。[⑥]

[①] 李文田，字畬光，号若农（石农、苦农），又号仲约、仲若、药农、芍农、约农、一痴道人。室名双溪醉隐、五千卷室、泰华楼、赐书楼、泰华山堂、壁书楼。各字号中，"石农"仅见于《王文韶日记》，"苦农"见《五十万卷楼群书跋文》，皆疑似误记；其余则常见于清末各种书信、笔记、日记之中。

[②] 李渊硕撰，李棪手批：《顺德李文诚公行状》，民国十八年红印本。

[③] 邓又同编：《李氏泰华楼三世及事迹》，广东省立中山图书馆，出版年月不详，第51页。

[④] 一说六人，李文田居第四，除长兄李显球外，余皆夭折。李显球死时年二十五，此时李文田亦尚未出生。

[⑤] 李渊硕撰，李棪手批：《顺德李文诚公行状》，民国十八年红印本。另，《岭南画征略》引李慈铭《题梁九图仿郑所南画兰册》有'梁君为鸿胪寺少卿僧宝之父，素以诗名，有人伦鉴识。李学士文田幼孤贫甚，一见决其不凡，为饮食教诲之。"此应为李文田对李慈铭亲言。（汪兆镛纂：《岭南画征略》，第22—23页，见周骏富辑《清代传记丛刊·艺林类》第18册，台湾明文书局，1985年。）

[⑥] 李渊硕撰，李棪手批：《顺德李文诚公行状》，民国十八年红印本。

梁园的学习条件十分优厚，不但藏有宏富的书籍和大量的朝报、奏议，还有名师指点课业。李文田读书亦十分刻苦，每日佐晨夕夜漏三下，书声即闻于邻舍。①几年下来，他不但在课艺上出类拔萃，而且还熟识历代的史事、掌故。"学业日进"。

梁园的生活环境也对李文田的性格产生了重要影响：

> 四面繁花复水湄，柴关长掩日迟迟。
> 香招风过如相约，梦趁春来似有期。
> 垂老兄弟同癖石，忘形叔侄互裁诗。
> 此中幽趣谁窥得，只许闲鸥几个知。②

这首梁九图的《汾江草庐春日》形象地展现了梁氏一族淡泊清雅的生活情趣。"四面繁花复水湄，柴关长掩日迟迟"是梁氏族人远离凡嚣，追求林泉之乐的具体写照。"垂老兄弟同癖石，忘形叔侄互裁诗"则是他们喜好金石、奇石，崇尚文学的表现。梁九图之前的两代梁氏族人，在举业上都不是十分顺利，慢慢地，梁氏一族就形成了这种高雅、淡薄的志趣，在难以中举的时候，便退求其次，闲情于山水园林、诗词学术。

梁氏叔侄父子的各种著述正是这种志趣的又一体现。梁九图有《十二石斋诗集》《紫藤馆文钞杂录》《风鉴证古》等，③其父梁玉成有《良方类抄》，④其叔父梁蔼如有《无怠懈斋诗

---

① 李渊硕撰，李棪手批：《顺德李文诚公行状》，民国十八年红印本。
② 佛山市文化局：《佛山文化年鉴》，2002年版，第185页。
③ 佛山炎黄文化研究会，佛山市政协文教体卫委员会编：《佛山历史人物录》第1卷，花城出版社，2004年版，第176—177页。
④ 裘沛然主编：《中国医籍大辞典》，上海科学技术出版社，2002年版，第1713页。

集》，^①其兄梁九章有《医法精蕴》《寒香馆帖》。^②仅一部《寒香馆法帖》就可以让人窥到此时梁园收藏的规模——怀素《千字文》、李邕《奂上人帖》、赵孟頫《耕织图诗》二十四首、朱熹《去谷诗》、米芾《春和景明帖》……尽是稀世珍品。^③

不难看出，这些著述涵盖的范围很广，诗词、书法、金石、岐黄、风鉴都囊括其中。而这些元素又无一例外地渗入了李文田体内。于课业之外，李文田将这些特长一一学得，变成自己的拿手好戏。也正是出于这样的原因，李文田虽然出身社会底层，却完全不缺乏世家大族子弟的生活情趣和风度气质。这为他日后迅速适应北京士大夫的交际圈子打下了良好的基础。

此外，梁氏的背景也值得关注。梁氏是岭南望族，在广东有不小的影响力。广东名士张维屏、黄培芳、吴炳南、岑澂、陈璞等人都是其座上常客。张维屏是道光二年进士，署理过南康知府。他以诗闻名，与龚自珍交谊很深，是翁方纲呼为"诗坛大敌至矣"的人物。^④黄培芳号称"岭南名儒"，与张维屏、谭敬昭有"粤东三子"之称。吴炳南、岑澂、陈璞等人也都是当地知名的文人。

不止于此，梁氏的背景更体现在政治领域。梁九族的叔祖父梁翰，于1748年（乾隆十三年）中进士。吴荣光是他的外孙。

吴荣光是清代广东人中官位较高的之一，一度署理过湖广总督。他晚年在自订年谱中，曾经勾勒过自己初中进士时在北京的

---

① 《翁同龢日记》，中西书局，2012年，第368页。

② 王河主编：《中国历代藏书家辞典》，同济大学出版社，1991年版，第397页。

③ 朱千华：《雨打芭蕉落闲庭：岭南画舫录》，北京航空航天出版社，2010年版，第125页。

④ 郭延礼：《龚自珍年谱》，齐鲁书社，1987年版，第153页。

交游：

> （嘉庆四年）四月初六日会试榜发，取中贡士第一百三十九名……殿试第二甲二十名，赐进士出身……改翰林院庶吉士。迁居龙春岩编修廷槐将军校场五条胡同宅，旋迁寓门楼胡同姚秋农修撰同年文田对门。与同乡温箓坡洗马汝适、温竹堂典簿汝导、郑建亭中书应元、季遥评事应翰及春岩、秋农过从。吟咏兼讲求《尔雅》《文选》之学……①

不难看出，此时在北京与吴荣光关系最亲近的，是此科的状元姚文田以及龙廷槐等几位顺德同乡。在广东，龙廷槐的家族是与梁家齐名的大家族，而且两家还是世交。姚文田后来官至礼部尚书，他和吴荣光同出于阮元门下，受这位与广东有很深渊源的大老照拂不浅。

1814年（嘉庆十九年）年纪略小却身居吴荣光叔辈的梁蔼如中进士。与他同榜高中的还有祁寯藻，而祁寯藻又是姚文田的门生。道光二年祁寯藻主广东乡试，曾与梁蔼如唱和于越秀山：

> 岭草蛮烟送客秋，衔杯同醉越山楼。
> 镜中咫尺能千里，海外传闻更十洲。
> 历历青林围远塔，萧萧黄浦识归舟。
> 与君开口成三笑，何日重来续此游。②

---

① 吴荣光：《吴荣光自订年谱》，沈云龙主编：《近代中国史料丛刊》第七十七辑（764—765），台湾文海出版社，1969年版，第9页。
② 祁寯藻：《祁寯藻集》第2册，三晋出版社，2011年版，第43页。

　　祁寯藻这首诗文字轻快，用词也较亲切，表现出聚会不但氛围轻松惬意，而且与会友人的关系也并不疏远。"何日重来续此游"自然是在表达祁寯藻此时的不舍之情，而不舍的恰恰是他和梁蔼如"与君开口成三笑"的默契，可见两人的交谊应当不是泛泛之交。顺便提一句，梁九图少时借以成名的诗作，正是《题粤台饯别图——和祁相国寯藻韵》。

　　既有本地旺族的世代经营，又有朝中要员的呼应。到咸丰年间，顺德附近的几个大家族逐渐形成了一股较强的政治势力。这股势力的核心除了梁家外，还有大良罗氏、龙氏两大家族以及梁同新、苏廷魁、罗文俊等人所属的几个附近区域的重要家族。这些家族之间，多维持有长达数世的交谊，关系盘根错节。在道光年间的这几代人中，罗惇衍和龙元僖、罗文俊和张维屏分别是进士同年，龙元僖和梁同新是亲家，罗惇衍、苏廷魁、龙元僖三人又共同主持过顺德的团练总局。更为重要的是，上述的多数人在广东的居所都在佛山镇附近一片直径不超过三十公里的范围内，即使是将居所最远的苏廷魁画入圈中，其范围直径也不超过七十四公里，往来十分密切。[①]本着这些渊源，广东人在北京的政坛上常维持着一种汪大燮所谓的"互为犄角"的关系。[②]

　　这些广东人在北京的关系也绝不仅限于同乡。梁家与祁寯藻的关系不用说了，梁同新的儿子梁肇煌也是祁寯藻的门生；龙元

僖和李文田的叔叔陈澧都是翁心存的门生，且私交不浅；陈璞是万青藜的门生。而且无论是祁寯藻、翁心存还是万青藜，他们在广东出任学差的时候，都与这些广东人建立了良好的关系。[①]

以地域为纽带，用姻亲、同年、同事等关系相互联系、维持，又有京中的高官照拂，佛山附近的几个家族成为了咸同时期广东最显赫的一支政治力量。到1851年（咸丰元年），罗惇衍任通政使（寻迁副宪），龙元僖官至侍读学士，梁同新任礼科给事中，苏廷魁为工科给事中。与他们关系亲近的祁寯藻已经升任体仁阁大学士，翁心存任工部尚书。这股来自广东的势力开始进入快速上升的阶段。

也正是在这一年，李文田应县试，被县令郭汝成置于第一名。郭汝诚很赏识李文田的才华，将他招入县署亲自督课，并命儿子树榕对李文田执弟子礼。1853年（咸丰三年）郭汝诚调任泷州，临行之时又尽将所藏文章书籍赠予李文田，[②]可谓格外关照。巧的是，郭汝成正是当朝大学士祁寯藻的门生。[③]

1853年、1854年（咸丰三年、四年），李文田于顺德龙元僖麾下帮办团练；[④]1855年（咸丰五年）广东补行乙卯科乡试，中

---

① 翁心存对广东的关注，是朝廷大老中最典型的。历年学政、主考放差，他都要专门记录派往广东的官员姓名。如果是年广东新科举子的名单晚到北京，他也会专门记入日记，表示不满。这还不算大批门生、友朋的拜访和信件来往。一个重要的例子发生在1856年6月。王发桂、张兴仁赴广东补行乡试，本应由海路走福建入粤的二人，却偏偏绕道来到河北易县，拜访正在监修慕东陵的翁心存。"驻舆数语别去"翁心存的嘱托我们不得而知，但大老权臣对广东的关注和影响，却毋庸置疑。（张剑整理：《翁心存日记》第3册，中华书局，2011年版，第1123页。）

② 《顺德县志》，台湾成文出版社，1966年，第209页。

③ 郭汝诚，字葵圃，山东济宁人，道光二十一年进士，道光二十九年以进士署顺德县事，在任四年。

④ 《李氏泰华楼三世及事迹》，第52页。

第十九名举人；①1859年（咸丰九年）赴京应会试，点探花，授职编修。②

顺利的举业迅速地改变了李文田的生活处境。相传在回籍葬亲时，面对前来致意的宾朋，他曾写过这样一副对联：

> 忆当年贫穷，柴米俱无，赊不得，借不来，二十年中，天眼未开人眼闭；蒙今日富贵，钱银两便，亲也临，疏也到，九阅月内，蓝袍乍脱锦袍归。

这副对联，未必是李文田的作品，仅作传说观之，短短五十二字，仍清晰地描绘出李文田出仕之前的艰辛生活和世态的炎凉，也勾勒出会试前后，两种命运的巨大落差。社会底层的疾苦、良好的教育和梁园的熏陶，塑造了李文田特殊的个性——讲求义理也注重实际。这既不同于世家出身的传统士大夫，又有别于靠军功捐纳跻身政坛的洋务官员。而他身后庞大的政治背景，也为他日后仕途的发展做好了准备。

二、交游

己未科会试，李文田点探花，授职编修，开始了他的京官生活。拥有探花的科名、出色的文学才华和广东雄厚的人脉网络，李文田很快就赢得了京中大老的关注。

---

① 李渊硕撰，李棪手批：《顺德李文诚公行状》，民国十八年红印本。
② 值得注意的是，李文田的同窗梁僧宝也于此科中进士。

一等三十二名：严辰、张丙炎……二等五十五，三等八十四，四等十。孙家鼐列二等廿六，李文田列二等三十七。①

1859年6月2日（咸丰九年五月初二），翁心存在日记中抄录朝考等第单，除一等抄出姓名外，二等以下仅记录人数，却单列出了排名偏后的状元孙家鼐和李文田。按照翁心存的习惯，在抄录历年考试等第时，如单列出某人，则此人必与翁心存有一定渊源。②此次列出的孙家鼐是翁心存辛亥顺天乡试的门生，也是翁心存门下第一个状元，受到看重十分自然。李文田与翁心存的关系则源于陈澧和龙元僖。此二人皆为翁心存的乡试门生。"陈兰浦辞归，黯然销魂，几欲为之下泪。"③陈澧落第后的辞别竟能让翁心存落泪，陈、翁之间的关系早就超越了师门的界限。而李文田正是陈澧的侄辈亲戚，时有书信往来。龙元僖在京时与翁心存关系密切，李文田早年曾在他麾下帮办团练。他与翁心存之间的通信也常通过李文田传递。④后李文田的幼女亦嫁入龙家，可知李、龙二人交谊不浅。

凭借此二人的关系，李文田联系上翁心存并非难事，但他和翁家更深的交往，还是通过翁同龢来建立的。李文田和翁同龢

---

① 《翁心存日记》第4册，第1430页。
② 翁心存在日记中抄录考试等第的习惯，在各个时期不尽相同。早期一般只抄录一等第一及末等最后一二名；晚期常抄全一等的全部名单。只有和他有一定渊源的人，才会在抄录的等第单之后额外列出。另外，咸丰十年，林彭年朝考以榜眼列二等十五名；同治元年，何金寿朝考以探花列三等三十二名，亦不见翁心存记录。可见翁心存此则日记，绝非因孙李二人殿试、朝考成绩差异过大而记。
③ 《翁心存日记》第2册，第793页。
④ 《翁心存日记》第4册，第1642页。

的初次接触是在1860年（咸丰十年）庶吉士的散馆考试上。这次考试李文田名列第三，仅次于张丙炎和翁同龢。①他的出色表现给翁同龢留下了深刻的印象："广东李若农编修文田赋甚闳丽，叹为奇材。"②二十天后，翁同龢主动造访李文田，又是赞不绝口："若农博览能文，丹铅不去手。"③二人很快就成为密友，仅过一年便换帖定交，结为金兰。④促使二人关系迅速升温的媒介正是李文田的拿手好戏——金石。

在同治初年摆弄金石已经成为士大夫们竞相追逐的风尚。从三代钟鼎到宋版图书都成为人们疯狂搜罗的对象，金石学成了博得大名的敲门砖。引领这股潮流的是潘祖荫和翁同龢。"翁常熟协揆性好书画，收藏甚富。"⑤继昌记录的虽是光绪年间的事情，但所述的情形却与同治时相差无几。李文田正是翁同龢品玩金石书画的重要伙伴。

> 偕若农来看《九成宫帖》。前所见汉隶十册，若农以五十金购得矣。⑥
>
> 偕若农同看《多宝塔》，汪稼门物（志伊）。有康熙乾嘉诸名人跋，而帖不佳（凿字不坏，谬字刻字皆断）。⑦
>
> 若农以泰山秦刻廿九本见示。⑧

① 翁同龢为丙辰科进士，咸丰九年四月，以病未散馆，故于咸丰十年补行。
② 陈义杰整理：《翁同龢日记》第1册，中华书局，2006年版，第51页。
③ 《翁同龢日记》第1册，第53页。
④ 《翁同龢日记》第1册，第123页。
⑤ 继昌：《行素斋杂记》，上海书店出版社，1984年影印版，第33页。
⑥ 《翁同龢日记》第1册，第326页。
⑦ 《翁同龢日记》第1册，第341页。
⑧ 《翁同龢日记》第1册，第579页。

借董云舫、李若农所收《开母庙》与昨本对勘……（若农云董帖在前，不可以墨纸为优劣也）。①

饭后拜客，晤邵伯寅、徐季侯、李若农，得见若农所藏《华山碑》宋拓本，为海内第四本，（天一阁本虽整，然复拓，长垣本虽精，然不完。）古厚绝伦。②

《翁同龢日记》里密集出现的有关金石的记录，反映出李、翁之间密切的关系。翁同龢是金石学的行家，能被他看重一起赏玩金石，本身就说明了李文田深厚的金石学修养。反过来，深厚的修养也证明了李文田所下的功夫。《开母庙》是难得的珍品，《泰山秦刻》和《华山碑》更是国宝级的文物，李文田能够访得，可见他在时间和金钱上的投入之多。③不过，投入之后的回报也确实不菲，李、翁二人关系渐入佳境的同时，李文田的文名也迅速提升起来。当我们翻开顺德本《华山碑》时不难发现，潘祖荫、崇实、宗源瀚、沈秉成、赵之谦、陈澧、王懿荣等人的题跋一应俱全，各种称赞之辞此起彼伏。赏玩金石不但是博得大名士头衔的趁手工具，更是扩展和优化人际网络的有效途径。"以学缘术、以学善结人缘"④这种成为一时风气的定律也同样适用于李文田。

---

① 《翁同龢日记》第2册，第680页。

② 《翁同龢日记》第2册，第1058页。

③ 根据容媛的记载，李文田所藏珍贵金石至少还有《明拓石门颂》《明拓乙瑛碑》《明初拓乙瑛碑》《明拓礼器碑并阴》《西狭颂》《明初拓史晨碑并阴》《郙阁颂》《宋或明初拓鲁峻碑并阴》《明拓杨淮表纪》《明拓尹宙碑》《旧拓张迁碑并阴》等。详见胡海帆：《章氏四当斋李氏泰华楼旧藏与燕京大学图书馆（下）》，《收藏家》2006年第9期。

④ 王维江：《"清流"研究》，上海书店出版社，2009年版，第199页。

不止金石，岐黄也是李文田的一种重要技能。"邀苓农编修为德夫诊脉撰方，予与编修初识面，而能推爱交类，周至尽心，深可感也。"①这次邀请李文田出诊的是李慈铭，二人在此之前尚不相识。德夫则是李慈铭的好友陈骧，此时病势沉重。还是素未谋面，李慈铭便能请李文田出诊，无疑反映出李文田的医术在北京的名气，而"推爱交类，周至尽心"的评语，既可见李文田此时在京的口碑，也证明了他做人的技巧。

现有保留最完整的李文田在北京出诊的记录，出自翁同龢。1864年8月（同治三年七月）翁同龢的侄子翁曾源犯癫痫，李文田见其病状，便主动提出为其诊脉。"李若农来，自称能医，为源侄处一方。"②在之后八十八天的时间里，李文田与翁同龢会面达二十二次，其中十次是专程为翁曾源诊脉而来，几乎是随请随到。③服药之后翁曾源的病也迅速得到了好转：

> 请李若农为源侄诊脉，服其药有验也，谈至暮始去。④
> 李若农来为源侄处方。连日源侄睡颇安。⑤

"癫痫是大脑神经元突发性异常放电，导致短暂的大脑功能障碍的一种慢性疾病"⑥，由于发病原因复杂、病灶不明等因素，直至今日也难以攻克。而李文田在短期用药之后就能明显改

① 李慈铭：《越缦堂日记》第五册，广陵书社，2004年版，第3075页。
② 《翁同龢日记》第1册，第339—340页。
③ 参见《翁同龢日记》第1册，第339—348、354页。
④ 《翁同龢日记》第1册，第341页。
⑤ 《翁同龢日记》第1册，第341页。
⑥ 高长斌、高歌主编：《内科学与传染病学》，北京科学技术出版社，2009年版，第339页。

善翁曾源的症状，也证明他的医术确实不俗。①虽然没有将翁曾
源完全治愈，但李文田的医术还是得到了翁同龢的认可。在这之
后，北京的很多士大夫，比如翁同龢、杨泗孙、潘祖荫、何国琛
等生病，都会请李文田出诊。李文田也足够周到，不但对病人照
顾得无微不至，甚至在自己生病时也是力疾出诊，决不推辞。②
无微不至的照顾加上高超的医术，自然容易换来同僚的青睐。再
加上李文田大名士的头衔和金石、书法上的成就，大约从1864年
（同治三年）开始，李文田在北京的人际关系已经处理得非常自
如。期间的一连串雅集的记录也许正是他此时良好人缘的最好注
释：③

> 饭李若农处，坐遇常蔚亭。④
> 饯若农于伯寅斋中，座有莱山、辛伯、蓉舫，联句
> 赠行。⑤

---

① 李文田没有留下完整的医案，供人分析其医学造诣。但是从现存零星的记录中，并不难发现李文田有较为深厚的医学积累。另一个证明李文田医术高超的例子，是1890年潘祖荫病危时的用药。当时潘祖荫患急性哮喘导致窒息，生命垂危。在场如翁同龢等人一味主张以人参、附子回阳救逆，而李文田却主张使用廉价的梨汁润肺化解。李文田的主张在当时没有被采纳，但是根据云南省中医医院内二科（心肺内科）主任梁晓鹰教授的观点，此时用人参、附子救命，完全是走错了方向，不过是"人参杀人无过"而已。在当时医疗条件恶劣，没有西药辅助的情况下，使用梨汁反而是有一线生机的。在病人情况危急时，能够弃用名贵药材，而使用廉价的梨汁，若不是经验丰富的良医，一般是难以做到的。详可参见《翁同龢日记》第5册，2409页。

② 比如1865年7月（同治四年闰五月），翁同龢腹泻后，一共七天的时间，李文田有六日守候其侧，即使自己患病也不推辞。参见《翁同龢日记》第1册，第404—406页。

③ 此处仅引出部分雅集记录，其他李文田与他人走动的记录由于存量过大，此处不引。可参看后附《李文田年谱》。

④ 《翁同龢日记》第1册，第127页。

⑤ 《翁同龢日记》第1册，第135页。

访若农，谈两时许。①

晚集若农斋中，在坐者伯寅、菜山、香涛。②

访李若农，遇香涛、伯寅。③

若农来。书扇。夜赴若农、子受招，在坐伯寅、濒石、菜山、修伯，予辞之不获，遂偕五兄便衣往。④

晚赴若农斋中，菜山邀余兄弟便饭也。⑤

与伯寅为胡荄甫（澍，绩溪人，工篆书，通小学，己未孝廉。）饯行，同坐者赵益甫（之谦）、沈均初（树镛）、吴硕卿（景萱）、李若农、杨咏春昆季。二更散。赠荄甫四金。⑥

夜邀许涑文、董研樵、孙菜山、李若农、徐颂阁、杨咏春兄弟，潘伯寅不至，添邀张香涛，便饭。⑦

是日为梁檀圃学使、叶鞠臣太守饯行，并邀朱石翘、龙鲍轩、潘伯寅、李若农饭，薄暮始散。⑧

偕濒石同赴仙城馆，（广东会馆也，在王皮胡同）。李若农招食鱼生，待许仁山，潘伯英、许涑文良久始至，同坐者孙子寿，又广东人冯仲鱼、王明生也。鱼生味甚美，为平生所未尝。⑨

---

① 《翁同龢日记》第1册，第137页。
② 《翁同龢日记》第1册，第324—325页。
③ 《翁同龢日记》第1册，第326页。
④ 《翁同龢日记》第1册，第352页。
⑤ 《翁同龢日记》第1册，第353页。
⑥ 《翁同龢日记》第1册，第399页。
⑦ 《翁同龢日记》第1册，第410页。
⑧ 《翁同龢日记》第1册，第420页。
⑨ 《翁同龢日记》第1册，第422—423页。

这些雅集的记录展示出李文田此时在北京的交往圈子。翁同龢、潘祖荫、朱学勤、杨泗孙、孙毓汶、徐郙、张之洞、孙诒经、张丙炎、李慈铭、陈乔森……相比于"清流"兴起前后京中的那个名士"俱乐部"①，此时的这个圈子还显得不太成熟。潘、翁已渐成为圈子的核心，但同治中后期才逐渐崭露头角的"清流"们，此时大多尚未通籍，而朱学勤、杨泗孙等人也将在不久之后逐渐凋谢。不过，这并不影响"俱乐部"的性质，同年、同乡的关系以及名士这个鲜亮的头衔，仍然是一条联结和扩张人际网络的有效途径。宴饮、交游、议论学问再附带上打探消息，那些"清流"们得心应手的招式，此时已经是一应俱全了。

即使成为了大名士，也不意味着仕途就可以一路通畅。同样是同治年间，同样是通过金石爆得大名的大名士，潘存、李慈铭、陈乔森、杨守敬却都与名臣的头衔无缘。机遇和出身固然是不能忽略的条件，但由名士到名臣的道路上，依然需要一些其他因素的催化。

张之洞与李文田就是一组极好的对比。张之洞是同治二年的探花，同是一甲第三，他的科名只比李文田晚了三年。这两位同住宣南一院之内的邻居经历大体相当——同治六年起张之洞先后两任乡试副主考，又提督湖北、四川学政，而李文田也是两充乡试副主考，并且任过三年江西学政。这段时间，张之洞的政绩非常耀眼：在武昌创建经心书院，整顿四川科举积弊，创建尊经书院，著《輶轩语》《书目答问》。而李文田的三年学政任期，却完全不同。

_____

① 名士"俱乐部"的概念来自《"清流"研究》。

此间布置当无眉目，士习颇称难治。拟守萧何成法，不敢更张。或坐一半年间士论稍孚，从奖劝一路整顿。若为其所轻，则相安已耳。进学香涛，退效颂阁，不识能践此语否。孝侯侍读已升宫庶否？舍弟是否即出其门下？途次一无所闻，子授司成即可转阶。①

在这封写给潘祖荫的信中，李文田十分关注同僚的升转，这显露出他对自己的仕途同样灌注了大量的心思。但事实证明，"进学香涛，退效颂阁"不过是李文田初到江西时，写给潘祖荫的客气话。整个学政任期，李文田安静地往来于江西各府州县的道路，除了例行的考试，全无作为，三年时间平淡得可以被人忘记。可又恰恰是这三年，一连串升转的诏旨，把李文田变成了侍读学士（从四品）；而张之洞直到1879年（光绪五年）"清流"兴起之前，才刚刚得到一个国子监司业（正六品）的闲曹。如果没有后来"清流"的崛起，很难想象张之洞的政治生命究竟会走向何方。急于速化的恰恰难以速化，同是北京的大名士，又有相似的出身，何以行事高调而政绩彰显的张之洞反而不如低调得多的李文田呢？李文田的背景或许可以对此作出合理的解释：

此时广东人在朝中的势力达到了清末的顶峰，从同治元年起罗惇衍、苏廷魁、梁肇煌、梁僧宝陆续出任户部尚书、东河总督、顺天府尹和大理寺少卿。而且罗惇衍的户部尚书一任就是八年，享有很高威望。②疆臣方面还有协办大学士、四川总督骆秉

---

① 《二李信札》，国家图书馆藏。
② 在罗惇衍任户部尚书的这段时间里，他对同乡当有格外的照顾。一个简洁的证据可供参考：在罗任户尚时，几位广东的名士，潘存、陈乔森等以及与之关系相近的李慈铭报捐的也都是户部主事。

章作呼应。而京中的大老如翁心存、祁寯藻等与广东人亲近者也都健在。另外李文田与自己的座主也保持了相当融洽的关系。在他会试的四位主考中，赵光可以不顾翰林院最看重的资历辈分，放下自己尚书的身份和众多后辈一起，出席为李文田南归葬亲饯行的宴会。①那位皇家对其“恩礼甚渥”的大学士贾桢，与李文田更是关系亲密。二人不但有师生关系，住处更是“仅隔一墙”。②

贾桢很能照拂自己的门生，1864年（同治三年）贾桢以翰林院掌院奉命举荐南书房翰林，结果所荐三人全部都是他的门生。③1866年（同治五年）大考翰詹，等第单上，一等五人全部都是贾桢的门生；前十五名中，贾桢的门生至少占到十一人之多。④他人尚且如此，更何况是居所“仅隔一墙”的李文田。李文田的南书房行走、大考晋中允、京察一等便都出于贾桢之手。

既有名士的头衔，又有大老的关照；良好的人脉网络加上极佳的口碑，李文田已拥有足够的关注和机会来为自己的仕途服务。而张之洞的两位“后台”，张之万在同治前期不在北京任职，同治后期又归养在籍。李鸿藻此时也不过是侍郎，影响力有限。拥有在关键时刻提供帮助的推手，也许正是李文田在同治年间行动低调，却得以在升迁速度上远远胜过高调行事的张之洞的

① 《翁同龢日记》第1册，第135页。

② “贾相国家火，卧室烬焉，夜诣贾师新宅起居。访香涛、若农，两君所居与贾仅隔一墙耳，危矣。”（《翁同龢日记》第1册，第348页。）

③ 贾桢举荐的三人中，李文田是贾桢咸丰九年会试的门生，孙诒经和张家骧则分别是贾桢咸丰十年、同治元年的教习门生。参见贾桢、倭仁：《奏保孙诒经张家骧李文田等三员参加南书房翰林考试（附一件）》，台北故宫博物院藏，文献编号：098629。

④ 十一人中，贾桢的会试门生占七人，教习门生四人，此外另有一人情况不明。

重要原因。

光绪五年，"清流"兴起之时，急于"速化"的张之洞高调谏言，费尽心思赢得慈禧的欢心，甚至不再顾及良心和理想，恐怕也正是由于这种原因使然。

三、李文田谏阻重修圆明园事考

同治十二、十三年重修圆明园的争论是晚清政坛一次不小的风波。争论持续了将近一年，而这一时期的国家却并不安宁。左宗棠在写给杨昌濬的复信中，对时局有这样的描述：

> 关内事定，即疑外宁内忧之说必所不免。故肃州告捷，迟迟拜发不用红旗。不意事竟如此。倭偪于东，俄伺于西，隐患方长。然东尚有人支撑，又用船用步皆廿余年历练而成，较有可恃。西则例用丰镐旧族，数十年来自成风气，骑射迥不如前。关外八年财殚气竭，欲制回部效已可觇，况当强邻环伺之日耶？①

"关内事定"指扑灭陕甘的回民起义，奄在1873年7月（同治十二年八月）。所谓"倭偪于东，俄伺于西"则是指同时的日本第一次侵台和新疆的阿古柏叛乱。但这并不足以阻止两位太后和皇帝安享太平的决定。即使左宗棠在肃州大捷之后，也不愿用"红旗报捷"来彰显胜利，可是不出其所言，果然"外宁内忧之说必所不免"。重修圆明园的上谕还是在1873年11月17

---

① 左宗棠：《左宗棠全集》，上海书店出版社，1986年版，第11706—11707页。

日（同治十二年九月二十八日）下发了。①

在这样的时候大修皇家园林，无疑是倒行逆施。尽管朝臣们反对园工的奏折源源不断地飞向御前，但由于修园出于慈禧太后的授意，所以反对工程的舆论还是遭到了严厉的压制，在1874年2月5日（同治十二年十二月十九日）荆州将军巴扬阿上疏请求暂停园工之后，就不再有大臣要求停止园工了。在此之后，园工又极其勉强地维持了近五个月。

直到1874年6月底（同治十三年五月），可供园工调用的经费、原料全部告罄，再加上同治皇帝借视察工程之名微服一事被朝臣察觉，才再次引起了大臣们激烈的反抗。这次反抗始于7月14日（六月初一日），率先上疏反对园工的是两江总督李宗羲。7月27日，在文祥奏《请停修圆明园折》之后，②终于形成了群臣上奏反对园工的风潮。这个风潮一直延续到9月9日，最终迫使同治皇帝和慈禧太后同意了群臣停修圆明园的要求。

李文田是这一事件的参与者，他于7月20日（六月初七日）上疏反对圆明园工程，之后又"愤然"辞官，从而赢得了直谏的嘉名。"同治重修圆明园一案中，谏阻者甚多，其诤言最力而不著名者，为李若农侍郎文田"。③此事是李文田能扬名天下的关节，直到民国还为笔记家所乐道。关于他决心上疏的原因，李慈铭曾说：

① 第一历史档案馆编：《圆明园》，上海古籍出版社，1991年版，第626页。
② 此折上于7月27日（六月十四日），第一历史档案馆编《圆明园》所述此折在二月十六日不实。第一历史档案馆藏无署名附片：04-01-01-0923-010似为文祥附片原件。另参见文祥：《文文忠公（祥）事略·自订年谱下》，沈云龙主编：《近代中国史料丛刊》第二十二辑，台湾文海出版社，第188—189页。
③ 黄濬：《花随人圣庵摭忆》（下），中华书局，2008年版，第858页。

> 若农师去年江西任满时，以太夫人年已七十有七，常有
> 小疾，已欲乞养归，因闻朝廷议修园籞，江西僻陋，邸报罕
> 至，巡抚刘坤一又秘廷寄，不屑告人，归乃入京复命。①

此说源自李文田口述，并直接成为了《清史稿》及以后各种论著中描述此事的底本。其逻辑非常简单：母亲年高体弱需要归养，但是由于李文田反对重修圆明园工程，所以他必须先进京进谏，再辞官回籍。也就是所谓的"忠孝两全"。

问题在于，李文田因为"江西僻陋"，所以必须返京直谏这个说法本身就存在问题。在1873年12月（同治十二年十月）朝廷下诏重修圆明园一个月以后，山西学政谢维藩即上疏反对圆明园工程。这一事件至少证明，学政是有机会就此事谏言的。即便江西的情形确实不同于其他省份，李文田在1874年4月18日（同治十三年三月初三日）返京之后直到这年7月20日（六月初七日）他递上那道著名的反对园工奏疏之前，长达三个多月的时间里，也没有就园工之事说过一个不字。非但没有表达过反对园工的声音，李文田甚至还是认捐圆明园工程仅有的三位汉族大臣之一。这年6月15日他曾向圆明园工程捐纳了500两白银。

关于此事，黄濬曾为李文田辩护：

> 捐输修园银两汉官只有三人，一为户部左侍郎宋晋，捐
> 一千两；一为翰林院侍读学士李文田，捐五百两；一为翰林
> 院编修潘祖荫，捐两千两……以常情测之，若农由江西学政
> 回京，既专为谏园工，何必又捐此区区，以侪于内务府满员

---

① 李慈铭：《越缦堂日记》第九册，广陵书社，2004年版，第6218页。

之列？……其实此三汉臣中，宋晋殆为户部左侍郎之地位，不得不尔，或平日与内务府交结较密之故。若潘芝轩、李若农二人，则完全为内廷行走故。潘在弘德殿、李在南书房，皆昕夕得觐穆宗者。园工既为穆宗锐意经始，则簪笔禁近之一二词臣，殆不能邀免……吾意若农先生赣江返梓，方欲伏蒲泣谏，而一履南斋，便遭循例提捐，度此五百金之输将，其中怀憾怨益逾寻常，疏中"内务府诸人僭皇上之威"云云，殆并指此等事言矣。①

这理由其实不通。先不说同治皇帝是何许人，何以宋晋捐银，而同为户部侍郎的温宝琛不捐？要知道温宝琛在户部的履职时间是远长于宋晋的。此外，内廷行走远不止潘、李二人，为何他人不捐而只有潘、李二人报捐呢？"遭循例提捐"的说法不能成立。②

两个被前人忽视的细节，或许可以解释上述疑问。6月9日（同治十三年四月廿五日），也就是李文田报捐圆明园工程的前六天，他刚刚升转为侍读学士。而之前因丢失户部印鉴而受到严厉处分的潘祖荫，在报捐一个半月以后的7月31日"录输饷功，释处分"③，"开复侍郎任内革职留任处分，以三品京堂候

① 黄濬：《花随人圣庵摭忆》（下），第858—860页。
② 李文田所捐的五百两白银也不是"区区"之数。十二年以后，李文田以四品侍读学士的身份被赏二品封典，凭的正是对黄运两河工程五百两的捐纳。先不说二品封典的赏赐已不算低，何以对于防堵黄运两河工程的德政和重修圆明园的弊政，李文田都是输捐500两呢？
③ 《清史稿》下，二十五史百衲本第9册，浙江古籍出版社，1998年版，第1418页。

补"①。二人报效银两的行为，恐怕都带着向同治皇帝示好的意味，谈不上什么"专为谏园工"，更没有什么捐银之后的"怀懑怨益"。也就是说，至少到这一年6月中旬以前，不管李文田内心怎么考虑，他应该是没有打算过要就圆明园工程发表反对意见的。

李文田以"母老多病"奏请归养的理由也有问题。

> 奏为微臣母老多病，吁恳天恩俯准开缺回籍侍养事。窃臣母徐氏现年八十岁，素日气体尚属康强……但念臣少日早孤，臣母鞠育成人。至于今日，臣母八旬暮齿，不任风霜。就养则水土未谙，远宦则崦嵫可虑。臣虽有母弟，不知医药，服侍难周。……伏查定例，凡官员父母年八十以上，虽有次丁，亦准归养。臣之陈情与例相符用。敢仰恳天恩俯准臣得开翰林院侍读学士缺，回籍侍养……②

在辞官奏折中，李文田强调，因为母老多病，"虽有母弟，不知医药，服侍难周"，所以非得"回籍侍养"不可。可正文第二句就说"（李母）气体尚属康强"，表述本身就自相矛盾。李母此时虚龄不过七十七岁，③非但没有小病，而且身体十分健康。她直到八年之后的光绪八年才病逝，享年八十五岁。这也就是说，李母的实际年龄不但不合朝廷归养的定例，而且李文田还多多少

---

① 《穆宗毅皇帝实录（七）》，中华书局，1985年影印版，第866页。又见潘祖年：《潘祖荫年谱》，沈云龙主编：《近代中国史料丛刊》第十九辑，文海出版社，第72页。
② 李文田：《奏请开缺回籍养亲事》，台湾故宫博物院藏清代档案，文献编号：115730。
③ 据《顺德李文诚公行状》，李母光绪八年去世，享年八十六岁（虚岁），与李慈铭所记相合。参见李渊硕撰，李棪手批：《顺德李文诚公行状》，民国十八年红印本。

少担着些欺君的嫌疑。不是说李文田不应该回籍尽孝，但仅仅因
为母亲年龄大，就需要用这样的方式辞官吗？李文田的辞官显然
有更深层次的原因。

　　同治朝广东籍官员处境的变化，似乎更能合理地解释李文田
的告归：在同治初年广东籍官员的影响力达到顶峰之后，就开始
逐渐衰落。造成这种衰落的，不是政治原因，而是人类正常的生
老病死。从同治朝中期开始，先是翁心存、祁寯藻等几位在京中
与广东人渊源较深的高官相继过世，接着骆秉章、罗惇衍、苏廷
魁这几位品级最高的广东籍官员也陆续凋零。到同治十三年底，
在朝重臣中，已经很难再找到能主动出面为广东官员说话的人。
这意味着，此时广东顺德附近这批官员的优良生存空间已经不复
存在。①张之洞在同治年间的升迁乏术，很可能要在这批官员身
上重演。于是，告归回籍、化官为绅就成为了广东官员们最合理
的选择。回广东做书院的山长，是要比在京官任上熬资格舒服得
多的。后来的历史也证明，从同治十二年起，属于顺德附近这一
势力的官员，梁肇煌、李文田、梁僧宝、陈乔森……确实都陆续
退出了北京的政治舞台。

　　换句话说，1874年4月李文田的回京，一方面很可能是他希
望借此观察北京的政治气候，并争取得到侍读学士的升转；另一

---

　　①　对于李文田来说，这种影响更加明显。之前一直提拔他的座主贾桢因为病
重，也丧失了对他个人仕途的影响力。贾桢于同治七年致仕，同治十三年九月，即李
文田辞官仅两个月后，病逝。

方面，一旦政治环境出现对他不利的势头，①他便要在升转之后为自己寻找一个适当且风光的机会离开北京。

而带来这个机会的，正是两江总督李宗羲，在7月14日所奏反对圆明园工程的上疏——《星变陈言疏》②。7月21日，也就是李宗羲上疏反对园工之后的第七天，在李文田对《星变陈言疏》可能引发的后果，做出了充分的估计以后，他果断表态反对圆明园工程，成为了此时京官中第一个表态反对园工的大臣。③

先以东南事之可危，李光昭之奸猥无行，告尚书宝鋆，

————————————

① 此时北京政治环境对于广东人发生的不利变化，在梁僧宝身上体现最为典型。仅仅是在一年之后的光绪元年年底，梁僧宝便受到了非常激烈的攻击。他对科场弊案的调查被攻击为"吹毛不得疵"，"吹求"二字还被写入上谕。甚至他早年参加顺天乡试的经历，也被杜撰成参与舞弊后侥幸逃脱。被迫辞官的梁僧宝，此后长期负气称病，虽屡经督抚邀请亦不再过问世事，仅以著述为业。

② 李宗羲此时领头上疏反对圆明园工程，承担着巨大的风险。《开县李尚书奏议》中所收录的两篇奏折，可以为我们分析他此时的处境和承受的压力提供一些线索。李宗羲所书两篇奏折分别为《请停园工疏》和《星变陈言疏》。星变一疏在六月初一日，停园工一疏有"恭折密陈"字样，上疏时间不明。不过，《请停园工疏》内有"江南亢旱年穀仅及五成，自九月至十月迄未得雨。臣本籍四川闻成都省城水深数尺。"由此推测，此折折底当写于1874年5月、6月四川雨季来临之后。《星变陈言疏》则应写于1874年6月25日彗星出现后不久。

查上述两疏不难发现，两疏要求均为停止园工。在所述理由上，除《星变陈言疏》追加了彗星示警的天像外，其基本思路也没有本质差别。只是星变一疏借助天象，其表述更显委婉。身为两江总督，李宗羲似乎不太可能就一件政事，在短时间内连续上呈两封内容接近的奏折。所以笔者认为，《请停园工疏》很可能只是《星变陈言疏》的前一稿，而根本没有上呈朝廷。

如果这种推测成立的话，李宗羲写就疏稿迟迟不敢拜发，在彗星出现之后，又迅速重新拟疏的过程，就正好可以体现他欲言园工事，而又慑于风险长时间不敢言的矛盾心理。参见李宗羲：《开县李尚书奏议》，沈云龙主编：《近代中国史料丛刊》第四十七辑，台湾文海出版社，第343—361页。

③ 在李文田与李宗羲的两封奏折之间，还有徐桐、广寿的《慎起居严禁卫折》。但是该折主要是谏阻同治皇帝驻跸圆明园一事，并非直接针对园工，其影响十分有限，故先置之不论。

责其不能匡救。宝曰：君居南斋亦可言也，何必责军机？李曰：此来正为此耳，无劳相勉，遂不欢而散。……①

李文田的上疏过程非常特别，他并没有像其他朝臣一样直接上呈奏折，而是先到军机处质问军机大臣宝鋆，闹得不欢而散以后再上疏请停园工。他奏折的语气很强硬，以6月1日出现的彗星起头，继而列出朝廷的三大困局："民穷已极""伏莽遍天下""国家要害尽为西夷盘踞"，认为是"左右近习与宵小之臣日夜谋饱其私囊，假借园工之役，耸动圣听。务欲朘削皇上之百姓，断丧祖宗二百年之积累而后已"，最后提出警告："古来所以危亡者，大率始于剥民。设使剥民而能久长，则汉、唐、宋、元、明何以败亡如一辙？若效自古危亡之局，则虽列圣二百余年深仁厚泽，又岂足当此辈朘削之害哉？"②由于上疏之后原折留中，又过二十天，他继而递上了归养的奏折，顺势辞官回广东去了。

李文田之所以敢于如此强硬，和李宗羲的《星变陈言疏》是分不开的。作为封疆重臣，李宗羲的表态不但可以影响政局，也附带着屏蔽了一同上奏的其他低级官员的风险。所以，虽然强硬，但李文田承担的政治风险其实有限。相反，这一系列强硬的动作还引来了大量赞许的目光。好事者常登门拜访欲见其奏折，而李文田又始终秘藏折底，绝不示人。这样一来，各种有关此事

① 《越缦堂日记》第九册，第6218—6219页。
② 该奏折除李慈铭曾见折底，述其大略，历来无人知其内容，故争议颇多。笔者于第一历史档案馆发现该折原件，现整理附于文后年谱，可供参考。原件名为《奏为上天垂象可畏，请敕下明诏停园工事》，第一历史档案馆藏，朱批奏折，档案号：04-01-01-0927-004。

的传闻就在坊间流传开来。更有甚者，还造出了同治皇帝在阅读李文田的上疏后"裂疏掷地"的谣言。①李文田上疏并非最早，他的地位和影响力也有限，可他此时受到的关注却远远超过了临危上疏的李宗羲和文祥。

直到9月10日（七月三十日）朝廷明诏停修圆明园之后，他才将请停园工一折折底展示给了与之关系密切的陈乔森。陈乔森又传话给他的好友李慈铭，由李慈铭将此折大略与李文田所述上疏过程抄入《越缦堂日记》。这就是现存此事最权威的记录，也成就了李文田"深论危言详尽痛切，古今之名奏议也"②的美名。

李文田是高明的，从上疏直谏，到隐秘疏稿，再到把疏稿神不知鬼不觉地流传出来。整个过程，既能保证自己全身而退，又赢得了敢于直谏的嘉名。"学士之告归风采隐然动天下，瀚何幸得见！"③李文田在浙江拜访宗源瀚时得到的嘉许，是他政治见识的绝佳注脚。作为在政坛上沉浮的人物，李文田可谓进退得体，智慧高明。④至于那些后来兴起，又颇显忠直的"清流"人

---

① 吴相湘在《晚晴宫廷实纪》中记李文田奏折有"依议知道了"朱批，然一档馆藏该奏折原件，档案号：04-01-01-0927-004，未见任何朱批。此折原件保存完好，可知后人所传"裂疏掷地"一事亦虚。全折一千三百九十四言，李慈铭所谓"三千余言"似系虚指。

② 《越缦堂日记》第九册，第6218页。

③ 《宗源瀚题跋》，见《西岳华山庙羣（顺德本）》，香港中文大学藏。

④ 对于李文田辞官一事，邱捷老师提出了另一种分析，相较拙论，更为精审，故全录于下："同治三年，李文田奉旨在南书房行走，十三年李文田回京后，再派在南书房行走，其时同治帝亲政未久，故李仍有启迪、引导皇帝的责任。但同治帝已有很多荒唐行为，不会听文学侍从的劝告。李文田必然劝谏过，但显然没有效，他明白如果不及早抽身，后果难以预料。同治帝死后，南书房行走的王庆祺就立即被革职、永不叙用。杜凤治记自己在罗定收到京信，称王庆祺被惩罚的实际原因是引导同治帝淫邪（清人笔记不止一种也如此说）。同在南书房行走的张英麟早以"乞养"为理由辞去。（《杜凤治日记》7册3883—3884页）王庆麟当然只是替罪羊，如果在其他朝代，负有启迪、引导责任的近臣很可能性命难保。"

物，又何尝不是在步李文田的后尘。

四、学与术

在那个时代，对于一个官员而言，能赢得皇家的赏识，是十分重要的。这种赏识，无疑会对官员们的仕途产生巨大的促进作用。这个道理在晚清的表述版本，见于王闿运所录的李文田的一番话："宫监不以官品为荣，以差使为贵。"①这无疑道出了北京官场种种积习的根源。说得更直白些，士大夫们在内廷行走，看重的是一个人当下的境遇。至于境遇的好坏，很大程度上还要看慈禧太后喜欢谁。可举的例子很多，如张之洞、袁世凯、岑春煊等人，一旦博得慈禧太后的喜欢，便都能仕途坦荡——慈禧太后的看重，比什么都来得重要。

上述关系放到朝臣中同样适用，无非是谁能猎得大老们更多的青睐，谁的仕途就更顺当。由"清流"名士怂恿出的金石热，就是一个典型的例子。大老们靠金石学彰显其境界；士子们靠金石学博取名士的头衔，继而联结关系网。于是乎，原本被视作雕虫小技的金石学，一下子就成了时髦的学问。时髦并不是因为这门学问深奥，而是因为从事这门学问更容易"爆得大名"。②

其实都不一定需要学问，只要名气足够大就够了：

> 我少好游荡，作狎邪游，然从无疑我大节之有亏者。故同乡及两书院及门诸子，至今犹愿我主讲席，我以先皇帝奉

---

① 王闿运：《湘绮楼日记》，岳麓书社，1997年版，第390页。
② 参见《琉璃厂里的"清流"》，《"清流"研究》，第148—154页。

> 安有期，故昨年左爵相聘书两来不就者，原以待今日也。[①]

并非以文学或政绩知名，吴可读凭借"吴大嫖"之名蜚声京师，靠的是他的异言异行。可即使名气来得与学问没有丝毫关系，却还是能"左爵相聘书两来不就"。"大吏用学者，更看重的是名气，品节差点无妨，名声越大越好。"[②]这才是晚清的时代风尚与官场积习。

既然世风已然如此，那么在"学"的名义下"名利熏灼，驰骛势要，以学缘术，为上是从"[③]就变成了不可回避的事实。这倒不是指责士大夫们的学术都"冒牌失真"，但官场上的功利也是不争的事实。换句话说，同光之际，在这样的世风之下，"学"只能沦为"术"的附庸，真学问的衰落已不可回避。

比如有着"唯政治的一元论的思维方式"[④]的康有为，他的《新学伪经考》与《孔子改制考》所得出的结论是如此的惊世骇俗。但最终的结果，却只能把他的考据学变成"考据学中之陆王"，还留下一段与廖平的公案。以学术为仕途服务的张之洞，拿得出手的其实只有《书目答问》一种，可就在他去世后不久，爆出的依旧是著作权问题。这哪里还是"以学缘术"，简直就是变"学"为"术"。

也不单单是个人，如晚清西北史地学这门学科的发展和变化，在呈现出"学"与"术"关系的同时，也同样反映出此时学

---

① 《花随人圣庵主人摭忆》（上），第204—205页。
② 《"清流"研究》，第320页。
③ 《"清流"研究》，第95页。
④ 桑兵、关晓红主编：《先因后创与不破不立：近代中国学术流派研究》，生活·读书·新知三联书店，2007年版，第199页。

风的变化。

稍熟悉晚清学术史的人都知道，嘉道以降西北史地学的兴起，"背景是帝国关于边疆的旧政策与现实的矛盾如何处理的矛盾"。①在经世致用的时代风气以及乾嘉考据学实事求是的精神的双重作用下，一批价值极高的论著相继出现。如徐松的《西域水道记》、祁韵士的《西陲要略》、龚自珍的《西域置行省议》，无疑都是这一时期西北史地学的代表作。但是这批论著对政治决策的影响却十分有限，直到三十年后新疆建省，李鸿章才对《西域置行省议》发出"雄伟非常之端"②的感叹，正反映出嘉道以来，边疆史地专家的意见不受重视。这种不重视还表现在这门学科的实际处境上，比如祁韵士，他的多数著作都是在他去世三十年后方得刻印的。③这些状况，一方面决定了徐松、祁韵士、龚自珍、何秋涛、张穆等西北史地学者际遇的坎坷。而另一方面，也决定了这门学科的现实地位。我们不知道，咸末同初的十年间，西北史地学的短时衰落是不是这种不重视所带来的后果。我们但知，由于道光与曹振镛这对君相没有给予西北史地学以应有的尊重，非但"养兵—畸饷—增兵—加赋"④的恶性循环无法解决，当俄、英侵略者开始制造种种事端以瓜分新疆地区的切实利益时，清政府也时常表现得难以招架。说白了，在晚清，

---

① 朱维铮：《音调未定的传统（增订本）》，浙江大学出版社，2012年版，第240页。

② 李鸿章：《黑龙江述略序》，《龚定庵全集类编》，中国书店，1991年版，第473页。

③ 值得重视的细节还在于，在祁韵士的著作被大量刻印的时候，其子祁寯藻已经官至尚书，并很快升任大学士。换言之，祁韵士的著作被刻印的原因，恐怕也未必完全出于其著作的质量和影响力。

④ 《音调未定的传统（增订本）》，第241页。

士大夫们若要"以学缘术"十分容易,而倘若想以真学问影响政治,哪怕这学问极富预见性,也是很难的。后来的历史告诉我们,清政府在光绪时对于西北政策的调整,也是在西北危机发展到不可收拾的程度时,才被迫做出的。

有趣的现象在于,引发光绪以后研究西北史地又一轮热潮的,又恰恰是清政府在西北政策上的被迫调整。比如李文田研究西北史学的过程,就颇具代表性:

> 顺德李文诚公讲求西北兴地,盖有感于中俄议界纠纷,发愤著书,非徒为矜奇炫博也。咸丰、同治间,俄国乘我内乱,占据伊犁……文诚因怵然于塞外山川形势险要,关系甚巨,而图籍多疏舛,乃萃二十年精力,考古论今,成书十余种……数十巨册,绳头细书,朱墨烂然,苦心孤诣,用意深远。①

由于该文写在李文田死后,如上引"乃萃二十年精力"不虚,那么以李文田去世的1895年(光绪二十一年)计算,他涉足西北史地学的时间就应在1875年(光绪元年)前后。根据文廷式《蒙文〈元朝秘史〉十二卷抄本题记》可知,李文田抄得《元朝秘史》的时间在1885年(光绪十一年)冬。②他向缪荃孙借还《双溪醉隐集》的时间在1890年7月(光绪十六年六月)。③又

---

① 广东文征编印委员会:《广东文征》第六册,香港中文大学出版社,1978年版,第29页。
② 《蒙文〈元朝秘史〉十二卷抄本题记》(光绪二十七年十二月初一日):此书为钱辛楣先生藏本,后归张石洲,展转归宗室伯羲祭酒。会与乙酉冬借得,与顺德李侍郎各录写一部,于是海内始有三部。[汪叔子编:《文廷式集》(上),中华书局,1993年版,第706页。]
③ 缪荃孙:《艺风老人日记》,北京大学出版社,1984年版,第276页。

因《和林金石录》《和林诗》的成书时间大体和李文田任顺天学政的时间重合，即在1891年（光绪十七年）至1893年（光绪十九年）间。那么，根据李文田这几部最重要的西北史地著述的成书时间推定，他研究西北史地的重心大体应是自1885年年底他回到北京之后的十年。

李文田投身西北史地学研究的经历非常典型——其研究始于塞防与海防大讨论前后，主要的学术成果又都产生于他在政坛上最繁忙的时期。其实，光绪以来从事西北史地学的学者，大多拥有类似的经历。那些"清流"人物如盛昱、文廷式等不必说了，后来成就斐然的洪钧、沈曾植等人也大体如此。

洪钧用心于《元史译文证补》的时间，在他任出使俄、德、奥、荷兰四国大臣及兵部左侍郎期间，并兼有总理大臣的差事。李文田研究西北史地成果最丰硕的一段时间，一多半在礼部右侍郎任上，后来又兼署了工部和钱法堂的差事，且同时兼有南书房行走。沈曾植任职于刑部，并一度兼有总理衙门章京的差事。很难想象，在没有额外需求的情况下，如李文田、洪钧一样的官员们还能在极为繁忙的工作之余，将大量时间投入到学术研究之中，并取得重要的成就。这自然不会如吴道镕所述的"此不惟绝艺入神，亦其精力过人远也"[1]那么简单。

和嘉道间西北史地的学者不同，李文田、洪钧、沈曾植等人投入西北史地这门学问的时间，都在国家不得不重视西北现状的时期。这一方面当然可以理解为求收经世致用之效，即王国维所

① 吴道镕：《澹盦文存·广东藏书纪事诗》，沈云龙主编：《近代中国史料丛刊续辑》第二十辑（199—200），文海出版社，1975年版，第50页。

说的"逆睹世变，有国初诸老经世之志"①。但是另一方面，既然现实的需要已经抬高了西北史地学的地位，那么精通国家急需的学问，自然对官员的名望和仕途大有裨益。所以洪钧虽出使域外，《清史稿》单以他的《元史释文证补》为"时论称之"。②至于李文田，他"文星"③"为满朝文人所崇拜"④的名气，"学识淹通""士皆称之"⑤的评价也都与他西北史地的学问是分不开的。

　　既然研究西北史地学可以"得名"，在"清流"现象的影响下，这门学问的发展便迅速脱离了原有的轨道。如李文田、洪钧等尚能踏实地完成著述，而顶着"清流"头衔的文廷式、盛昱等人，则连著书都不屑了。"顾君（文廷式）以资平议而已，终不屑屑纂述。"⑥"清流"现象下的西北史地学，很快就沦为了汪兆镛所说的"矜奇炫博"的工具。这也就难怪，此时西北地理的研究风尚会"限于史料秘本的传钞笺注，缺乏实际调查，地理考证往往流于臆测，没有发挥前此张穆、何秋涛等讲求实际的研究精神"。⑦

　　反过来，李文田、洪钧等人的名望，也同时增进了西北史地学在晚清的影响力。和金石学在同治年间的流行几乎如出一辙，当类似李文田这样"为满朝文人所崇拜"的高级官员开始用

① 王国维：《观堂集林外二种》（下），河北教育出版社，2001年版，第720页。
② 《清史稿》下，第1427页。
③ 王文韶：《王文韶日记》（下册），中华书局，1939年版，第920页。
④ 梁焕鼐：《桂林梁先生遗著（全）》，中国文史丛书之卅七，华文书局，第30页。
⑤ 《清史稿》下，第1418页。
⑥ 见沈曾植撰：《文廷式墓表》，此碑位于江西省萍乡县杨歧山。
⑦ 翦伯赞主编：《中国史纲要》第4册，人民出版社，1964年版，第168—169页。

功于这门学问时，后辈士子就开始纷纷效仿。和之前兴起的金石学很类似，"清流"现象的光环下，士子们投身西北史地，无论是"投人所好"还是"矜奇炫博"，多半是为结交大老、扩展人际关系服务的；而大老们则正好借此彰显境界、获取嘉名，二者都是"以学缘术，以学善结人缘"。这才有了陈寅恪先生所说的"其时学术风气，治经颇尚公羊春秋，乙部之学，则喜谈西北史地"。①比如蔡元培，就受到了这种风气的影响。他在1894年（光绪二十年）入京应散馆考试，六月初一第一天记日记，录下的所读书名就是《元史类编》，第二天日记约一百五十余字，又有一百二十五字在谈李文田的《元秘史注》。②也不止蔡元培，聚集在李文田周围的后辈学子，如缪荃孙、文廷式、沈曾植等人也同样把大量的时间投入到了这门学问的研究和切磋中。

西北史地既是朝廷急需的学问，又有"文星"作表率，后辈学子更纷纷效仿，这带来这门学问影响力的扩大，却也使其渐渐与现实脱钩。其实，在晚清不论是西北史地学还是金石学、公羊学的发展，表征出的都是此时学术文化的衰落，也是这个时代世风、士风的不可问。

这并不是说，服务于士大夫们仕途、名望的学问就空洞无物。毫无疑问，诸如李文田、洪钧等人依然取得了世所瞩目的学术成就。比如李文田，他仅在西北史地一个方面的著述，即有十一种，四十卷以上。③但是，在"学"与"术"不分，官人与

① 陈寅恪：《陈寅恪集 寒柳堂集》，生活·读书·新知三联书店，2001年版，第162页。
② 蔡元培著，王世儒编：《蔡元培日记》（上），北京大学出版社，2010年版，第1页。
③ 参见汪兆镛：《李文诚公遗书记略》，《广东文征》第六册，第29页。

学人兼于一身的中世纪，特别是在学风与士风交互影响，落入每况愈下恶性循环的晚清，"学"已经无法避免地沦为了"术"的附庸。无论是"以学缘术"还是变"学"为"术"，其表征出的不过是这个时代真学问的衰落。而伴随着真学问的衰落而生的，是近代中国一轮轮时髦学问的走红和人们对这些时髦学问一轮轮乐此不疲的追逐，也是中华帝国在近代的不断衰落。倘若有人问："神州长夜谁之咎？"其答案岂能与这种追逐没有关系？

五、李文田的"保守派"面相

在描述晚清历史的文字中，如果写到李文田，其论述一般不会超出以下三个范畴：第一是他在争论重修圆明园一事中的直谏；第二是他在西北史地方面的学术成就；第三则是他"保守派"的面相。

不论对李文田的人品和学术如何评价，只要涉及保守的问题，人们通常都会给他加上"极保守"或者"反动"之类的贬义定语。[①]追究这些判断的来源，无外乎出于以下两端：首先是李文田对李鸿章长期的反对和抵制；其次则是他在1895年（光绪二十一年）对于"中国近代资产阶级改良运动领袖"[②]和"维新

---

① 在《佛山历史人物录》中，李文田被认为是"偏保守"。（佛山炎黄文化研究会、佛山市政文教体卫委员会编：《佛山历史人物录》第1卷，花城出版社，2004年版，第209页。）何一民认为李文田是"极其保守的反动官僚"。（何一民著：《维新之梦　康有为传》四川人民出版社，1995年版。）在《清代名人传略》中，"李文田属于京城有影响的保守集团"｛【美】恒慕义（Hummel, A.W.）主编，中国人民大学清史研究所《清代名人传略》编译组译：《清代名人传略》下，青海人民出版社，1990年版，第410页｝。

② 陶冶主编：《爱国主义知识读本》，中国国际广播出版社，1994年版，第258页。

运动主帅"①康有为的压抑。李文田对康有为压抑的过程多出于康有为及弟子的叙述，且已被证明为不可靠。②更鉴于康有为的为人早有定论，此处倾向于把二人的龃龉归结为私人恩怨和学术观点的差异，其实质并不涉及李文田保守与否。而李文田对李鸿章长期的反对和抵制，又真的能归因于他的"保守"吗？判断需要事实来支撑。

不要忘记，自古"王化难及"的广东，在意识形态控制领域，较于内地从来都相对宽松。其作为"王守仁学说的真正教父"陈献章的出生地、耶稣会士利玛窦在中国传教的起点，③这样的双重身份已经说明，广东人接受新事物的能力，通常要比其他地方的人快些。更不要忘记，李文田身边的张维屏、陈澧等人，"都是关心中外变局的开明人物"。④一个被人们长期忽略的事实是，李文田少年时代的居所——佛山的地理位置。他少时读书的梁园，不但就在省城附近，离沙面岛租界的直线距离不过十五六公里。他的家乡均安上村，距离澳门仅有七十公里，离香港也不过一百公里。在空间上如此切近，李文田会对西方文明的影响视而不见吗？

翁同龢在北京与李文田家人的交往，让我们窥到了李文田家族中的西洋元素："晚诣若农，遇其族兄雨泉于坐。雨泉者，为

---

① 朱锦翔、吕凌柯：《中国报业史话》，大象出版社，2000年版，第83页。
② 考证详见茅海建：《从甲午到戊戌：康有为〈我史〉鉴注》，生活·读书·新知三联书店，2009年版。
③ 除地理因素外，利玛窦在中国的传教经历与晚明王学的盛行也有直接关系。详见：朱维铮：《利玛窦中文著译集·导言》，复旦大学出版社，2007年版。
④ 朱维铮：《音调未定的传统（增订本）》，浙江大学出版社，2012年版，第250页。

嗼国买卖中主筹者也。"①这还是咸丰十一年，也就是在京中大老对西方文明还固执地抱着一种又恨又怕情绪的时代，李文田竟然敢在家中公开接待身为买办的族兄。没有对西方文明的宽容和认可，李文田是不可能做到这些的。

也不止是对西方文明的宽容和认可。李文田还一度试图用西方文明的产物来影响自己身边的朋友。

> 李若农谋以洋镜取《华山碑》真影，余不为然。②
> 出城到若农处，其侄骀选为余写大像。用西法墨渲，不甚似也。③

在同治八年，就敢在好玩金石的士大夫群体中，宣扬使用照相机。还能把身为画师的侄子请去给翁同龢画油画大像。这哪里是一位"极其保守的反动官僚"？保守的反倒是翁同龢，记录中的"嗼国""余不为然""不甚似也"不正体现出他此时，交织着反感和好奇的复杂心态吗？可即使是掺杂着反感的情绪，这次画大像的事，还是给翁同龢留下了深刻的印象。"李若农之侄骀选为余画大像。"④直到晚年，翁同龢编订《自订年谱》之时，还不忘提及此事，只是删去了"不甚似也"的断语。

李鸿章推荐李文田出使外洋的事，更证明了李文田对西方事务的熟悉：

---

① 《翁同龢日记》第1册，第140页。
② 《翁同龢日记》第2册，第709页。
③ 《翁同龢日记》第5册，第2478页。
④ 翁同龢：《翁同龢自订年谱》，《翁同龢日记》第8卷，中西书局，2012年版，第3854页。

诚以绝域奉使与将相并重，必求资望华重，器识宏远，兼能熟悉洋情之员豫储待用，方不为彼邦所衰视。矧目今与各国通好交涉事件日繁一日，举凡商订约章，考求器械，保护华人，以及公例之丛赜，国权之进退，其间因应操纵，在在均关紧要，不独以采风专对为足尽使事之长。现当法、德、日本等国使臣将届三年期满，需员接替，自应预为奏保，以备任使。窃查内阁学士兼礼部侍郎衔洪钧，才识明敏，志趣远大，究心洋务，深谙体要；翰林院侍读学士李文田，学识兼长，坚忍诚悫，生长粤东，熟谙洋情；前詹事府中允崔国因，博通时务，才能应变，于西国近事探讨颇久；直隶候补道李兴锐，朴实坚卓，介而能通，前办沪局，现勘越界，具有条理。以上四员，皆臣素所稔习，年力正强，体用具备，若以之充出使之选，借资历练，将来承办洋务，可收得人之效。[1]

已经到了光绪十三年，此时的大臣们都以懂洋务而顾盼自雄。李鸿章在保举"资望华重，器识宏远，兼能熟悉洋情"的出洋官员的密折中竟能写上李文田的名字，无疑是送了李文田一份大礼。由于二人在光绪初年研究对洋药征税，赈灾等问题时早有过密切接触，所以"学识兼长，坚忍诚悫，生长粤东，熟谙洋情"的考语也概括得很准确。

被举荐的四人中，洪钧和李鸿章关系不错。在给洪钧的信

① 顾廷龙、戴逸主编：《李鸿章全集》第12册，安徽教育出版社，2008年版，第113页。

中，李鸿章甚至敢于以"煌煌大文，作子虚一赋观可耳"①，批评张之洞主修铁路的言论。足可见二人交情不浅。崔国因、李兴锐更是李鸿章夹带中人。可是谁都知道李文田和李鸿章平日里关系紧张。"李学士平日毁合肥不值一钱，而忽有此举，不可解也。"②李慈铭的困惑，并不是没有道理。李鸿章为什么要保举李文田？他和李文田之间又到底有一种什么样的关系呢？

奇怪的是"平日毁合肥不值一钱"的李文田，在甲午战争以前，却没有留下任何书面攻击李鸿章的材料。不论是在朝廷的公文中，或者私人的笔记、日记中都看不到李文田指责李鸿章的实质内容。造成这种情况的原因，很可能是李文田私下的指责本身就无关紧要，而且他也没有公开上疏攻击过李鸿章。

即使到了甲午战争期间，面对清军的颓势，李文田对于李鸿章的攻击也显得分寸感十足。1894年9月27日（光绪二十年八月廿八日），李文田疏请起用恭亲王。在这封奏折里，他指责李鸿章不易驾驭。"夫同一李鸿章，何以前时所向有功，今日一筹莫展……夫以礼亲王世铎之才思平庸，其不足以驱驾李鸿章亦明矣……"③

1895年5月27日（光绪二十一年五月初四日）在《请罢赏倭款》中李文田则指责李鸿章贪墨和外交策略失当：

> 夫中国千万之富，殆无其人，有之则李鸿章而已。百万者每省仅三数人，十万者仅数百人……

---

① 徐凌霄、徐一士：《凌霄一士随笔》（五），山西古籍出版社，1997年版，第1778页。
② 《越缦堂日记》第十六册，第11419页。
③ 《广东文征》第六册，第28页。

夫就今日大势而论，俄拊蒙古之背，壤地相接，我果远交近攻，则连英倭以拒俄，何莫非策。奈我成积弱，倭乃新雠，乃李鸿章欲结一助倭攻我之英，而怒一欲我合从之俄。此如韩魏连燕中山以攻秦，秦近攻而燕不能救也。况又竭韩魏之物力以事中山，而忘虎狼秦之在肘腋也，不亦愚哉……①

在同日的《裁撤防兵不宜偏重》片中，李文田对李鸿章的指责，主要是专兵：

方今辽南未还，又增倭队。彼方添灶，我遽归师，即谓饷糈艰难，量加裁撤，亦当视强弱为取舍，岂宜以楚皖为去留……以兵家古事言之，明季剿饷练饷，倾天下力以养辽兵，其后偾事者，自李如松以至耿孔，皆辽将也。宋季经制钱总制钱，倾天下力以养荆湖兵，其后误国者吕文焕、夏贵皆荆湖将也。兵柄忌一家，骄军难独任，湘淮并峙，朝廷不宜有所偏重，致灰海内忠愤之气，以启奸雄轻侮之心。愿皇上与亲贤大臣密议力持，天下幸甚。②

确实，查阅现存李文田攻击李鸿章的言论，无一例外都十分尖锐。在这些记录中，部分有关吏治，更多的则表达了李文田对李鸿章权力过大的担忧，却唯独没有攻击洋务派兴建实业的言论，更不涉及官场人际关系。这也恰好反映了李文田谏言的分

---

① 《广东文征》第六册，第29页。
② 《广东文征》第六册，第29页。

寸，以及他至少在观念上并不保守。在其时，大臣贪墨并不是不可饶恕的罪行。考察他们是否可以继续掌握权力的第一标准，是他们是否保持了对最高权力者的高度忠诚。

在梁启超的叙述中，李鸿章是"纯臣"不假。但是他的权利确实过大了。权重望崇的结果只能引来皇家的猜忌和自身的危险。所以，慈禧太后需要有人限制李鸿章的权势，而李鸿章也需要有人限制他自己的权势。这就是李文田"平日毁合肥不值一钱"，而李鸿章还要反过来举荐他出使外洋的原因。能客观评价、虚心举荐激烈攻击过自己的政敌，李鸿章不但可以赢得宽宏大量的美誉，专权之说也自然化解。别人又有什么理由可以扳倒他呢？

李文田出于翁同龢一党，守着多年积累下来的清望，借着这种限制李鸿章权力的需求，他一方面可以达到某些政治目的；另一方面，还可以顺势扩大自己的名气和影响。何乐而不为！只要不超越慈禧太后忍受的界限，不把执行慈禧懿旨对外媾和的李鸿章说成汉奸，李文田就不会像梁鼎芬、朱一新、黄体芳等人那样受到严惩。

所以，李文田对李鸿章的攻击，并不是他的观念保守，而是政治权利平衡过程中慈禧、李鸿章、翁同龢、李文田所达成的一种默契。在晚清，充当这种默契执行人的，又何止李文田一个。

六、李文田的相面术

李文田在晚清名气极大，大到"为满朝文人所崇拜"。[①]究

---

① 《桂林梁先生遗著（全）》，第30页。

其原因，一则是这位探花郎的学问、书法、文章都称一流，后世学人如李慈铭、缪荃孙、朱一新、蔡元培等悉出其门下，所谓"学识淹通，述作有体"，"类能识拔绩学"；[①]再者则是他谏阻重修圆明园时积累的"忠直"之名。不过，士大夫之间交往，光有忠直和文章，还嫌不足。官员们喜登李文田之门，大抵还与他的姑布子卿之术有些关系。

李文田生于广东，粤人好形家，他通晓命理之术并不奇怪，但在京官的圈子里，精于此道者少，便显得金贵。孙雄说他"方技通九流，合医卜占候命相堪舆，都成绝学"[②]就是这个意思。

在士大夫们的笔下，确有不少李文田为人堪舆、相面、推算星命的记录。比如翁同龢，每次搬家都要请李文田"相度住宅"。[③]翁氏世家子弟，在北京能租得起大屋，自有看风水的需求。其他士人的住宅可能都比较小，用不着看风水，他们请李文田大多是为算命。这类记录颇夥，尤其是生活在民国的遗老，常绘声绘色地回忆起这样的场景。比如黄濬说李文田"相杨莲府（士骧）必至一品，相王文勤（文韶）拜直督，后必入相，且生还乡，皆奇验。"[④]又如徐珂所记：

> 李若农侍郎文田以精相法闻，尝相许仙屏中丞振祎，决其官位当抚而不督。时许方任宁藩，旋授河督。许戏云："我自督而不抚，若农将谓我何？"后调任广东巡抚，开缺

① 赵尔巽等：《清史稿》（下），中州古籍出版社，1998年版，第1876页。
② 倪星垣：《联语粹编》，凤凰出版社，2015年版，第2页。
③ 《翁同龢日记》第4册，第2138页。
④ 黄濬：《花随人圣庵摭忆（一）》，中华书局，2008年版，第324页。

而终。①

遗老的文字，总是充满了酸楚的回忆，除了作为亡国之臣的自我安慰外，还要用来换稿费养家。虽然故事神乎其神，可文字近乎传奇，也就当不得真。想看真切的记录，要到当事人笔下去找。恰好，李慈铭就找李文田算过命：

> 得芍农片，为予推星命，言其格为日月夹命，五星逆生，耶律文正"乾元秘旨"中所谓大格者，当主奇贵。又谓逆格者多有磊坷不平之气，以术料之，恐以气节贾祸。他日到崇高时尔宜戒慎云云。首说非所敢者，后说自为近理耳。②

李慈铭字爱伯，号莼客，室名越缦堂。他长居京师，在晚清的文名不低，生性又好骂人，一般士大夫都敬他三分。不过，此公在科场上的运气却远比不上他的文名。他22岁中秀才，42岁始中举人，中间竟落了11榜。待到中进士时，已然52岁，一生仕途可谓无所作为。上引这则日记作于1865年，这一年李慈铭36岁，距他中举还有五年多，距他中进士也还有十五年。这样的际遇既不可能"崇高"，更谈不上"奇贵"，李文田的预测其实不准。

很多时候，算命的作用并不在准或不准。仕途变化多端，来访者所求，更多在心理安慰。或许这才是李文田寥寥数语，便把一向高傲的李慈铭说到自叹"自为近理"的秘诀所在。

---

① 徐珂撰：《清稗类钞》第十册，中华书局，1986年，第4641页。
② 《越缦堂日记》第五册，第3297页。

后来，王文韶也找过李文田算命。他说，李文田"谓余一生平稳无风波，后嗣必有以科甲起家者，自维德薄不敢作妄想也"。①短短一则日记，同样能使人感受到，经过"心理按摩"之后，王氏内心所表现出的熨帖。

这则日记写于1895年2月1日。这一天，日军刚刚攻占威海卫北帮炮台，北洋水师全军覆没只在旦夕之间。八天以前，身为云贵总督的王文韶奉命"帮办北洋事务大臣"，可谓受命于危难之间。从风平浪静的云南来到风声鹤唳的直隶，正是内乱外患交相侵逼之时，这位绰号"琉璃蛋"的股肱之臣，不关心如何挽狂澜于既倒，只在乎自己"一生平稳无风波"。晚清国事本不可问，甲午之败、清廷覆亡，早已注定。

其实也不能苛求古人。清代君权强势，"其愚天下之术，可谓巧且深矣"，②及至国家有事，忠臣自然就少。强势的君权还有一种附加的效应，就是使本就极具风险的政治生活变得更不确定。不确定的前途教人感到刺激，也使人缺乏起码的安全感。在慈禧专权的时代，有人在两年之间连升数级，从六品的中允做到二品的巡抚；也有人在一夜之间就遭遣戍，甚至人头落地。无论是张佩纶的"朝是青云暮逐臣"③，还是翁同龢在戊戌变法之前的突然被贬，都是这种风险的典型例证。

人在缺乏安全感时，容易诉诸神佛和迷信。无关时代和科学，这种由恐惧所带来的心理需求，正是晚清士大夫们痴迷于

---

① 王文韶：《王文韶日记》，中华书局，1989年版，第869页。
② 朴趾源：《热河日记》，《承德历史文献集成1》，中国广播影视出版社，2015年版，第248页。
③ 张佩纶：《春暮就戍叔宪抑仲公瑕子函健庵送致淀园》《涧于集·诗三》，《清代诗文集汇编》第768册，上海：上海古籍出版社，2011年，第95页。

"命理""神数"和"奇门遁甲"的原因。但其效应，则不止于心理按摩的层面。

在文廷式笔下，还有一则故事：

> 若农侍郎术数之学颇多奇验，余别记之。惟其任顺天学政时，甲午七月考八旗科试毕，余与黄仲弢、沈子培、子封昆弟宴之于浙江馆，酒半，忽言曰：予近相安小峰御史（维峻）不出百日必有风波。余曰：大约以言事革职耳。侍郎曰：尚不止此。乃冬间，而安御史以忤旨谴戍，如侍郎言。盖试八旗时安为监试，侍郎相之特详审也。又，壬辰春间，志伯愚詹事（志锐）有奉使外洋之信，中外皆谓必得，而侍郎以相法决其不然，卒亦竟如所说。惟相余则屡易其说而皆不验，此不可解者也。[1]

文廷式，字道希、芸阁，号纯常子，光绪十六年（1890年）榜眼，与翁同龢、李文田等人关系极近，是甲午、戊戌前后政坛上的风云人物。文中"多奇验""皆不验"和"不可解者"，都有点抱怨李文田为他算命不准的意思。

所谓"不可解者"，倒也不难解释。钱穆在《先秦诸子系年》中推测《左传》为吴起所作，一条主要的证据即在于"左氏预断秦孝公以前事皆有验，孝公后概无徵，则左氏时代从可推断"。[2]道理其实很简单。事后追记，传之口耳者，则易有奇验。但文廷式亲身所试，便只能是"屡易其说而皆不验"了。

---

① 汪叔子编：《文廷式集》，中华书局，1993年版，第724页。
② 《先秦诸子系年》，商务印书馆，2005年版，第223页。

值得注意的，是文中那位遭革职的御史安维峻。李文田之所以在七月间忽"相"安维峻"特详审"，又云此人"不出百日必有风波"，很可能有另一番解释。事情的起因在七月十三日，安某"劾及枢臣""欺朦"。[1]此时，安维峻官不过福建道监察御史，且背景不深，同时得罪行走军机处的礼亲王世铎、武英殿大学士额勒和布、东阁大学士张之万。到他弹劾李文田时，就连一向措辞谨慎的翁同龢都在日记中说他"丑诋之，有腼然人面语"。[2]他的直谏，既可以理解为直声震天下，却也难保没有沽名钓誉、政治投机的嫌疑。这样的人，官恐怕就做到头了，风波自然难出百日。

上引文廷式所录，乃是京官雅集时的场景。清末京官集会，除了巧结人缘之外，很重要的一个节目就是打探官场上的各路消息。李文田侍值南斋，天子近臣，又与翁同龢、潘祖荫等人交谊甚厚，非寻常官员可比，找他探听消息的人自然不会少。宴席之间，看似是游戏，又隐约透露出政治内幕。有些话可以明言，有的则改头换面，成了相面的结果。以虚幻的手段释放确实的消息，既达到目的，又不授人以柄。"颇多奇验"岂不自然而然？

类似的例子至少还有两则。一是李文田相文廷式，云"芸阁官不过四品，且即当失势"。[3]一则是他相梁启超，说任公是"扰乱天下耗子精也"，[4]言语间皆带有明显的政治暗示。人谓

① 翁同龢：《甲午日记》，翁同龢著、翁万戈编、翁以钧校订：《翁同龢日记》第8卷，中西书局，2012年版，第3746页。
② 《甲午日记》，《翁同龢日记》第8卷，第3764页。
③ 马叙伦：《石屋余渖》，建文书店，1948年版，第170页。
④ 冒鹤亭著，陈子善编：《孽海花闲话》，海豚出版社，2010年版，第25页。

李文田"善谈风鉴",他尝言"是非余所知也"。[①]其所知者,未必是命理,倒可能是真"是非"。

也许是因为这种手段影响太大,后来流传的许多极具戏剧性的情节,也常借用李文田的名字。典型的一例,是梁鼎芬受李文田以"非常之厄"[②]而避死的怂恿,弹劾李鸿章的故事。此事已被证明为虚构,但在清末流传甚广,以至于黄濬这样谨慎的遗老都不能分辨真伪。这正好反证出李文田假风鉴而影射政治的手段。

李商隐有两句名诗,"可怜夜半虚前席,不问苍生问鬼神",写的虽是汉文帝和贾谊,却大抵描出了历朝历代的通病。上至帝王将相,下到刀笔小吏,自古信鬼神者不少,真正心系苍生的,却未必多。不确定的前途和不自信的内心是他们迷信的根源,也折射出王朝体制的落后。其实,这样的诗,恐怕只有生活在晚唐的李商隐才写得出来,如若放在盛唐,类似的现象便很难引起士人的警醒。而李文田为人算命的传说,至今仍被赞为高妙。比之晚唐,当作何解?

结　语

如果李文田没有在1874年(同治十三年)辞官归养,如果他没有错过"清流"谏言的高峰,在1885年(光绪十一年)中法战争结束之前就回到北京。那就很难说,他会不会被后人直接划入

---

　　① 　叶昌炽:《缘督庐日记抄》,《续修四库全书》第576册,上海古籍出版社,2002年版,第506页。
　　② 　《花随人圣庵摭忆》,第324页。

"清流"的行列。

探花及第，翰林院出身，虽说还是早在同治年间，李文田却表现得与"清流"十分类似。同是用时髦的学问扩张人际网络；同是以貌似直谏的方式，达到自己别样的政治目的；同样要批评李鸿章，展现自己的政治立场。除了辈分略早之外，"清流"所需要的特质李文田都有。或可说，所谓"清流"现象，本就是咸同以降在京翰詹的生存方式。

不过，李文田与"清流"又是不同的。同样是"以学缘术，以学善结人缘"，后辈"清流"只留下名士的虚衔，李文田却仍有"数十巨册，绳头细书"的著述；同样是以"直谏"而求嘉名，多数"清流"只能"善始而不得善终"，李文田却能在政治风向发生变化时知危、知退；同样是"深恶洋务"，有的"清流"连洋务本身也一同否定，李文田却只深恶李鸿章一人。相近的招式，各异的见识，带来迥然的结局。

这反映出"清流"现象的复杂性，更体现出同、光两朝急剧变化的政治环境。太平天国运动之后，军功激增、仕途淤塞、进士扩招，庶常数倍于前朝，升迁的机会越来越少，竞争者却越变越多。翰詹们本来光明的前程，逐渐化为翰林院里无尽的等待。于是乎，后辈欲搏出位，只能凭借异言异行。夸张的言行，激进的行事，有机会换来锦绣的前程，却也使多数"清流"在政潮涌起之时，被碾为齑粉。倒是身为前辈的李文田，要从容、明智得多。他是后人理解"清流"人物的重要对照，更是晚清京官群体中，难得的典型样本。

凡　例

一、李文田先生著作迄今尚未全部出版。对其生平尚未有学术作品系统研究。此年谱凡二十万言，多引新见手稿、档案，半数以上材料为前人所未整理。

二、谱前述李氏家世渊源，附录李文田父、祖父神道碑铭及《大松冈祖茔记》。

三、谱主李文田先生，文中一律称公。其他人物一般直称其名，临文不讳。

四、公所经历时代，日常皆用阴历，且本谱所引文献所署日期亦为阴历，阳历仅列年份，以供参照。

五、本谱记事如仅知年季月，而无确切日期可考者，根据实际所知置于当月、当季、当年之前或后，以从其宜。

六、本谱所引前未刊布之原始史料，部分随文注明出处。其余可参看谱后所附《参考文献》。

七、本谱数据出处，上海图书馆藏简称"上图藏"，国家图书馆（原北京图书馆）藏简称"国图藏"。《顺德李文诚公行状》简称"《行状》"。

八、本谱随文酌加案识，考释文献，注明来源，辨证异同，商榷旧说，补充材料，皆有参观。

九、本谱既云长编，且所引资料多为首次刊布，则公函札及友朋书札等一般不作节略，既为考证之需，又为存一代文献计也。

十、公所作文字除西北地理数种业经刊布外，损失严重。几经收集全不足三万字，故公所作诗、文、题跋，凡可考订时间者一律全文收入谱中，亦为存文献计也。

十一、谱后列《参考文献》，《附录》则为碑传数种。

谱　前

　　公讳文田，字畲光，号若农，又号仲约，广东顺德人。

　　先世自南宋宝祐中迁广南东道，至公历二十世。

　　始祖宣义公，讳号。

　　　姚黎氏安人。

　　二世祖运属公，讳绅，宣义公长子。

　　　姚何氏安人。

　　三世祖七上舍公，讳志甫，运属公第三子。

　　　姚梁氏安人。

　　四世祖雪溪公，讳于谦，字详卿。

　　　姚张氏安人。

　　五世祖定山公，讳观僧，字兼善，号定山，雪溪公长子。生于天历二年七月初四，殁于洪武二十一年四月二十九日。[①]

　　　姚崔氏安人，子四，长曰玄辅，次曰玄庇，三曰玄广，四曰玄俊。

　　六世祖玄广公，讳玄广，号东野耕夫，定山公第三子。

　　　姚张氏。

　　　续姚□氏。

　　七世祖宗义公，玄广公次子。

　　八世祖彐契公。

---

　　①　《李氏族谱志》原作天历乙己岁。天历为元文宗年号，天历二年干支己巳，谱中他处言定山公生年亦作己巳。可断此处为原谱误抄。

九世祖德峰公，讳尚英，字德峰，号爱兰。

十世祖廷信公，德峰公第三子。

十一世祖鹤洲公。

十二世祖溢夫公。

十三世祖赞台公。

十四世祖建庄公，讳裔广。

太高祖澹如公，讳昌问，字讯甫，又字澹如。建庄公第二子。生崇祯末，殁康熙中。

　妣何氏。

高祖恺仁公，讳伏麟。澹如公第四子。

曾祖经济公，讳社书，恺仁公长子。诰赠光禄大夫。生康熙中，殁乾隆初。

　妣欧阳氏，诰赠一品夫人

祖静安公，讳伟行，本名稷兴，以字行，别字静安，经济公长子。道光六年八月二十七日卒，寿八十六。诰赠光禄大夫。

　妣欧阳氏，乾隆四十四年十一月二十三日卒，寿三十有四。诰赠夫人，诰赠一品夫人。

　伯父古庆。

　伯父吉兆。

　父悦礼公，讳吉和，字悦礼，号节斋。道光二十七年十月十日疾终，寿六十九。诰赠光禄大夫。

　妣何氏，道光二十二年八月十九日卒，寿六十二。诰赠一品夫人。

　母徐氏，光绪八年春卒，寿八十有六。诰赠一品太夫人。

　伯兄显球，道光九年卒，年二十六。

　叔弟文熙。

　季弟文囧，同治庚午顺天举人。

谱前传记资料附录

《大松冈祖茔记》

　　新会县白藤乡有大松冈焉，先太祉高祖澹如公及曾祖经济公合坿处也。先是澹如公殁，高祖恺仁公以古者外徙无出，葬公于吾乡之白石坑，去卢居不数武。阅三十余年，先曾祖殁，驰赠君静安公，复于澹如公墓下，辟土葬焉，积有年矣。我伯叔子姓多不禄，赠君悦礼公，上念门祚衰薄，始发宁习葬术于时。乡邻何氏好青乌学，尝游大松冈，嘉其葱蔚，顾其上为先建庄公葬处不可得，使人讽赠公欲售之。赠公曰：吾岂鬻先茔者哉，召其友胡鸿相之，曰吉，葬此当贵，遂卜迁焉，时道光十六年也。于呼，赠君之拳拳于先泽者，可不谓勤欤。赠君殁于道光二十七年。洎咸丰九年，文田以礼部试赴京师，诏赐及第授编修，十一年乞假归省，追维赠君遗训，复加封树。念我太高祖迄于赠君，并世有隐德，著于州党，或谓吾家之兴，匪因地力，然求之形家之学，亦无蠡焉。澹如公讳昌问，字讯甫，又字澹如，生崇祯末，殁康熙中。初，建庄公有三子，长曰调甫，三曰勤甫，澹如公其次也。调甫生佐仁及其孙缔祥，无嗣，勤甫生朝仁，无嗣，以振仁子嗣缔光，后旋殁。独澹如公有子五人：曰方仁，曰斌仁，曰振仁，曰恺仁，曰锡仁。经济公则恺仁公之子，讳社书，经济其字，生康熙中，殁乾隆初，姚欧阳并坿墓侧。太高祖姚何墓，旧在乡之小定山，不克合坿于此。至咸丰八年，文田以墓道倾圮，改卜白藤天字岭，冀续赠君之志。爰勒贞石，识诸墓所，俾后之人，有所知云。

《皇清诰赠资政大夫李公静安墓志铭》［清光绪三年（1877年）］

资政大夫前赐进士及第日讲起居注官翰林院侍读学士南书房行走咸安宫总裁教习庶吉士历充四川浙江副考官提督江西学政第三房第四孙文田撰并书。

公讳伟行，本名稷兴，以字行，别字静安，顺德县人也。先世自南宋宝祐中迁广南东道，宅居南海，明景泰中割置今县，遂为县人。曾祖讳昌门，祖讳伏麟，并潜德弗曜。父讳社书，以曾孙文田出仕，得彼恩赠阶与公同。公生而岐疑，少失怙恃，居丧尽礼，乡党称焉。会家计中落，让产弱弟，行贾于外。县人曾氏知公长者，倾意任之，既曾氏谢世，后嗣弗绳，荡析离居，相继沦殒。公为择贤继嗣，笃摄家政，曾氏故业得以复振。推其行谊，足贯神明，洎公垂暮家居，曾氏子孙俱成立矣。岁时伏腊，斗酒存问，诵德弗衰。而公植产不踰千金，数十年间自食其力，死者复生，生者不愧，古人所重，曷以加焉。公赋性浑厚，身长八尺，饮酒百钟，怡然不醉，里闬群处，不闻诟谇。佣贩陶渔，每有论价，未尝较值。流风余韵，至今称之。夫人欧阳氏，以乾隆四十四年十一月二十三日先公而卒，寿三十有四，子三人，长讳吉庆，次讳吉兆，又次即先赠君也，别具墓表。公以道光六年八月二十七日卒于本县故乡，宅后是谓鹤峰，族葬其间，公墓在焉。

遭家不造，嗣继雕落，公子伯仲，相继即世。公有五孙，存者堇半。先赠君年逾耳顺，奄丧家督，门庭萧然，伊郁谁语？距公殁后数年事耳。于是改卜公父宅兆，文田兄弟始就诞育。公墓所在，尚未及改，赠君年垂七十，溘然见背，文田生十四年矣。少孤就傅，懵然无觉，然捧手辟呐，遗训犹在。弱冠以后，玷登朝藉，益复措意斯事，以冀缵承先人之志，遭逢圣恩，赐直禁御，四周星琯，三典文柄，顷以母老，陈情归养，重展公墓，恝然靡安。光绪元年，乃得葬地于番禺县白云山狮子岭。其地左倚崇山，右临省会，珠海琶州，厘然在目。公之获此，积祉所钟，乃以二年四月二十四迁葬兹山之麓。夫人祔焉。公年八十六，卒后四十七年，至同治十一年始蒙诰命赠中议大夫，欧阳氏为淑人。光绪元年又以覃恩赠资政大夫，欧阳氏为夫人。敢勒石表墓，并为铭曰：

猗欤我公，实禀环姿。见义必为，处利匪移。谁谓未学，虽贤逊之。善积庆余，繫公所始。善积有待，庆余有会。何悟闵凶，至臻昌大。潮渫弗更，郁葱何赖。明德载光，遗馨未艾。惟兹粤会，后据崇山。千岩竞秀，万派交环。烟涵海际，日浴天关。青鸟永奠，白鹤来还。逮事未能，遗徽已邈。缅想音容，如闻卓跞。绳武有惭，诒谋孔乐。用诒方来，庶知大略。

《皇清赠资政大夫节斋李公墓志铭》

公讳吉和，字悦礼，号节斋，此县人也。宋南渡宝祐中，始祖宣义郎来宅南海，明景泰中割置顺德。吾族居上村，隶马宁司之云步堡焉，公其第十九世也。祖讳社书，父讳稷兴,并赠资政大夫。公生十月而公母欧阳太夫人见背,庶母欧阳太夫人抚公成立。少奉严训,以孝行闻于乡里。稍长就傅,以书法见重于时。弱冠后,公父年且老,又先代多用服贾治生业,遂亦弃所习,俾公父就养于家,公长子显球亦能书,皆公家教所成就也。显球生二十六岁卒,时公年五十一。公有友曰胡雄,为公相先代宅兆,谓违温冥之禁,乃改葬公祖于县之白藤乡。文田兄弟始就诞育。孩提之日,从公展拜先墓,公瞻视碑碣,顾盼林岫,辄穆然叹曰:斯道不坠,我后其将兴乎。公以道光二十七年十月十日疾终南海侣山傲寓,寿六十九。公笃宗族之谊,晚岁见族人失业,鬻产资之,坐此致窘。公怡然无闷,而家计益落。缘是不能归葬,殡南海石湾山中,墓地沮洳。同治三年改殡本县小湾堡牛山,十三年文田以生母年老,疏请归养,光绪五年始克营葬于本县甘竹乡卧木山,夫人祔焉。夫人同县福岸何氏,以道光二十二年八月十九日先公而卒,寿六十二,公子显球所自出也。侧室徐夫人生文田、文熙、文同。文田登咸丰己未进士及第,历官翰林院侍读学士,文同中同治庚午顺天举人。公以同治中赠儒林郎,进中议大夫,光绪元年赠资政大夫。夫人同治中赠安人,进淑人,光绪元年赠夫人。铭曰:

吾氏之先,历十九传。生赠公兮,世济其美。绵延勿绝,冗厥宗兮。猗欤赠公,弱不好弄。长益恭兮,中遭多难。丧我家督,情所恸兮。有间必先,克念厥绍。马鬣封兮,郁郁佳城。庇及后嗣,溯兹功兮。根本盛大,躬获厥报。幅斯丰兮,卧木之陇。越在甘竹,众山宫兮。郁水纡回,朝海拱辰。障而东兮,左擘西樵。右抱龙山,气苊葱兮。阴阳冲和，下有石椁。适所容兮，乐哉斯丘。苟非盛德，畴克逢兮。灵其有知，庶或睹斯。与昔同兮，在予小子。少丁孤露，媿箕弓兮。幸托堂构，国恩下被。誓资忠兮，永念遗训。涕泗横集，长无穷兮。掩暎松楸，体魄所依。四天崇兮，后有千龄。诜诜蛰蛰，铭鼎钟兮。

年　谱

公讳文田，字畲光，号若农（石农），又号仲约、仲若、药农、芍农、约农、一痴道人。室名双溪醉隐、五千卷室、泰华楼、赐书楼、泰华山堂、壁书楼。

骛哲按："石农"仅见于《王文韶日记》，似王文韶误写。

清宣宗道光十四年甲午（1834年）　出生

八月廿日，公生于广东顺德。

《行状》：公生于道光甲午年八月二十日巳时。

父吉和，母徐氏。

《李文田殿试卷》：殿试举人臣李文田……恭迎殿试谨将三代脚色开具于后：曾祖经济不仕，故。祖伟行不仕，故。父悦礼不仕，故。

《行状》：曾祖讳社书，妣欧阳，祖讳伟行，妣欧阳，父讳吉和，妣何。并潜德弗彰，曾祖祖父皆隐而不仕，乡党称为长者。因公贵叠赠至光禄大夫，如公官，妣氏皆赠一品夫人。初母氏何生三子，长早逝，次、三皆殇，公乃侧室徐所出。徐初封夫人，继赠一品太夫人。

幼年学于南海何铁桥。

《行状》：幼颖异，目辄十行，有神童之称。就学于南海何铁桥。

《顺德县志》：幼颖悟，有神童称……父和吉，商佛镇，故得就南海何铁桥先生学。

道光二十七年丁未（1847年）　十三岁

是年公父吉和故。

《行状》：先生年十四丁外艰，赠公业商于佛山镇，晚年虽稍裕，见族人失业，鬻产资之，坐此致窘，及见背，家计益落。徐太夫人悉索十指，佐晨夕夜漏三下，机鶭之声与书声闻邻舍也。公欲弃读谋生以事母，而何公铁桥谓：公天才英绝，必能早致青云，贫者士之常，奈何以小困辍学。遂资以膏火，勉令卒业。公益加勤奋，学业日进，有不可压抑之势。

李慈铭《题梁九图仿郑所南画兰册》：梁君为鸿胪寺少卿僧宝之父，素以诗名，有人伦鉴识。李学士文田幼孤贫甚，一见决其不凡，为饮食教诲之。

《皇清赠资政大夫节斋李公墓志铭》：公以道光二十七年十月十日疾终南海侣山傲窝，寿六十九。公笃宗族之谊，晚岁见族人失业，鬻产资之，坐此致窘。

文宗咸丰元年辛亥（1851年）　十七岁

县试第一。

《行状》：年十八应县考，邑令郭公汝诚谓其文字发皇，此子必大贵。加以面试，瞬息立就，益加叹赏，称为天才，拔署（置）第一进（入邑）庠。后郭令期公益邃其学，招入县置（署）自课之。又使其子树榕执弟子礼焉。

《岭南画征略》：年十八，县试第一。

《顺德县志》：年十八，应县考，邑令郭汝城拔置第一，招入署课其子。

八月，洪秀全起义军攻占永安，建号太平天国。

咸丰二年壬子（1852年）　十八岁

补县学生。

《行状》次年，食廪饩举优行。

《岭南画征略》：补县学生。

《顺德县志》：次年，食廪饩举优行。

骘哲按：据邱捷老师提示，李文田于《殿试卷》自称附生，且新录生员很少会当年或次年补廪，上引《行状》、《县志》称李文田为廪生，可能有误。

咸丰四年甲寅（1854年）　二十岁

勒办团练。

《行状》：咸丰甲寅乙卯之乱，公勒办团练，扫穴擒渠，保卫桑梓。

骘哲按：据崔颂明编《李文田年谱》所述，此次勒办团练的时间，持续到咸丰五年。

咸丰六年丙辰（1856年）　二十二岁

补行乙卯科乡试，中第十九名举人。

《清秘述闻三种》：咸丰六年丙辰补行乡试补行乙卯科。

广东考官：鸿胪寺卿王发桂字小山，直隶清苑人，丙申进士。检讨张兴仁字让之，浙江钱塘人，辛丑进士。

题"仁者安仁　恶人"，"德为圣人"一句，"傅说举于"六句。

赋得"兵气销为日月光"得"昌"字。

《李文田殿试卷》：由附生应咸丰五年本省乡试中式。

《行状》：六年丙辰补行乙卯科乡试，中式第十九名举人。

《岭南画征略》：咸丰六年举人。

九月，第二次鸦片战争开始。

咸丰九年己未（1859年）　二十五岁

赴京参加会试，祷于正阳门关帝庙。

《道咸以来朝野杂记》：李若农侍郎文田，当咸丰己未科，来京会试，祷于正阳门关帝庙。签语有"名在孙山外"，自以为此次必落第耳。及发榜，中进士高第，此签实不灵验。至殿试，状元为孙家鼐，榜眼名孙念祖，李氏得探花，实列二孙之后，与签语真巧合也。此闻之粤中耆旧云。

二月十五日，赴新举人复试。

《翁心存日记》：卯初二刻赴贡院搜检，诸公陆续始到，予偕陈子鹤、宝佩珩露坐东左门外，传委官谕令诸生退至门外听点。辰初始开贡院门点名，辰正二刻乃竣。

《翁心存日记》（二月十九日）：张祥河等覆试各省新中举人覆命，进卷八百三十一本。一等四十名，二等一百二十名，四等二十名，余皆三等。

三月初六日，应会试，正考官贾桢。副考官沈兆霖、赵光、成琦。

《文宗显皇帝实录》：以大学士衔吏部尚书贾桢为会试正考官。刑部尚书赵光、户部左侍郎沈兆霖、工部右侍郎成琦为副考官。

《清沈文忠公兆霖自订年谱》：三月充会试副考官，同派者正考官贾耘堂相国桢，副考官赵蓉舫大司寇光，成魏卿少司空琦，得士马传煦等一百九十一人，宗室二人。四月充贡士覆试阅卷官。

《翁心存日记》：寅初起，寅正二刻诣午门外朝房，卯正二刻侍卫捧礼部密封题本，遂敬谨坼封宣旨……

正考官：贾桢；副考官：赵光、沈兆霖、成琦。

同考官：张之万、章鋆、罗嘉福、萧培元、董元醇、王凯泰、张洵、杜联、恩吉、志和、陆秉枢、王锡振、孙楫、程祖诰、李铭皖、林寿图、孙如仅、岳世仁。

内帘监试：忻淳、侯云登。

内场监试：庆澄、扎拉芬、载馨、保恒、蔡燮、陈鸿翊、陈鹤年、何兆瀛。

弹压副都统：左：连成。右：载崇。

三月初八日，会试第一场。试题："色难有事""今夫天""焉能使予不遇哉""赋得高车高梱，得从字"。

《翁心存日记》：寅正三刻诣贡院砖门搜检，天已大明，门已辟，诸公尚未到。余坐东右门，诸公陆续至，坐东右门者为文晴轩、五额驸△公也，卯正开点，巳正一刻毕，凡廿二牌，东左门人数亦千余名，西两门均不过数百人，故早竣。

三月初十日，会试第一场毕。

《翁心存日记》：钦命会试头起题："色难有事"，"今夫天"，"焉能使予不遇哉"，"赋得高车高梱，得从字"。

三月十一日，会试第二场。

《翁心存日记》：昨由户部行文知贡院，以是日直日，不克到搜检班，闻巳正已竣事矣。闻西左门搜出怀挟一名，周绍稷，江西己亥举人也。头场贴出十四名，实到三千二百七十七名。

三月十三日，会试第二场毕。

《翁心存日记》：二场经题："井以辨义，巽以行权"，"有猷有为有守"，"以祈甘雨"三句，"晋侯使士鲂来聘"，襄公十有二年。"圭璋特达德也"。

三月十四日，会试第三场。

《翁心存日记》：寅正三刻诣贡院搜检，仍坐东右门，诸公多未到。卯正开点，而是门仍止予一人，良久乃有侍卫普福来，系补派者。亦止两人耳。是日奉旨加倍严搜，而诸生皆有怀刑之惧，无敢复蹈覆辙者。辰正许，西两门早竣事，东右门至巳初三刻乃竣，左门亦将完矣，遂回。两孙在东左门二十牌，至是亦俱入场。……三场实到三千二百六十八名，始知前二场搜出夹带之江西举人奏上，奉朱批周绍稷交端华、穆荫严审具奏，并令三场加倍严搜，毋令无耻之辈得以侥幸弋获。

三月十六日，会试第三场毕。

《翁心存日记》：清晨源、筹两孙出场来寓，身体均好，无他奢望，不过祝其平安而已，甚慰。……三场策题：

经史、科目、考课、兵书。

三月廿四日，会试发榜，中第三十四名贡士。

《李文田殿试卷》：咸丰九年会试中式。

《文宗显皇帝实录》：礼部以会试中额请。得旨。满洲取中六名。蒙古取中一名。汉军取中二名。直隶取中十八名。奉天取中二名。山东取中十五名。山西取中九名。河南取中十七名。陕甘取中十九名。江苏取中十三名。安徽取中六名。浙江取中十七名。江西取中十三名。湖北取中八名。湖南取中六名。福建取中七名。广东取中五名。广西取中八名。四川取中九名。云南取中五名。贵州取中五名。

《行状》：九年己未连捷第三十四名进士。

四月十三日赴新贡士覆试。

《翁心存日记》：覆试新中贡士题："务民之义"，"赋得山雨欲来风满楼，得阳字。"

四月廿一日，公赴殿试对策。

《文宗显皇帝实录》：策试天下贡士马传煦等一百八十人于保和殿。制曰：朕寅绍丕基，诞膺洪祚。荷上苍之申佑，承列圣之诒谋。劼毖深宫，日慎一日，勉思传心典学之谟，课吏训诚之治，励品崇儒之要，诘戎讲武之经。冀与中外臣工，致上理于大同，登斯民于袵席。兹当临轩发策，博采周咨，尔多士其敬听之。圣学之原，在于存诚主敬。唐虞传心，尚矣。所谓危微者何辨？精一者何解？执中者何在？禹曰："安止几康。"汤曰："圣敬日跻。"而即继之曰："丕应徯志。"曰："式于九围。"能申明其义欤？文王克厥宅心，武王不泄不忘，其道本无异同，见诸诗书者孰切？成康以后，历汉唐宋，迄于元明，英君谊辟，岂无一言一行与唐虞三代相符合，能指其实欤？朱子谓，格致诚正，以至修齐治平，始终不外乎敬。中和位育，极之圣神功化，枢纽不外乎诚。真德秀《大学衍义》，于诚意正心之要，立为二目。明邱浚复补以审几微一节，心法即治法之原也。昔圣微言，襄哲粹语，有可与经传相发明者，其紬绎而细陈之。唐虞官人，首言载采，成周分职，重戒惟勤。八法、八成、六叙、六计，载在《周官》，能晰言之欤？《汉史》言综核名实，吏称其职。然上求实效，而下务虚名，徒以拘守绳墨为慎，以奉行条律为勤，岂董正治官之本意欤？夫询在事，考在言，而克知三有宅，灼见三有俊，则皆课之于心。意者事与言固必矢以一诚，而后足称忠荩欤？汉扬雄著《二十五官箴》，马融著《忠经》，宋真德秀著《政经》，其言亦有可采者欤？朕权衡黜陟，一秉至公。上以诚待下，则下当以诚事上。内外大小臣工，岂徒以奉令承教，遂为无忝厥职欤？士也者，民之坊也。董仲舒曰："正其谊不谋其利，明其道不计其功。"列士林者，非以砥厉廉隅为本务乎？古者宾兴贤能，郑注谓："兴贤若今举孝廉，兴能若今举茂才。"汉法取士，犹为近古。故其时吏有循良之目，民鲜偷薄之风。至唐乃有明经进士等科。禄利之途既开，徼幸之心斯起。宋太宗谓："科级之设，以待士流，岂容走吏冒进，窃取功名。"言之何笃切欤！夫为士而尚有亏儒行，他日服官，其能恪守官箴乎？察行既起别居之谣，考文又蹈虚车之诮，果何术而能使士行克敦，人材蔚起乎？兵所以威天下，实所以安天下。整军经武，所以保大定功也。三代以后，兵民初分。汉置材官于郡国，而京师有南北军屯。唐初设府兵，一变而为彍骑，再变而为方镇。宋兵有禁厢蕃乡之目，元立五

卫，明设京兵边兵，其制孰为尽善？至于训练之法，汉有都
肄，唐有讲武，宋有大阅。明戚继光《练兵实纪》一书，为
切于实用，所称一练伍法，二练胆气，三练耳目，四练手
足，五练营阵，六练将者，能阐其义欤？夫一兵必期得一兵
之用，其何以选精锐，汰老弱，简器械，申纪律，使三军之
士，皆足以备干城之选，而迅奏肤功哉。凡兹四事，迪德以
端宸极，课绩以励官箴，植品以正儒修，整师以肃戎政。经
邦要道，莫切于斯。尔多士拜献先资，毋泛毋隐，朕将亲
览焉。

《李文田殿试对策》

臣对臣闻主敬所以执中，厘工斯能熙绩，崇名尤期核
实，振武必在知兵。遐稽往籍，礼隆民极，书重官常，易美
国光，传称军实，崇规茂矩，粲然具陈。自古帝王乘干出
震，保泰持谦。以懋宸修，则朝乾夕惕；以兴吏治，则岁会
月成；以培儒行，则选贤育才；以振军容，则练兵励士。悉
本夙夜勤求之念，握天人集应之符，用能体尧蹈舜，心学精
焉；左禹右皋，官箴懔焉；砥廉厉隅，士习肃焉；敦诗税
礼，将才出焉。所由经纬六合，纪纲八埏，上迓蕃厘，下膺
多祜者此也。钦惟皇帝陛下天行广运，日照无私。示学校以
楷模，跻编氓于仁寿，固已道兼千圣，而典备六
升，而威扬四极矣。乃圣怀冲挹，弥切畴咨，乐兼听之无
遗，思迩言之是察，进臣等于廷，而策之以传心、课吏、取
士、练兵诸大政。如臣梼昧，何知体要，顾念对扬伊始，拜
献先资，虽涓埃无补于崇深，而蠡管亦殷于窥测，敢不竭刍
荛之末论，抒葵藿之微忱乎。伏读制策，有曰：圣学之原在
于存诚，主敬而因博采乎，古圣微言，曩哲粹语，此诚内圣

外王之学也。臣谨案，执中之解表裏，《中庸》朱子章句序云：人心道心之异者，或生形气之私，或原性命之正，是以危殆不安，微妙难见。精则察，夫二者而不杂。一则守，其本心而不离。唐虞传心，义备于此。夫治法即心法之验，而心法为治法之原，是以禹之丕应徯志即在几康，汤之式于九围实基圣敬。以及文之克厥宅心，武之不泄不忘，散在诗书，道无同异也。昔唐太宗云：人主惟有一心，而攻者甚众。宋太祖令重门洞开，曰：此如我心少有邪曲，人皆见之。明太祖谓侍郎曾鲁曰：人君一心为治化之本。诚哉帝王之言矣。朱子《或问》谓：《大学》始终一敬，《中庸》枢纽一诚。真德秀《大学衍义》，立诚意正心之目曰：崇敬畏，戒逸欲。邱浚补其目曰：审几微，盖圣学以诚敬为根，而诚敬即以审机为要。此大舜所谓危微精一，《大学》《中庸》所谓慎独。入道在此，执中在此，前圣后圣无异学，即无异治已。皇上单心性学，绍迹唐虞，宜乎轶汉宋元明之治法而上之矣。制策又以唐虞官人首言载采成周分职，重戒惟勤。而欲使内外臣工无忝厥职，此诚董正治官之至意也。臣谨案，考察之典莫备《周官》，以八灋治官府，以六叙正羣吏；以官府之八成经邦治，以听官府之六计，弊羣吏之治凡。夫廉能之课最秩，次之升叙，与夫政役、书契、质剂、要会，靡不条列。实开汉唐后考察之法。然量材称职者，立法之本心；而奉令承教者，末习之通弊。昔虞廷询事，考言即称厎绩。而《立政》一篇称，文武用三宅三俊之法，其克知灼见直课之心。然则激发天良、感奋报称、匪躬之故，实出丹诚，必欲责实循名，则拘守绳墨者不可云慎，奉行条律者未足云勤矣。汉扬雄拟《虞箴》作《二十五官箴》，马融拟《孝经》作《忠经》，宋真德秀采经典论政之言作《政经》，虽讽论敷陈各有所擅，然皆鉴臣职之颓废，惩时政之变更，拓宇于诗骚，践迹于谟训，诚荐绅之圭臬，而宦海之箴砭。吏治之书，固其精于此矣。圣朝澄叙官方，权衡至当，凡在臣工，孰不励夙夜在公之节乎。制策又以士者民之坊，而欲使列科目者，士行克敦，人才蔚起，此尤慎重功名之盛心也。臣谨案，两汉之时，风俗笃实。其时如陈寔、郭泰，言为士则、行为世范，诚有如董仲舒所云正谊明道者，以故鄙宽薄敦士崇实，行孝廉茂才之选，名称其实，州郡荐辟，有周礼兴贤举能之遗意。若陈蕃、李膺、周举之流，彬彬盛焉。然而东汉之季，尚有举秀才不知书，察孝廉父别居之谣，末流之弊，虽选举不免矣。隋设明经进士等科，李唐因之其以进士，举者如白居易、杨绾、颜真卿、裴垍，以明经举者如狄仁杰、徐有功等，可谓得人。然禄利之途既开，徼幸之心斯起，唐考功郎李昂试士，为举人诋诃；温庭筠试有司，私占授者八人。由兹以推，则唐代之设科目已滋流弊。宋太宗云：科级之设以待士流，岂容走吏冒进窃取功名。言之可云笃切，此而欲端流品，植人材，摩厉习俗，激扬忠孝，则简择慎而后科目严，俾浮华之士皆知返于学术经济之林，则处为诚正之大儒，出系苍生之重望。昔董晋举韩愈，王应麟拔文天祥，两人大节彪炳唐宋，然皆从科目中出，是则科目得人，曾何让于选举矣。圣朝寓选举于科目，以故乡举里选之士争自濯磨，岂不盛欤。制策又曰：兵所以威天下，实所以安天下，而欲使三军之士皆足备干城之选而迅奏肤功，此尤保大定功之要务也。臣谨案自来言兵者不外辨兵制讲训练而已，秦统天下，郡置材官，汉因之，又设南军卫宫城，北军卫京城，以卫尉、中尉分主之。魏苏绰仿周典，置六军籍六等民，尽蠲租调，刺史以农隙教之，谓之府兵。唐沿其制，开元末张说请募士宿卫，谓之骑，既骑又坏，方镇遂强。宋则有禁兵，内守京师，外备征戍，又诸州所募曰厢兵，什伍其民，教以武事，曰乡兵，纠合蕃夷内附者曰蕃兵。元立五卫，总以枢密使。明初京师宿军三十余万，及嘉靖中始设边兵焉，法立弊生，物极必返，《易》曰：穷则变，变则通，是故兵无定制，制无定型，大抵内重者边备或轻，外重者强藩易恣，召募则疏于操演，长屯则费在转输，此其难也。明戚继光练兵法，一伍二胆三耳目四手足五阵六将，诚能仿行之，鸳鸯之阵明，而进退有度矣，刀牌之技熟，而击刺有方矣。兵与将相习，则身使臂，而臂使指矣，又何患有成法者不必有成效乎。国家兵制，超越前古，军威所至，靡坚不摧，岂汉唐之可媲欤。若此者，握枢以建极，考课以劝功，植品以崇儒，诘戎以振旅，扇巍巍，显翼翼，仁圣之事赅，帝王之道备矣。臣尤伏愿皇上恃载功深，缉熙学大，宵昕无倦，而愈懔冰渊，僚采已端，而弥思霖雨，拔擢虽严，而尤先器识，军屯既备，而重戒精强。桴盂之学精焉，鱐鱉之献懋焉，干旌之贤进焉，剑戟之锋销焉，于以德征风动，泽洽露生，纳民福林，跻俗寿宇，则我国家亿万年有道之长基此矣。臣末学新进，罔识忌讳，干冒宸严，不胜战栗陨越之至。臣谨对。

四月廿二日，读卷大臣读卷。

《文宗显皇帝实录》（四月廿日）：命协办大学士户部尚书周祖培、大学士衔吏部尚书贾桢、礼部尚书麟魁、朱嶟，刑部尚书瑞常、署吏部右侍郎梁瀚、工部左侍郎潘曾莹、内阁学士载肃、为殿试读卷官。

四月廿四日，文宗亲定甲第。

《文宗显皇帝实录》：御乾清宫。召读卷官入。亲阅定进呈十卷甲第。

《翁心存日记》：读卷大臣引见殿试前十本，状元孙家鼐，榜眼孙念祖，探花李文田，而传胪邵子彝不到，降三甲末，以第五名朱学笃代之。夜，内阁典籍厅送小金榜到，一甲三名，二甲八十七名，三甲九十一名。

四月廿五日，是日传胪。殿试金榜下，公中一甲第三名进士。

《文宗显皇帝实录》：上御太和殿传胪。赐一甲孙家鼐、孙念祖、李文田、三人进士及第。二甲朱学笃等八十六人、进士出身。三甲陈祖襄等九十一人、同进士出身。

《翁心存日记》：是日上升太和殿，胪唱礼成，仍还园。

《探花归第日马上口占》四首，附题诗《舲先生赐宴图扇子》

芙蓉镜下拜恩新，仙乐飘飘听未真。虚费拔蛇心力尽，肯教容易第三人。

洪崖肩畔是浮邱，我亦同为汗漫游。若把一龙论首尾，本来龙尾逊龙头。

犬头生角梦中听，吉语冥蒙半未灵。壁里古文终日事，拙著有《古文冤词续》二卷。不应疏读《尚书》经。拙卷闻已拟元旋以察吏条引《周书》句读微误，稍抑置之。

禁城朝罢御炉边，太尹风流赠马鞭。独有刘蕡千辈在，多应汗颜对时贤。

《十朝诗乘》：京师论翰詹中能文学者，有二人，张广雅、李若农也。……廷式卷初拟首列，以"察吏"条引《周书》句读微误，抑置第三。故其《探花归第口占题张诗舲赐宴图扇子》绝句云："洪崖肩畔是浮邱，我亦同为汗漫游。若把一龙论首尾，本来龙尾逊龙头。""犬头生角梦中听，吉语冥蒙半未灵。壁里古文终日事，不应疎读《尚书》经。"

四月廿六日，翰林院奏朝考题。

《翁心存日记》：翰林院奏朝考题并弹压。

四月廿八日，新进士朝考。

《翁心存日记》：朝考题："蒙以养正圣功也论"。"拟魏征再上十思疏"。"赋得柳宿光中添两星，得亭字。"

五月初一日，授职翰林院编修。

《吏部覆李文田、马丕瑶出身履历片文》：五月初一日奉旨授为编修，二十二日任。

《文宗显皇帝实录》：授一甲一名进士孙家鼐翰林院修撰。二名进士孙念祖、三名进士李文田编修。

《行状》：廷对一甲第三人，授职编修。

五月初二日，赴新进士引见。

《文宗显皇帝实录》（五月初二日）：引见新进士。得旨。一甲三名。孙家鼐、孙念祖、李文田、业经授职外。朱学笃……田树荣、郑芠、俱着交吏部掣签分发以知县即用……

《翁心存日记》：是日新进士引见九十九名：鼎甲、宗室、满洲、蒙古、汉军、直隶、奉天、江苏、安徽、江西、浙江、福建、山东。

朝考等第单：一等三十二名：严辰、张丙炎……二等

五十五，三等八十四，四等十。孙家鼐列二等廿六，李文田
列二等三十七。

五月廿六日，上谕，赵光教习庶吉士。《清实录》

咸丰十年庚申（1860年）　二十六岁

正月廿四日，刑部候补主事何秋涛进呈所纂"北徼汇编"，
赐名"朔方备乘"。

闰三月十六日，庶吉士散馆。

《翁心存日记》：是日散馆，不知题知出处否，何时交
卷也。

《翁同龢日记》：寅初起，寅正一刻到大宫门，卯初
三刻接卷入，甫坐定，题已至矣。"燕山八景赋"，以燕山
为圣化所敷之会为韵，赋得高超百尺岚，得探字。酉正交卷
出，写作无疵。诗题不知出处。广东李若农编修文田赋甚闳
丽，叹为奇材。

《翁心存日记》（闰三月十七日）：巳初始知散馆题：
"燕山八景赋"，以"燕山为圣化所敷之会"为韵。"赋得高
超百尺岚，得探字"。东坡《入峡》诗："独爱孤栖鹘，高超百
尺岚"。

闰三月十八日，庶吉士散馆考试定等第，公列第三。

《翁同龢日记》：午正伯寅送全单来，张午桥第一，余
名列第二，李若农第三，不胜王后灵前之愧。闻此次阅卷大
臣均粘某人拟，取黄签进呈后，上亲判甲乙于卷首，命尚书
肃公监视拆弥封，盖慎之也。

《翁心存日记》：午刻始见散馆等第名次单，一等十

名：张丙炎、江苏。翁同龢、江苏。李文田、广东。孙念祖、
浙。朱学笃、山东。黄锡彤、湖南。常珩、宗室。铭安、内务
府，满。王师曾、山东。英启。汉军。二等十一名……三等
十四名……四等三名……此次散馆阅卷大臣原拟一等十名，
二等十六名，三等十一名，四等一名。经朱笔改定，除一等
十名，二等前三名仍照原拟外，二等四名以下皆经钦定更
动。此次散馆庶吉士于廿三日引见。此次散馆清字卷内齐克
慎一名卷尾并未弥封，翰林院查明参奏。

鹜哲按：清制一甲进士仍需参加庶吉士散馆考试。翁同龢为
丙辰科进士，咸丰九年四月，以病未散馆，故于咸丰十年补行。

闰三月廿三日，赴己未科散馆及补行散馆人员引见。

《文宗显皇帝实录》：引见己未科散馆及补行散馆人
员。得旨：修撰翁同龢、孙家鼐、编修孙念祖、李文田业经
授职。二甲庶吉士张丙炎、朱学笃、黄锡彤、宗室常珩、铭
安、王师曾、英启、贾瑚、马传煦、李振家、胡毓筠、俱着
授为编修……

四月十二日，翁同龢来。

《翁同龢日记》：访汪慕杜、徐季和、陆云生、何紫
瀛、李若农，皆晤。若农博览能文，丹铅不去手。

五月初八日，英法政府通告欧美各邦对华宣战。

七月初五日，英法军攻占大沽北岸炮台。

七月初七日，英军占领天津及大沽南岸炮台。

八月初四日，英法军于张家湾打败僧格林沁。

八月初七日，英法军再败僧格林沁于八里桥。

八月初八日，咸丰帝自圆明园北走热河。

八月廿二日，英法军于定安门、德胜门外击败僧格林沁、瑞

麟。法军进占圆明园，大肆劫掠，焚毁宫殿。次日，英军入圆明园，加入劫掠。

八月廿九日，英法军进入北京城。

九月初五日，英军奉额尔金命，焚圆明园。

九月十一日，《中英北京条约》签订。

九月十二日，《中法北京条约》签订。

九月十九日，法军退出北京。

九月廿六日，英军退出北京。

十月初二日，《中俄北京条约》签订。

十二月，充补武英殿纂修官。

《吏部覆李文田、马丕瑶出身履历片文》：十年十二月充补武英殿纂修官，钦此。

《李文田列传》（王崇烈拟）：十年，充补武英殿纂修。

咸丰十一年辛酉（1861年）　二十七岁

四月十七日，访杨秉璋，晤翁同龢、沈秉成。

《翁同龢日记》：访礼南，见仲复、李若农于坐。

六月朔，翰林院掌院学士派公往清秘堂整理书籍，未至。

《翁心存日记》：翰林院掌院①派清秘堂整理书籍，办事翰林外添派三人：孙如仅、李文田及六儿也。清晨滨石②及其夫人病危，邀六儿往，商办诸事，遂入署整理书籍，至

①　翰林院掌院，即翰林院掌院学士，时汉翰林院掌院学士为贾桢，满翰林院掌院学士为全庆。
②　滨石，即杨泗孙，字滨石，江苏苏州府常熟县人。咸丰二年一甲二名进士，时为翰林院编修，在南书房行走，署日讲起居注官。

未刻乃回，李君未到。

六月初六日，赴翰林院检书，翁同龢、瑞联、常蔚亭、英启同检。

> 《翁同龢日记》：到署检书，瑞睦庵、常蔚亭、英续邮①同检，李若农后至。

六月十二日，与翁同龢定兄弟交。

> 《翁同龢日记》：李若农文田与余订兄弟交，昨来未晤。今日往答，亦未晤。

七月初八日，翁同龢来饭，常蔚亭来。

> 《翁同龢日记》：饭李若农处，坐遇常蔚亭。

七月十六日，文宗病危，立皇长子载淳为皇太子。

> 《文宗显皇帝实录》：壬寅。子刻。上疾大渐。召宗人府宗令、右宗正、御前大臣、军机大臣、承写朱谕。立皇长子载淳为皇太子。

七月十七日，清文宗崩。

> 《文宗显皇帝实录》：癸卯。寅刻。上崩于避暑山庄行殿寝宫。

八月初七日，翁同龢来访，未晤。

> 《翁同龢日记》：访李若农，未晤。

八月十六日，公南归葬亲，翁同龢、孙毓汶、钱桂森、赵光于潘祖荫斋中为其饯。

> 《翁同龢日记》：饯若农于伯寅斋中，座有莱山、辛伯、蓉舫②，联句赠行。

---

① 英续邮，即英启，号续邮，汉军镶白旗人。咸丰九年进士。
② 蓉舫，即赵光，字蓉舫，云南省云南府昆明县人。嘉庆二十五年进士，时为刑部尚书，署户部尚书。

八月十七日，请假回籍葬亲。

《吏部覆李文田、马丕瑶出身履历片文》：十一年八月十七日，请假回籍葬亲。

八月十八日，翁同龢来访。

《翁同龢日记》：访李若农。

八月十九日，代翁心存送信。

《翁心存日记》：作寄龙兰簃书，八纸，托李若农去。

八月廿五日，翁同龢来访，未晤。

《翁同龢日记》：访李若农，未晤。

八月廿七日，翁同龢来访，谈两时许。

《翁同龢日记》：访若农，谈两时许。

九月初四日，公赴翁同龢处辞行。

《翁同龢日记》：李若农来辞行，初六日将发航海南归矣。

九月初五日，翁同龢为公写对，来送行，未晤。

《翁同龢日记》：为覃叔①、若农写对，并了一切笔墨债。检入闱诸物甚忙，中坪坪然。谒贾师，以撰拟文字两篇送呈。送若农，访陆莘培父子，均未见。

九月初九日，翁同龢来访。

《翁同龢日记》：晚诣若农，遇其族兄雨泉于坐。雨泉者，为暎国买卖中主筹者也。

九月初十日，翁同龢来送。

《翁同龢日记》：送李若农，即到小寓接考。

---

① 覃叔，即程祖诰，安徽省徽州府休宁县人。道光三十年进士，时为奉天府府丞兼学政。

九月三十日，辛酉政变。

是年公请假回籍葬亲。

　　《行状》：十一年辛酉，请假回籍葬亲。

得《明拓石门铭》等十余种。

骛哲按：参见《李文田题明拓石门铭跋之一》

穆宗同治二年癸亥（1863年）　二十九岁

十二月十五日，销假到院。

　　《吏部覆李文田、马丕瑶出身履历片文》：同治二年
十二月十五日，销假到院。

十二月十六日，潘祖荫来。

　　《潘祖荫日记》：入直。进呈写件毕。赏福字，引兄时
碰头谢恩。访若农。用甫来。

十二月十八日，访翁同龢。

　　《翁同龢日记》：李若农来。

十二月二十五日，访潘祖荫。

　　《潘祖荫日记》：入直。同乡谢恩，若农来。

同治三年甲子（1864年）　三十岁

二月廿五日，翁同龢来。

　　《翁同龢日记》：访李若农、汤子久、孙燮臣均晤。

四月十二日，过翁同龢。

　　《翁同龢日记》：李若农、杨濒石、侯季方〈来〉。

四月十八日，晚召同人饮于家中，翁同龢、潘祖荫、孙毓

汶、张之洞同坐。

> 《翁同龢日记》：晚集若农斋中，在坐者伯寅、菜山、香涛。

四月廿三日，晤翁同龢。

> 《翁同龢日记》：晤李若农。

四月廿四日，翁同龢、张之洞、潘祖荫来。与翁同龢同看《九成宫帖》。

> 《翁同龢日记》：访李若农，遇香涛、伯寅。偕若农来看《九成宫帖》。前所见汉隶十册，若农以五十金购得矣。

四月廿七日，翁同龢见一《曹全碑》，较公所藏为胜。

> 《翁同龢日记》：访修伯，同到厂，见一《曹全碑》，以与若农所收本对勘较胜。

四月廿八日，翁同龢来。

> 《翁同龢日记》：访晤庞宝生[1]、邵汴生[2]、潘伯寅、李若农、黄澹霞。

是月，致翁同龢二函。

《致翁同龢》

> 《曹邻阳碑》甚佳，以今精拓较之，则或泐或摩灭或砀，去面一层，使陷入者反浮上，所在多有，不仅"乾""咸"二字踪迹已也，望亟收之。率呈，不一一，叔平六兄执事。
>
> 弟田顿首。

---

[1] 庞宝生，即庞钟璐，字宝生，江苏省苏州府常熟县人。道光二十七年一甲三名进士，时为吏部右侍郎，署吏部左侍郎。

[2] 邵汴生，即邵亨豫，字汴生，江苏省苏州府常熟县人。道光三十年进士，时为詹事府右中允。

《致翁同龢》

封弟叔振铎于曹国，"于"字次画瘦，今浓拓反肥。夹辅王室，"夹"字下长画起处未损。曾祖父，"曾"字下"曰"不粘，"右"虽中画濒损，然未至半缺。祖父凤，"凤"字中鸟一撇上抵横画。大女桃斐，"斐"字左彐，今拓下两画合一，此本尚三画。门下掾，"下"字左肋不泐。右只据弟所藏本校之，然"曾"字的的可按。数碑皆盖拓，重裱时只可补之，可宝，似当收之，难于并在一处也。《张迁》《景君》祈假一睹即还。此复，即请叔平六哥文安。

弟田　顿首。

五月朔，翁同龢来。

《翁同龢日记》：拜客归，访若农。

五月十一日，翁同龢偕潘祖荫来，不晤。

《翁同龢日记》：访晤伯寅，偕诣苦农，不值。

五月十八日，翁同龢偕邵亨豫来访，为庞钟璐书扇。

《翁同龢日记》：偕汴生诣李若农。为宝生书扇。还清扇直。诣宝生处。

六月，曾国荃军攻破天京，太平天国起义失败。

七月初八日，翁同龢来。

《翁同龢日记》：访李若农、张香涛。

七月初十日，过翁同龢。

《翁同龢日记》：伯寅、若农来。

七月十四日，过翁同龢，为翁同龢侄儿处方。

《翁同龢日记》：李若农来，自称能医，为源侄处一方。

七月十九日，应翁同龢请，为其侄诊脉。长谈并看《多宝塔》。

《翁同龢日记》：请李若农为源侄诊脉，服其药有验也，谈至暮始去。偕若农问看《多宝塔》，汪稼门物，志伊。有康熙乾嘉诸名人跋，而帖不佳。凿字不坏，谬字刻字皆断。

七月廿一日，过翁同龢，为其侄处方。

《翁同龢日记》：李若农来为源侄处方。连日源侄睡颇安。

七月廿六日，为翁同龢侄换方。

《翁同龢日记》：李若农为源侄换方。

七月廿八日，为翁同龢诊。

《翁同龢日记》：请李若农来治疾。

七月三十日，翁同龢来。

《翁同龢日记》：晚访若农、香涛、晤香涛之兄远澜。之沅，能书。

八月朔，为翁同龢诊。

《翁同龢日记》：李若农来诊。

八月初五日，翁同龢来，过翁同龢为其诊。

《翁同龢日记》：访李若农。若农来诊。……若农言，广东高州举人陈乔森号一山十八岁始读书，过目成诵。

八月初九日，翁同龢来。

《翁同龢日记》：访李若农、张香涛。见广东邹君所制日晷，可测中星及时刻节气，精巧无匹。邹君长于推算，十五岁为阮文达所赏识。

八月十七日，翁同龢侄病发，公之处方未能见效。

《翁同龢日记》：源侄发病，自前月初九起未病，亦未梦魇，以为是李若农药力，不知何以又发。

八月十八日，翁同龢来，为翁同龢侄诊脉。

《翁同龢日记》：访若农。……若农来诊，仍用参附。

八月廿日，贾桢、倭仁保举公及孙诒经、张家骧参加南书房翰林考试。

《翁同龢日记》（八月廿一日）：张子腾保举南斋来见。孙诒经、张家骧、李文田。

《奏保孙诒经张家骧李文田等三员参加南书房翰林考试（附一件）》

臣贾桢，臣倭仁跪。

奏为尊旨保奏事。本月十六日议政王、军机大臣面奉谕旨："现在南书房翰林需人。着贾桢、倭仁于翰詹各员内，择其品学端方者，酌保数员，候旨考试，钦此。"臣等尊即公同详酌，于现任翰詹各员内择其品端学粹者三员，缮写履历清单进呈，候旨考试。为此恭折具奏。伏乞皇太后、皇上圣鉴。谨奏。

同治三年八月二十日。

检讨孙诒经，浙江人，年三十四岁，庚申进士。

编修张家骧，浙江人，年三十四岁，壬戌进士。

编修李文田，广东人，年二十九岁，己未进士。

晤翁同龢，为其侄诊脉。

《翁同龢日记》：晤若农，偕以来诊源侄脉，云气甚调，惟肝脉不起，暂撤附子。

八月廿二日，翁同龢来。

《翁同龢日记》：访若农。

八月廿四日，翁同龢、郭图珊来。

《翁同龢日记》：访若农，见其试作。晤广东郭君图珊于坐。

《翁同龢日记》（八月廿三日）：考南斋题："拟潘岳秋兴赋"以染翰操纸慨然而赋为韵。

"膏泽多丰年"。得年字，七排。

八月廿六日，奉旨在南书房行走。翁同龢来。

《穆宗毅皇帝实录》：命翰林院检讨孙诒经、编修李文田在南书房行走。

《翁同龢日记》：源侄殊委顿，午初视之，神气尚未复元也。若农药多补，不知投症与否，竟转犹豫矣。访若农，若农今日引见，与孙子寿皆得南斋供奉。

《吏部覆李文田、马丕瑶出身履历片文》：三年八月二十六日奉上谕："着在南书房行走，钦此。"十月充补武英殿纂修官，钦此。

八月廿七日，翁同龢来，未值。复致函翁同龢。

《翁同龢日记》：源侄略进焦米粥，尚委顿，右寸脉忽大忽小。……访若农未值。

《致翁同龢》

顷承示见假《百石卒史碑》，适冯展云少詹见招未回，失迓为歉。今送呈此件，希察入。弟新得一嵩山石阙，较牛空山图多许多字，似是足本，迟数日裱好，尚须请鉴也。专复，即请叔平六兄大人前辈晚安。

弟田顿首。

八月三十日，过翁同龢。

《翁同龢日记》：傍晚李若农来。慈亲连日咳嗽，今日吐红数口。源侄发病。

九月朔，翁同龢来。

　　《翁同龢日记》：贾相国家火，卧室烬焉，夜诣贾师新宅起居。访香涛、若农，两君所居与贾又隔一墙耳，危矣。

九月初二日，翁同龢来。

　　《翁同龢日记》：访若农。

九月廿七日，过翁同龢。与孙诒经召饮同人，潘祖荫、杨泗孙、孙毓汶、朱学勤、翁同龢、孙家鼐、翁同爵同坐。

　　《翁同龢日记》：若农来。书扇。夜赴若农、子受[1]招，在坐伯寅、濒石、莱山、修伯，予辞之不获，遂偕五兄[2]便衣往。

九月廿八日，翁同龢来。

　　《翁同龢日记》：还诣若农。

十月四日，翁同龢来，共与孙毓汶便饭。

　　《翁同龢日记》：晚赴若农斋中，莱山邀余兄弟便饭也。

十月十一日，翁同龢侄停服公药。

　　《翁同龢日记》：是夕源侄发病三次。源侄梦魇之疾，服李若农之药而愈，既而发病，遂止弗服，而求市中丸药及偏方日服之，今仍未睹其效也。择医如命将，非专曷可哉。

十月十二日，翁同龢来，夜访翁同龢为其侄诊。

　　《翁同龢日记》：未初源侄疾又作，良久始得吐。芍

---

① 子受，即孙诒经，字子授，浙江省杭州府钱塘县人。咸丰十年进士。时为翰林院检讨在南书房行走。

② 五兄，即翁同爵，翁心存次子，道光三年过继于翁颖封。九月初三日补授湖南盐法长宝道。

亭^①、岱霖来。访若农。夜若农来诊，方用半夏、贝母、陈皮、牡蛎等药；有炮姜，去之。

十月十五日，翁同龢来。

　　《翁同龢日记》：访李若农。检地图。

十一月充实录馆纂修

　　《清代七百名人传》：十一月。充实录馆纂修。

　　《行状》：十月仍充武英殿纂修官。

　　《李文田列传》（王崇烈拟）：十一月，充实录馆纂修。

十二月初二日，为陈骥诊。

　　《越缦堂日记》：邀芍农编修为德夫诊脉撰方，予与编修初识面，而能推爱交契，周至尽心，深可感也。

十二月十二日，过翁同龢。

　　《翁同龢日记》：朱玉甫澄澜、李若农、赵价人先后来。

十二月十七日，翁同龢来。

　　《翁同龢日记》：访童薇研、冯卓儒、李若农。

同治四年乙丑（1865年）　三十一岁

二月为孙家桢题诗。

　　《小灵鹫山馆图咏碑》：主人读书处，小筑似平泉。嵌壁峰奇突，沿流路折旋。幽花涵水镜，疏竹度风弦。未觉登

---

　　① 芍亭，即彭祖贤，字芍亭，江苏省苏州府长洲县人。咸丰五年顺天乡试中举。时丁父忧。

临倦，萝裳约共搴。

一峰最奇崛，或亦是飞来。径险无平石，潭深足古苔。庭阴连竹树，凉意逼池台。清夜闻歌啸，伊谁此凿坏。

翰香仁兄大人属题　己丑仲春李文田稿

二月十六日，翁同龢来。

《翁同龢日记》：访晤李若农、张香涛、汪慕杜。

四月十九日，晤翁同龢。

《翁同龢日记》：晨偕源侄出城，访香涛未晤，晤若农，访晤伯寅，柳长庚来见。

四月廿日，李慈铭来函托推星命，复之。

《越缦堂日记》：作书致芍农托推星命……得芍农复。

四月廿六日，李慈铭来，不晤。

《越缦堂日记》：下午诣潘星翁、帝翁、伯寅、芍农、宏畴、海门□□，晤海门、宏畴，晚归。

四月廿七日，过李慈铭，赠以四金。

《越缦堂日记》：芍农来，以四金相赠。

四月廿七日李慈铭来函。

《越缦堂日记》：再作书致伯寅，荐鹅儿□长随。鹅儿年幼，初便万，颇知书，能围棋。予甚惠之。今以予将归，坚请随行，而其母不许。予今日赏以银四两，并为作书荐于伯寅及芍农，必承诸君。鹅儿受银泣下，予亦为之怆然。

四月三十日，为李慈铭推星命。

《越缦堂日记》：得芍农书，予推星命，言其格为日月夹命，五星逆生，耶律文正"乾元秘旨"中所谓大格者，当主奇贵。又谓逆格者多有磊坷不平之气，以术料之，恐以气节贾祸。他日到崇高时尔宜戒慎云云。首说非所敦者，后说自为近理耳。

五月初二日，李慈铭来函。

《越缦堂日记》：作书致芍农。……得芍农复。

五月初四日，李慈铭来。致函李慈铭，得复。

《越缦堂日记》：晴后诣□□、芍农、伯寅、松浦偕晤，夜归。得芍农书，即复。

五月初七日，李慈铭来函催还日记，复之。

《越缦堂日记》：作书致若农、香涛两君，索还日记及此诇书纨扇。……得若农、香涛复书，还日记、团扇。

五月十一日，翁同龢来。

《翁同龢日记》：诣李若农。

五月廿一日，为胡澍饯行，同坐者有潘祖荫、翁同龢、赵之谦、沈树镛、吴景萱、杨昆季。

《翁同龢日记》：与伯寅为胡荄甫澍，绩溪人，工篆书，通小学，己未孝廉。饯行，同坐者赵益甫之谦、沈均初树镛、吴硕卿景萱、李若农、杨咏春昆季，二更散。赠荄甫四金。

闰五月初八日，翁同龢来贺。

《翁同龢日记》：贺李若农。

闰五月廿一日，翁同龢腹泻，请公为其诊。

《翁同龢日记》：夜咏春招饮，辞不赴，腹泄，精神委顿且发烧也。……延李若农来，定和中之剂。

闰五月廿二日，为翁同龢诊。

《翁同龢日记》：一日夜二十余起，仍延若农。

《翁同龢自订年谱》：闰五月，病痢。

闰五月廿三日，为翁同龢处方。

《翁同龢日记》：泄仍不止，若农为余处消导之方，用芩连古法。不思饮食、胸中一片阴凝之气耳。热稍退。

闰五月廿四日，为翁同龢诊。

《翁同龢日记》：泄渐稀，胸气不开，勺水粒米不能入，若农来诊。

闰五月廿五日，翁同龢病势略缓。

《翁同龢日记》：若农治法甚细，药入得安。

闰五月廿六日，公力疾为翁同龢诊。

《翁同龢日记》：若农力疾为余诊脉，云邪已尽，盖传经六日得安也。

《翁同龢日记》（闰五月廿七日）：若农未来，照原方更服。

闰五月廿八日，为翁同龢处方。

《翁同龢日记》：若农来，处一桂枝方。日来总不觉饿，左踵忽痛不能履地，大约肝气下坠也。

六月初九日，翁同龢来。

《翁同龢日记》：晚访若农。

六月十九日，赴翁同龢处便饭，许其光、董文焕、孙毓汶、徐郙、杨沂孙、杨泗孙、张之洞等人同坐。

《翁同龢日记》：夜邀许涑文、董研樵①、孙莱山、李若农、徐颂阁、杨詠春兄弟②，潘伯寅不至，添邀张香涛，便饭。

六月廿四日，翁同龢来问疾。

《翁同龢日记》：问李若农疾。感热咯血。

---

① 董研樵，即董文焕，号研樵，山西平阳府洪洞县人，咸丰六年进士。
② 杨詠春兄弟，即杨沂孙、杨泗孙兄弟。杨沂孙，字詠春，江苏省苏州府常熟县人，道光二十三年举人。

七月初九日，过翁同龢。

　　《翁同龢日记》：李若农来，其弟傲南吐血，若农以附子干姜治之得瘳。

七月廿四日，与万青藜同为子白诊。

　　《翁同龢日记》：凌晨起先问子白疾，云呕逆如故，乃往视之。连、陆与钮各主一说，乃用连方。午后脉益微，乃延万藕舫、李若农同诊，知其不可为矣。酉刻犹手书斟酌用药数语，亥初二刻遂逝，伤哉！竟夜在彼照料一切。

鸷哲按：子白系何国琛亲属，姓名尚待考证。

八月朔，翁同龢来，不晤。

　　《翁同龢日记》：偕汴生到庞处，本欲谙李若农诊视，若农有事未到，薄暮归。

八月廿五日，应翁同龢邀，与朱孙诒、龙鲍轩、潘祖荫为梁肇煌、叶翯臣饯行。

　　《翁同龢日记》：是日为梁檀圃学使、叶翯臣太守饯行，并邀朱石翘、龙鲍轩、潘伯寅、李若农饭，薄暮始散。

是月，瑞麟实授两广总督。

九月初十日，召同人食鱼生，许彭寿、潘祖荫、许其光、孙诒经、冯仲鱼、王明生、翁同龢、杨泗孙同坐。

　　《翁同龢日记》：偕濒石同赴仙城馆，广东会馆也，在王皮胡同。李若农招食鱼生，待许仁山、潘伯英、许涑文良久始至，同坐者孙子寿，又广东人冯仲鱼、王明生也。鱼生味甚美，为平生所未尝。

十月，为杨泗孙诊。

　　《翁同龢日记》：（十月十八日）出诣杨宅问候，云少愈矣。李若农处方与他医不同，濒石问余，余不赞一词也。

十月廿二日，郭嵩焘发元旦本与公。

　　《郭嵩焘日记》：拜发元旦本，遣弁关兆熊、陈兆藻赍京。随发八月分月折借报潘启雄名、九月分月折借报陈贵扬名。连日以缮发京信冗甚，是日并交新泰厚汇寄。凡散信廿四件：倭艮峰相国、瑞芝生师……陈宝珊各一百金。丁酉同年团拜费百金，以交董酝卿。丁未同年团拜百金，以交庞宝生。万藕舲、吴竹如、宋雪帆、潘星斋、潘黻廷各五十金。温岷叔、惠杏田、王渔庄各三十金。陈俊舫、沈彦征、孙稼堂各二十金。军机章京信廿二件：方子颖百金……同年有交谊者六件：刘镜三……阮星垣各二十金。书房有交谊者五件：鲍花潭、殷谱经、杨滨石各四十金。李若农、孙子授各二十金。广东有交谊者四件……

赴许应骙招饮，郑锡瀛、王兰谷、孙楫、曹心一、潘斯濂、翁同龢同坐。

　　《翁同龢日记》：赴许筠庵①招饮，同坐郑惕庵②、王蕙生③、孙驾航④、曹心一、潘莲舫⑤、李若农。

十一月初二日，与翁同龢约，未至。

　　《翁同龢日记》：约李若农未至。慈亲大解稍通，胃口仍未开。

十一月初三日，为翁同龢之母诊脉。

　　《翁同龢日记》：延若农为慈亲诊脉，云是肺气不降，

---

①　许筠庵，即许应骙，字筠庵，广东省广州府番禺县人。道光三十年连捷进士。
②　郑惕庵，即郑锡瀛，字惕菴，直隶省顺天府大兴县人。道光二十五年进士。
③　王蕙生，即王兰谷，号蕙生，江苏省镇江府金坛县人。咸丰二年进士。
④　孙架航，即孙楫，号驾航，山东省济宁直隶州人。咸丰二年连捷进士。
⑤　潘莲舫，即潘斯濂，号莲舫，广东省广州府南海县人，道光二十七年进士。

馀部无病，定半夏方。

十一月，充补实录馆纂修官。

《吏部覆李文田、马丕瑶出身履历片文》：四年十一月充补实录馆纂修官，钦此。

十二月十二日，署日讲起居注官。

《穆宗毅皇帝实录》：以翰林院编修李文田署日讲起居注官。

《吏部覆李文田、马丕瑶出身履历片文》：十二月十二日，奉旨："李文田着以原衔，充署汉日讲起居注官，钦此。"

同治五年丙寅（1866年）　三十二岁

二月十八日，过翁同龢，谈夷务。

《翁同龢日记》：晚李若农来，相与谈夷务，悲怀慷慨，莫能伸也。

三月十九日，郭嵩焘得公来书。

《郭嵩焘日记》：接李若农、靳迪甫二信。

四月廿六日，赴翰詹大考。

《翁同龢日记》：闻昨王渔庄忽痰厥不完卷，呈请掌院代奏，倭相不允，格于例也。张香涛出甚迟，闻脱一字。戌刻从刘师假得等第单。

阅卷：瑞常、周祖培、全庆、罗惇衍、刘崐、殷兆镛、桑春荣、黄倬。

等第：一等五名：孙毓汶、讲学。夏同善、正詹。杜联、阁学。平步青、侍读。许其光。侍讲。

二等卅七名：刘淮年、侍讲，英启、侍讲，周寿昌、庶子。黄体芳、冼马。张鹏翼、中允。李文田、中允。

五月初七，大考翰詹，公列二等，以中允升用。

《穆宗毅皇帝实录》：谕内阁、此次考试翰詹各员，经阅卷大臣等校阅进呈，拟定等第。一等五员。二等三十七员。三等五十二员。四等三员。不列等一员。其考列一等之冼马孙毓汶、着以侍讲学士升用……考列二等之编修刘淮年、英启、均着以侍讲升用。侍读周寿昌，着以庶子升用。编修黄体芳，着以冼马升用。张鹏翼、李文田。均着以中允升用……

《行状》：五年丙寅五月大考翰詹二等第六名，诏以中允升用，先换顶戴在任候缺。

《吏部覆李文田、马丕瑶出身履历片文》：五年五月初七日奉上谕：此次考试翰詹各官，经阅大臣等校阅进呈，拟定等第，其列第二等之编修李文田着以中允升用。先换顶戴，在任候缺，钦此。

《李文田列传》（王崇烈拟）：五年……大考翰詹，二等，诏命以中允升用。

五月十三日，与潘祖荫召饮同人，姚正镛、张丙炎、张之洞、王必达、董麟、董文焕、孙毓汶等人同坐。

《翁同龢日记》：赴伯寅、若农招，同坐者姚仲海、壬午年伯熊飞子。张午桥、张香涛、王霞轩、董蓉舫①、研秋②、孙菜山。

---

① 董蓉舫，即董麟，董文焕之兄，山西平阳府洪洞县人。
② 研秋，应为董文焕，号研樵，董文焕，号研樵，山西平阳府洪洞县人，咸丰六年进士。

七月廿九日，与潘祖荫召饮同人，宋骏业、张丙炎、张之洞同坐。

《翁同龢日记》：夜伯寅、若农招饮，坐有宋伟度、张午桥、张香涛。

八月十八日，翁同龢于公斋中召饮同人，宋骏业、潘祖荫、张丙炎、张之洞同坐。

《翁同龢日记》：夜招宋伟度、潘伯寅、张午桥、张香涛、李若农饮，借若农斋并其庖人。

九月十二日，晤翁同龢。

《翁同龢日记》：晤若农。

十月初三日，召同人食鱼生。

《翁同龢日记》：出赴李若农招食鱼生，饮微醺，颇头痛。

十二月廿日，编辑《文宗显皇帝圣训实录》告成诏俟升补后，遇缺题奏加五品衔。

《行状》：十二月，编辑文宗显皇帝圣训实录告成，诏俟升部后遇缺题奏，加五品衔。

《吏部覆李文田、马丕瑶出身履历片文》：十二月二十日奉上谕："皇考文宗显皇帝圣训庆成，据贾桢等将在馆离馆出力各员据实保奏。该馆提调等官尽心编辑，妥速蒇事，均属奋勉可嘉，自应优予奖叙升用。中允编修李文田，着俟升补后，遇缺提奏，并赏加五品衔。钦此。"

《李文田列传》（王崇烈拟）：编辑文宗显皇帝圣训实录告成，蒙恩诏命升用后遇缺题奏，并赏加五品衔。

同治六年丁卯（1867年）　三十三岁

二月朔，与潘祖荫召饮同人，景其浚、钱桂森、张丙炎、许宗衡、孙毓汶、吕耀斗等人同坐。

　　《翁同龢日记》：夜赴伯寅、若农招，在坐者剑泉、辛白、午桥、海秋、莱山叔侄、定子，暮归乏极。

二月十三日，赴引见京察一等钤出人员，记名以道府用。

　　《穆宗毅皇帝实录》：复引见京察一等钤出人员。得旨：除鲍康、王庆祺、钟骏声……毋庸记名外，宗室志元着以五品京堂补用。董文焕本系专用道员，着交军机处记名仍专以道员用。蔡世俊本系存记海关道员，着仍以海关道员用。图麟、锦成、方浚师、文奎、平步青、沈锡庆、英启、李文田……阮寿松俱着交军机处记名以道府用。惠志着记名以关差道府用。

　　《行状》：六年丁卯京察一等，记名道府。

　　《吏部覆李文田、马丕瑶出身履历片文》：六年二月十三日奉旨：此次京察一等覆带引见李文田，着交军机处记名以道府用。钦此。

三月十五日，翁同龢来。

　　《翁同龢日记》：访李若农。

五月十一日，过翁同龢，长谈。

　　《翁同龢日记》：晚李若农来长谈。

五月廿二，放四川乡试副考官。

　　《穆宗毅皇帝实录》：侍讲学士孙毓汶为四川乡试正考官。编修李文田为副考官。

　　《吏部覆李文田、马丕瑶出身履历片文》：六年五月二十二日奉旨："四川副考官着李文田去，钦此。"

　　《越缦堂日记》：李芍农充四川副考官。

　　《李文田列传》（王崇烈拟）：六年……五月充四川乡试副考官。

　　《清秘述闻三种》：四川考官：侍讲学士孙毓汶字莱山，山东济宁人，丙辰进士。编修李文田字若农，广东顺德人，己未进士。带补任戊科。

　　题"子夏曰虽"一节，"君子之所"二句，"乐正子强"三段。

　　赋得"巫峡秋涛天地迥"，得"秋"字。

　　解元刘家谟，万县人。

五月廿三日，过翁同龢。

　　《翁同龢日记》：李若农来。

六月初三日，晤翁同龢。

　　《翁同龢日记》：晤李若农。

十二月初五日，四川试差差竣。

　　《吏部覆李文田、马丕瑶出身履历片文》：十二月初五日由四川试差差竣。

十二月十四日，充日讲起居注官。

　　《穆宗毅皇帝实录》：以翰林院侍读学士马恩溥、侍读学士孙毓汶、司经局洗马黄体芳、翰林院编修李文田充日讲起居注官。侍讲学士钱宝廉、编修欧阳保极、署日讲起居注官。

　　《行状》：旋补汉日讲起居注官。

　　《吏部覆李文田、马丕瑶出身履历片文》：十四日汉日讲起居注官李文田充补。

十二月三十日，以所藏《泰山石刻》示翁同龢。

　　《翁同龢日记》：若农以泰山秦刻廿九本见示。

同治七年戊辰（1868年）　三十四岁

正月初四日，赴翁同龢召饮，延煦、潘祖荫、朱学勤、孙毓汶、董文焕、欧阳保极同坐。

　　《翁同龢日记》：午刻邀树南、若农、伯寅、修伯、莱山、研秋、用甫饮，薄暮散。

正月十四日，邀翁同龢饮，翁同龢辞之。

　　《翁同龢日记》：李若农邀饮，辞之。

正月十五日，赴孙毓汶召饮，同坐者潘祖荫、徐桐、翁同龢。

　　《翁同龢日记》：午间赴松筠庵莱山招，在坐英豪卿、潘伯寅、徐荫轩、李若农，晚散，可谓好整以暇矣。

正月廿二日，补授詹事府右春坊右赞善。

　　《吏部覆李文田、马丕瑶出身履历片文》：七年正月二十二日，补授詹事府右春坊右赞善。二十六日任。

　　《清代七百名人传》：正月。擢詹事府右春坊右赞善。

　　《行状》：七年戊辰，升詹事府右春坊右赞善。

　　《李文田列传》（王崇烈拟）：七年正月，擢右春坊右赞善。

二月廿三日，夜赴广东蔡侣方之招，潘祖荫、孙毓汶、张丙炎、马恩溥同坐。

　　《翁同龢日记》：夜赴广东蔡侣方宗瀛之招，伯寅、莱山、若农、午桥、雨农在座。

三月初五日，翁同龢来探疾。

《翁同龢日记》：夜视李若农疾，温病服附参，邪气内陷，颇危。

闰四月十二日，召饮同人，潘祖荫、许宗衡、张丙炎、董麟、朱学勤、孙毓汶、周孟彝同坐。

《翁同龢日记》：是日赴李若农招，伯寅、海秋、午桥、蓉舫、修伯、莱山及广东名士周孟彝在坐。

闰四月十六日，奏《请饬广东督抚搜捕会匪以杜乱前事》。

《请饬广东督抚搜捕会匪以杜乱前事》

臣李文田跪

奏为广东会匪日炽，抢劫充斥，深恐酿成巨患。乞恩饬下督抚，臣设法搜捕，以杜乱萌。恭折仰祈圣鉴事。窃惟盗贼之患以渐而成，其始起于抢劫，其后必酿成巨案。广东自道光末年吏治废弛，盗贼横行，自甲寅之变，搜捕余匪未绝根株，嗣后抢劫各案层见迭出。前抚臣郭嵩焘志在清厘，而办理未得要领，旋即卸任。前抚臣蒋益澧安抚客民之后，在省设立安良总局，与阖省官绅商量办理。方在起议，亦因卸任未及成事。臣比闻广东尔来盗风日甚一日，会匪随地皆是。有曰"草帽会"，有曰："小刀会"，有曰："四美堂会"，有曰："一百零八会"，有曰："帽仔会"，有曰"火把会"，有曰："大辫会"。种种名色遍布城乡，水陆程途，关厢聚落，抢劫、掠捉、械斗之事，附省数县无日无之。地方官习为固然，坐视不问，偶有绅书报案，亦无不以颟顸了事。其势几发不可终日。伏思涓涓不绝，流为江河，近年东南发逆蔓延，西北捻回交肆，其端源甚微渺，地方官习于媮惰，遂至横决。即如广东，甲寅股匪滋事，倘能于数年之前先事驱除，何至后日之攻城陷邑。但其时物力尚丰，可以迅图收复，今则元气凋耗，苟再经蹂躏，大有不可收拾之虞。广东之于东南各省尚为完善，其财力亦为各省所取资。倘不早绝祸源，则各省少一饷源，该省多一军糈，必增朝廷宵旰之虑。伏乞饬下广东督抚臣急行设法立限办理，据实覆奏，勿任各州县以保甲团练具文套语搪塞。臣愚昧之见，是否有当，伏乞皇太后、皇上圣鉴。谨奏。

同治七年闰四月十六日

《穆宗毅皇帝实录》：谕军机大臣等：李文田奏：会匪日炽，请设法掺捕一折。广东盗风，日甚一日。各种会匪，名目不一。抢掳械斗之事，附省数县，无日无之。该省屡经兵燹，元气尚未全复，岂容各种匪徒随地横行，必须赶紧缉挈，方免日后酿成巨患。着瑞麟严饬各州县，亟行设法，立限办理，毋得颟顸了事。并着嗣后严行禁止，以期消患未然。前据该督奏整顿营务，谅非徒托空言。并着瑞麟檄饬该地方文武员弁，遇有抢掳械斗之案，会挈严办，用戢乱萌。原折着钞给阅看。将此谕令知之。

五月廿六日，翁同龢来。

《翁同龢日记》：访李若农。

五月廿七日，为翁同龢相新宅风水。

《翁同龢日记》：饭罢先诣静默寺，待李若农坐于双槐树精舍，吾先人旧居隔一垣耳，俯仰涕洟，悲不能止。若农来同看对门屋，则云坤门不利，东负长河亦非宜，劝勿住。

骛哲按：翁同龢次日移居静默寺后厢。

同治八年己巳（1869年） 三十五岁

正月初五日，赴上斋。黄倬、鲍源琛、赵佑宸、孙家鼐、林天龄诸公招湖广馆，李鸿藻、徐桐、欧阳保极、黄钰同坐。

《翁同龢日记》：午后赴上斋诸公招，黄恕皆、鲍花潭、赵粹甫、孙燮臣、林锡三。坐有兰荪、荫轩、若农、用甫，孝侯，辞未到者倭相及伯寅也，在湖广馆，薄暮散。

二月十二日，为翁同龢考订《开母阙》拓本，拜会越南使者。

《翁同龢日记》：《开母阙》，李若农考证定为国初本，索百金，还之。

《燕轺笔录》：二月十二日李文田对越南使臣阮思僩言："洋夷通商口岸非一，现当无事，然各省大吏已刻刻有振作之意，闽中已设奇器局，江苏亦有之，皆敌习其张以制之。大局则二三年后，今上亲政始能定也。大约内地无患，则外患又不作，频年美政，史不胜收。以天意人事计之，似可有转机。"

二月十八日，以公所藏之《开母庙》假翁同龢，与二月十二日所见之本及董文焕所藏本对勘。

《翁同龢日记》（二月十七日）：假得前所见《开母阙》，始觉神采内蕴，迥非近拓。较吴山夫所记多四字，较顾亭林所记多四十八字。予直卅二金，旋为人购去。

《翁同龢日记》：借董云舫、李若农所收《开母庙》与昨本对勘，董本拓虽后而有精神，颇疑昨本有异，当细校之。管生涝来谒。价人来。若农云董帖在前，不可以墨纸为优劣也。

骘哲按：《开母庙》《开母阙》同指《开母庙石阙铭》拓

本，该碑为东汉延光二年（123年）刻。

三月廿二日，赴宁寿宫听戏，见安南使臣，相与唱和。

《翁同龢日记》：是日宁寿宫听戏，……巳正二刻入座、申初一刻始退，乏极。安南使臣三人亦与，其人黄瘦，貌皆不飏。正使阮思僴，彼鸿胪寺卿也，能诗，李若农称之，其尤者如"残月久如曾识面，好山大半不知名。""可堪天外秋无雁，坐忆霜前菊有花。""万里波涛迷楚泽，五更风雨助江声。"皆可诵。

《张荫桓日记》（光绪十五年十月十七日）：间询阮思僴，仍健在，越南诗人之翘楚，同治己巳纳贡来京，曾于李仲约斋中相与倡和，回首前尘，不无今昔之感耳。

六月初七日，转左赞善。

《吏部覆李文田、马丕瑶出身履历片文》：八年六月初七日，转补左赞善。初九日到任。

七月廿四日，晤翁同龢，谋以照相摄影复制《华山碑》。

《翁同龢日记》：李若农谋以洋镜取《华山碑》真影，余不为然。

约于七月末，作书致翁同龢。

《致翁叔平祭酒》

三十金则底本成矣，每开影价四钱，约十二金则拓本成矣。若缴玻璃，非三百金不办也。已与郑盦面商，俟明早再面谈。且将新影《华山》重拓本三行奉览先布，即请大安。叔平六兄祭酒足下。

弟田顿首。

《致翁同龢》

《华山》影拓第二本，似不恶。昨云须与本主议之，此论亦甚有理。若本主有公之同好之意，则天一阁固经阮氏翻刻，故事可援，且未见遂因重刻致坏宋拓面目也。贤者以为何如？弟田顿首状，翁大人执事。弟欲以二十九字本，先令照数十份为之先导，或望此风一开，有好事者继之，何如耶！

八月廿五日，翁同龢来，以先公墓铭篆盖求书，未晤。

《翁同龢日记》：访李若农未晤，以先公墓铭篆盖求书。

九月初二日，翁同龢来。

《翁同龢日记》：送顾肯堂，谢李若农，皆晤之。

十月廿二日，翁同龢来。

《翁同龢日记》：饭后访李若农、李兰孙皆晤。

十月廿七日，迁翰林院侍讲。

《翁同龢日记》：童华放工右，彭久馀放付宪，丁绍周放仆少，李文田放侍讲，桑春荣、胡肇智赏朝马。

《行状》：明年转左，旋升翰林院侍讲。

《吏部覆李文田、马丕瑶出身履历片文》：十月二十七日，补授翰林院侍讲。

《李文田列传》（王崇烈拟）：升翰林院侍讲。

十一月廿日，晤翁同龢、徐河清于酒肆。

《翁同龢日记》：到酒肆，徐荫翁、李若农来谈，归饭。

十一月廿二日，晤翁同龢。

《翁同龢日记》：巳初入内与若农谈。

约于是年，有书致翁同龢。

《致翁叔平祭酒》

《石鼓》就上，《国山碑》（所惠新拓亦夹其中）付裱尚未完。今日见朱子清，伊嘱转致阁下云：他处已无此物，请宽其期，再致信其丈人处，重寄来云云。惟所拓似尚未极精善耳。率复，即承叔平祭酒晚安。

弟文田顿首。

同治九年庚午（1870年）　三十六岁

四月初一日，赴许振祎宴，坐中有曾纪泽、黄锡彤、曹耀湘、刘树义、贺宏勋等。

《曾纪泽日记》：归寓，与仙屏久谈。仙屏请客，坐中有黄晓岱、曹镜初、李若农、刘芸生、贺云舲、仙屏暨余共七人也。

四月初十日，曾纪泽来。

《曾纪泽日记》：午饭后出门，拜客数家，至李若农家赴席，席终，看若农所藏汉碑数种。

四月十六日，曾纪泽、许振祎来看诗文。

《曾纪泽日记》：又偕仙屏至李若农、黄晓岱二家看诗文。

四月十七日，曾纪泽与公久谈。

《曾纪泽日记》：夜与李若农久谈。

四月十九日，曾纪泽与公久谈。

《曾纪泽日记》：写寄大人禀，未毕，与李若农久谈。

四月廿一日，赴刘树义宴，与黄锡彤、曹耀湘、曾纪泽久谈。

《曾纪泽日记》：刘芸生请酒，与黄晓岱、李若农、曹镜初等久谈。傍夕入坐，亥初散。

四月廿五日，赴曾纪泽、许振祎宴，坐有周寿昌、景其浚、馬恩溥、敖册贤等。

《曾纪泽日记》：至陶然亭，与仙屏同请客，周荇农、陈小航年丈、景剑泉、马雨农、李若农、敖金甫，为时甚久。

四月廿三日，晤曾纪泽。

《曾纪泽日记》：饭后李若农来一谈。

五月初八日，曾纪泽致写片缄与公。

《曾纪泽日记》：写片缄三件，与潘伯寅、李若农、王逸梧。

五月十六日，与曾纪泽久谈。

《曾纪泽日记》：饭后剃头一次，与仙屏、云舫久谈，李若农来久谈。与云舫同饭，饭后谈算术。

五月十一日，与曾纪泽、馬恩溥、黄体芳等象戏。

《曾纪泽日记》：早饭后复拜客数家。许仙屏等吃面，余与云舫预席，观李若农、马雨农象戏一局，余与黄漱兰着一局，又观李、黄一局。

五月廿一日，李兴锐来谒，不晤。

《李兴锐日记》：早起，拜周荇农庶子寿昌，长沙人；李若农侍讲文田，广东人；皮小舫户部宗瀚，善化人；魏赓臣兵部纲，衡阳人；黎心印兵部宗曦，浏阳人；蒋致轩户部休嘉，蒋竹云户部国璪，皆耒阳人。魏、黎得见，余到门而已。是日晴。

六月初一日，谒李兴锐。

《李兴锐日记》：李若农侍讲文田来拜。此公深稳有度，光明照澈，当是粤东上等人物，乱世隽才也，并精医。

六月十二日，放浙江乡试副考官。

《穆宗毅皇帝实录》：以吏部右侍郎彭久余为江西乡试

正考官。内阁侍读学士杨书香为副考官。都察院左副都御史刘有铭为浙江乡试正考官。翰林院侍讲李文田为副考官。编修曹炜为湖北乡试正考官。兵部郎中蔡逢年为副考官。

《吏部覆李文田、马丕瑶出身履历片文》：九年六月十二日，奉旨："浙江副考官，着李文田去，钦此。"

《翁同龢日记》：江西考官彭久馀、杨书香，浙江考官刘有铭、李文田，湖北考官曹炜、蔡逢年。

《李兴锐日记》（六月十三日）：答拜许仙屏、许肇元、李若农，皆不遇。若农放浙江副考官。

《李文田列传》（王崇烈拟）：九年六月，充浙江乡试副考官。

《清秘述闻三种》：浙江考官：副都御使刘有铭字镌山，直隶南皮人，丁未进士。侍讲李文田字若农，广东顺德人，己未进士。

题"不以其道成名"，"诗云予怀有伦"，"孔子曰大为君"。

赋得"门对浙江潮"得"潮"字。

解元蒋崇礼，余姚人。

八月朔，提督江西学政。

《穆宗毅皇帝实录》：命鸿胪寺卿张澐卿为奉天府府丞兼学政。工部左侍郎鲍源深提督顺天学政。吏部右侍郎彭久馀提督江苏学政。内阁学士景其浚提督安徽学政。翰林院侍讲李文田提督江西学政……山东学政潘斯濂留任。

《吏部覆李文田、马丕瑶出身履历片文》：九年八月初一日，奉上谕："本年更换学政之期，江西学政着李文田去，钦此。"

《翁同龢日记》：放各省学政……江西李文田。

　　《越缦堂日记》（八月十二日）：闻李苕农放江西学政。

　　《李文田列传》（王崇烈拟）：提督江西学政。

　　《行状》：出闱，提督江西学政。

八月六日，浙江乡试入闱。

　　《奏谢天恩补授江西学政事》：初六日，依例入闱。

　　《李文诚公遗诗》：庚午八月六日入闱恭记：浙水推文籔，人才出地灵。罗浮传渡海，扬越本同星。绝学防中断，游谈虑不经。此心安可负，上有御碑亭。

八月初八日，乡试第一场。

　　《越缦堂日记》：午入闱坐服字舍。

八月初十日，乡试第一场毕。

　　《越缦堂日记》：晚还寓，作书致彦侨付家用三十余金。

八月十一日，乡试第二场。

　　《越缦堂日记》：午入闱坐黎字舍。

八月十三日，乡试第二场毕。

　　《越缦堂日记》：傍午出闱。

八月十四日，乡试第三场。

　　《越缦堂日记》：午入闱，坐行字舍，感寒身热不快。

　　《越缦堂日记》（八月十五日）：身热，力疾对策五千余言，夜有华月彩云。

八月十六日，乡试第三场毕。

　　《越缦堂日记》：晨出闱。

八月廿八日公奏授江西学政事谢恩折。

　　骛哲按：参见《奏谢天恩补授江西学政事》，现藏台湾"中央研究院"历史语言研究所，文献编号：103327。

九月十一日，公弟李文冏乡试中副榜。

《翁同龢日记》：阅题名：邵松年、汴生子。李土瓒升兰子。皆中式，副榜则曾之撰也，宋鸿卿、琉球教习。李文冏、若农弟。陈惟和子偕子，余曾请其写信。

九月十四日，浙江乡试填榜。

《李文诚公遗诗》：九月十四日起侍填榜得诗一首：岂得辞劳瘁，相从到榜开，敢期能造命，或恐尚遗才。割弃心殊惭，艰难首重回。所惭无凤学，虚荷圣恩培。

九月十五日，是日乡试揭晓。李慈铭、霍为楙、黄以周、潘鸿、徐本润、施补华、朱桂孙、黄严、王咏、倪余姚、黄炳垕、黄维瀚、朱一新、朱怀新、朱昌寿、陶仲彝等皆得中。

《越缦堂日记》：是日乡试揭晓傍午报至予中第二十四名，山阴五人，会稽四人，梅卿中九十九名……下午阅全录，元同、凤洲、松溪、均甫、桐孙及黄严、王咏、倪余姚、黄炳垕等皆中。浙东西右学之士此榜尽矣。义乌朱一新、怀新兄弟，慎斋言其年少有美才，能为汉学，今亦与选。书局司事朱昌寿仁和，老诸生潦僖抑塞竟亦得隽，亦可谓穷经之报。黄君炳垕子维瀚中第十八名尤为仅事，会稽陶仲彝亦得隽。

《越缦堂日记》（九月二十五日）：谒署臬使何青士光先生晤谈，臬使言："江南榜中名士寥寥，远逊浙江。惟江宁考生杨长年中七十二名，足为一榜之光。"

九月廿三日，李慈铭乡试中式，来谒座师。

《越缦堂日记》：午谒总督衙门，谒两座师，各送挚银四两，门敬三番金。先见副考官李芍农先生，极道故谊，且言闱中物色予卷，文笔殊不相似，以为诡失，既惭负知己，又无以对都中故人。指所改闱卷弟十名徐建棠诗末联云：
"兹乡莼菜好，敲月访参寥。"曰此语为兄设也。谈逾两时
而出。

九月廿四日，致函李慈铭。

《越缦堂日记》：二更时得芍师书，言予弟二策须
进呈，属录稿以送，又俾改定诸君策及试录后序。即作书
复之。

九月廿七日，致函李慈铭。李慈铭来，谈至夜。

《越缦堂日记》：早得芍书……晡后谒芍师，谈至夜
而归。

九月廿九日，李慈铭来函，复之。

《越缦堂日记》：作书并策稿至芍师……得芍师复书。

十月初四日，自钱塘挐舟西行。

骘哲按：参见当年十月廿八日《致伯寅侍郎》。

李慈铭欲来，未果。

《越缦堂日记》：热甚，中懑不食。拟稿送芍师，行不果。

十月廿八日，作书致潘祖荫。

《致伯寅侍郎》

伯寅侍郎阁下：

家丁李元到京，呈上拙启，并闱墨一卷，俟俟台览。
浙水此行仅粤南中迎养之费。昨命舍弟拨呈土物一种，不谅
可登尊室否。只虑舍下薪水不足，恐其未得那动也。此次舍
弟托福遂尔获举，实非意想敢期。旧例内廷子弟蒙荐需具折
谢。惟业已外出。虽未在外补之例，若仍具折，则官职微
末，类乎高兴，似可不敢耳。求酌之。所以并赘者，一或需
具折也，此类折例不用驿。即有具折例，则望代撰一稿着舍

弟托人缮写。即以舍弟赴递，似便合耳。十月初四日由钱塘挈舟西行，月末方抵南昌。计颂阁修撰可得冬月到京矣。此间布置当无眉目，士习颇称难治。拟守萧何成法，不敢更张。或坐一半年间士论稍孚，从奖劝一路整顿。若为其所轻，则相安已耳。进学香涛，退效颂阁，不识能践此语否。为有大教可遵用，则更上矣。孝侯侍读已升宫庶否？舍弟是否即出其门下？途次一无所闻，子授司成即可转阶。今年伊难弟复点额，可惜查官生册，此卷为刘中丞所摒落。今年阅卷如□□鸿沟，是何毛病，至今竟不能刻也。同事数年，此次落卷批临，亦不能取一字复之。甚为歉然，要之伊家领落卷必有分晓耳。钟生鸾藻即羽辰修撰，难弟二场通算学经策皆八开满卷，在诂经精舍中非其至者，然亦难伊昆仲似各有学问门径也。薇研侍郎家中一卷不出弟手，未能举其要领。于见时以此代弟道歉。莼客孝廉将可奉歉。此外有潘鸿莫、文泉、吴思藻诸人，似皆浙中之秀。有黄炳垕亦著有算术书，然年老矣。赵铭者，莼客之友，撝卡颇不满之辞，亦可称词章之士。王禹堂者，撝卡之高足。王咏霓者，香涛所取副榜之首，亦极情。黄炳垕则黎洲后人，朱廷吁者竹垞后人，皆能世其学。有程咸焯、张行孚，皆四元泰西之学，施补华亦训诂词章兼通。诂经精舍中之好者，此外当多，明年或幸得列门下。祈教之至。接印后拟按试瑞州、吉安诸郡。若回省在严端后，则春初再得裁□耳。

十月廿八日舟至南昌，奉启即请台安。诸祈亮照不俱。弟文田上。

骘哲按：自文稿看，此信写成后未能及时发出，当是与次年正月十二日之函同时发出。

闰十月九日，公接印到任江西学政。

《奏为恭报微臣接印到任日期叩谢天恩折》

　　江西学政翰林院侍讲臣李文田跪奏

　　为恭报微臣接印到任日期叩谢天恩仰祈圣鉴事，窃臣奉命充浙江副考官。仰蒙恩旨，简放江西学政，当经由浙江省城具折恭谢天恩在案。臣于九月十五日浙闱榜后束装启程。闰十月初九日，行抵江西省城。准前任学政臣徐郙委员将学政官方一颗并书籍册卷齐送到。臣当即恭设香案，望阙叩头，祇领任事。臣以粤东下士，谬厕词垣，迭荷宸慈，復忝今职。伏查兹邦文秀，旧数三江山水堀奇，贤才素盛，文风丕振，士习虽驯。自物洁己秉公，难期称职。昕宵是懼彰瘅惟难，惟勉竭鄙忱，务崇士行。上不敢负乐育人才之意，庶有冀于涓埃报称之时。所有微臣接印到任日期，除遵例恭疏题报外，谨缮折恭谢天恩，伏祈皇太后、皇上圣鉴。谨奏

十一月初二日，曾纪泽加公信一片。

　　《曾纪泽日记》：申末，偕栗弟及鼎丞、云舲、贺仪仲同至叶亭宅久谈，夜归。饭后加李若农信一片。

十一月廿二日，转补翰林院侍读。李慈铭来函。

　　《吏部覆李文田、马丕瑶出身履历片文》：九年十一月二十二日转补翰林院侍读。

　　《李文田列传》（王崇烈拟）：提督江西学政，十一月转侍读。

　　《京报》（十一月廿三日）：命翰林院侍讲李文田转补侍读。

　　《越缦堂日记》：作书致芍农师，并行卷十本。

是年公在浙江时曾邀靳治荆至武林行馆游宴。

靳治荆《李若农少詹同年》：同治庚午君初典浙试，邀予至武林行馆乐数晨夕。

同治十年辛未（1871年）　三十七岁

正月十二日，致函潘祖荫。

《致伯寅侍郎续》

再启者，敬友杨少梧孝廉元瑞，昨岁自粤来江右相助为荏，顷以大挑届期，需入都会试，以帮微禄少。梧品学俱粹，□于来谒，日进而教之。是所切□一一详具别启。并请台安不备。

弟文田再启　正月十二日。

顷由南昌出按临江，馀启客于路上，续致濒发故未观缕耳。

弟又启。

骘哲按：此函应接在上年十月廿八日函之后。

三月初七日，曾国藩复公函。

《复李文田》

答谢岁节相庆，并略告近况。

药农尊兄大人阁下：

顷接惠函，猥以岁节相庆，纫戢曷任！就谂芘望日隆，蕃蓼云蔚，玉壶澄澈。罗双江杞梓之材；金殿从容，贲九陛丝纶之宠。引詹裔采，企颂靡涯。

国藩重回江表，又转年华。眩晕之疾近尚未发，目光则昏蒙日甚。一切军政吏治未能整饬，江海各防亦复茫无端绪。以衰病之躯而久荏剧任，大惧陨越取戾，贻羞知好，曷胜兢兢！复颂台安，摹璧尊谦。

七月十四日，跋《明拓石门铭》。

《明拓石门铭李文田题跋之一》

　　咸丰十一年余乞假归里，会吴氏子孙以汉魏六朝碑文鬻人，遂收得十余种。此种为同县周茂才所爱，曰乞与之。茂才素与番禺陈兰甫孝廉游，喜为训诂词章之学，曰是稍稍为金石学，余遂馈以百十种。同治丁卯茂才举孝廉矣，所学日进，余庚午任江西督学，方招致之而孝廉病中书还凶问随至，身后子幼余忝知交不敢无以恤之也。其令弟以诸碑版归余，故重理之并记其聚散之由如此。辛未七月十四日文田。

骛哲按：兰甫为陈澧，周茂才为周果。此拓本现藏国家图书馆。

七月十八日，升詹事府左春坊左庶子。

《吏部覆李文田、马丕瑶出身履历片文》：十年七月十八日补授詹事府左春坊左庶子。十年八月初二日奉旨："仍留学政之任，钦此。"

《翁同龢日记》：徐颂阁升中允，李若农升庶子。

八月十日，公奏谢新授左庶子恩。

骛哲按：参见《奏谢新授左庶子恩折》，现藏台湾"中央研究院"历史语言研究所，文献编号：109497。

十二月初一日，补授侍讲学士。

《吏部覆李文田、马丕瑶出身履历片文》：十年十二月初一日奉旨："补授翰林院侍讲学士。"

《行状》：学政任内迁侍读，升左庶子，翰林院侍讲学士、侍读学士，皆留差。

《李文田列传》（王崇烈拟）：十年，升左庶子，擢翰林院侍讲学士，转翰林院侍读学士。

《奏为恭谢天恩著李文田补授翰林院侍讲折》：臣于十二月二十一日在南康府试院接准吏部咨开。同治十一年十二月初一日奉旨李文田补授翰林院侍讲学士等。

十二月十九日，江西巡抚刘坤一密陈李文田考语。

《奏为查明江西学政李文田考试声名事》：

奏为查明学政考试情形循例折

头品顶戴江西巡抚革职留任臣刘坤一跪

奏为学政任满，循例具奏仰祈圣鉴事，窃照各省学政考试声名，例应年底具奏，兹查江西学政臣李文田于同治九年闰十月到任，经臣将所延阅文幕友姓名奏明在案。所有本年考过瑞州、临江、袁州、吉安、赣州、南昌、抚州、建昌、广信等府情形，均据各提调禀报。该学臣场规严整、去取公平、士心悦服、弊窦肃清，臣查访无异，理合恭折据奏，伏祈皇太后、皇上圣鉴。谨奏。

十二月，曾国藩密陈公年终考语。

曾国藩《奏为密陈江苏学政彭久佘安徽学政景其浚江西学政李文田年终考语事》略曰：察江西学政臣李文田，博文深造，搜求朴学之士，文风为之丕振。至于使车所过州县例有送迎，支应随从丁胥人等，间有需用之物，均能约束简朴。

是年，沙皇俄国占领中国伊犁。

同治十一年壬申（1872年）　三十八岁

八月十日，跋《明拓石门铭》。

《明拓石门铭李文田题跋之二》

　　右《石门铭》文云永平三年，诏假羊祉，梁秦二州刺史，永平衍承上，正始言之。而《魏书·酷吏传》，祉为刺史实在上年也。钱竹汀跋尾云："碑云'正始元年，汉中献地'，即梁天监三年，夏侯道迁背梁归魏。"《梁史》书魏陷梁州于二月，魏收史书于闰十二月，《通鉴》移于后一年，非也。文田案：《通鉴》置此事于下年，亦有所考。《北齐书·皇甫和传》，父徽，字子元，魏正始二年随妻父夏侯道迁入魏。合以祉传，正始二年，王师伐蜀，以祉假节龙骧将军、益州刺史，亦正相合。碑云元年实误早一年，犹之祉刺史二年，碑又误迟一年也。未可据碑以议《通鉴》之疏矣。同治十一年八月十日，顺德李文田。

十二月十八日，江西巡抚刘坤一密陈李文田考语。

《奏为密陈江西学政李文田考语事》

　　奏为查明学政考试情形循例

　　头品顶戴江西巡抚革职留任臣刘坤一跪

　　奏祈圣鉴事，窃照各省学政考试声名，例应年底具奏，兹查江西学政臣李文田于同治九年闰十月到任，十年考过瑞州等府，经臣将考试情形奏明在案，本年按试饶州、南康、九江、南安、宁都、赣州、吉安、南昌、抚州、建昌、广信等府州情形，暨考取各属，拔贡均据各提调禀报。该学臣场规严整、去取公平、士心悦服、弊窦肃清，臣查访无异，理合恭折据奏，伏祈皇太后、皇上圣鉴。谨奏。

除夕，以三百金于南昌购得《汉延熹西岳华山庙碑》（今顺德本）。

　　《顺德本西岳华山庙碑》：同治十一年得之南昌，十二年重治之。

骘哲按：另参见《李文田西岳华山庙碑题跋之二》。

同治十二年癸酉（1873年）　三十九岁

三月初六日，王闿运致公函。

　　《湘绮楼日记》：作书寄香涛、若农。

《致李学士》

　　若农年先生

　　侍者自乙丑在清苑闻黄御史传雅意采访，及于非才，感荷皇惕，恨不得一登门也。今春以赴试为名出寻通彦，至京师，论名品者，无不以执事为称首。中心钦钦，务欲一当。故迂到南昌，就询轺车，窃以为若在康、九、袁、临、吉、瑞之间，犹可随传驲骓，藉窥水镜，乃娟娟秋水，远在东垂，别家经年，役车岁晚。怅然西迈，劳也如何。香涛与闿运一见欢然，十旬款洽，虽才谢若人而谬蒙引纳，独不得与执事上下共论。以穷鄙怀闷闷存存，诚不自己。故于还山遗书相闻，以达十年迟仰之忱。江西素多文人，今当选贡，搜岩访穴，必有国桢。浏览名邦定多赋咏。倘承相示，幸甚无涯。

三月十五日，王闿运得公书。

　　《湘绮楼日记》：得李若农书。

三月廿九日，公船到袁州，王闿运来长谈，宿公之榻。

　　《湘绮楼日记》：行六十五里至袁州府城，宜春地也。入城径至试院，见门闭无一人，乃还。至西门下店，询知学使未至，复亲往府学询之，云今日可至。乃出城，欲往东门看船，而误由北门，遇群官还，云明日入城耳。既行渐远，遂□就视之，行可五六里，见舟泊对岸，乃自往通谒。若农学士出迎，留谈如旧交，遂宿其榻。湖北黄耀庭出谈。

三月三十日，公入袁州城。

《湘绮楼日记》：辰初开船，至北门码头，先登岸入镰院，见其客徽州江芷香、董业勤。若农还，未刻封门。余宿西斋。

四月朔，考生源赋诗。宴王闿运。

《湘绮楼日记》：是日考生员赋诗。仲约设馔见招，同坐者济宁郭寿农、南海何次山。仲约言："新会九江有鱼师能先知次年水大小，其法以十月初旬秤水，日重一分则月高一尺，如二日重则二月水长。"以此知张平子地动仪可测而知也。

四月初二日，售王闿运《癸巳类稿》。

《湘绮楼日记》：阅袁州赋卷十七本。读仲约《四库书表注》四本。仲约之学，盖学通博。又市我黔人俞正燮理卿《癸巳类稿》。

四月初三日，与王闿运谈。

《湘绮楼日记》：阅袁州赋卷十余本。与仲约谈内廷宫监事，云宫监不以官品为荣，以差使为贵。又论夷务，筹今可将者殆无其人，可为太息。

四月初四日，饯王闿运，考袁州诸生。

《湘绮楼日记》：仲约设饯，将以酉行，待诸生交卷已暮矣，遂止不去……夜与仲约言前八仙后八仙之局，深以变更为惧。又言夷务，恐当侵削。余因作诗赠之，末章云："从容耀台衮，颠沛守中原，投艰岂有术，民仪翼戎轩，请为颂樛枹，聊以慰周爰。"谓得人斯无难也。

《赠李仲约学士文田，时在宜春琐院论英夷事》

云门会九奏，县圃郁三峦。崇高仁积壤，要眇贯同欢。臻响方自远，披霄对卿云。春川丽蔺野，华日藻晴涟。琐阁延远秀，纵横恣清言。伊昔丹棱游，委辂躅金门。时艰哲人鸷，天化众草繁。从来一纪内，杜迹守丘樊。飞光朗余照，惊彩动我颜。良匹果诚愿，还途生别端。不逢千龄会，岂识四美难。欣慨靡所客，忧时共般桓。从容耀台衮，颠沛镇中原。投艰岂有术，民仪翼戎轩。请为颂樛葛，庶以慰周爰。

四月初五日，阅袁州诸生卷，与王闿运谈。

《湘绮楼日记》：将行复止。阅袁州一等生文十余本，取十名，后两卷置第一、二，天雨意为此二人当补廪也。因寻万载童生卷，复取一人入学。仲约谈广州闹姓之局确有消长，作表示我。

四月初六日，王闿运离去。

《湘绮楼日记》：未初出院，驰四十五里，酉初到分界铺宿。

五月十五日，奏《科试广饶等七府情形由》。

《科试广饶等七府情形由》

江西学政翰林院侍讲学士臣李文田跪

奏为恭报。微臣科试广饶等七府情形仰祈圣鉴事。臣科试赣、吉等府业于去年十月初一日恭报在案。旋即由建昌水路栈按广信、饶州、九江、南康、瑞州、袁州、临江等七府司。上年十月初十日至本年五月十一日，正将以上七府科试完绥。文风以广饶为最，临九次之，□饶各属每多隽美之才，士子俱知遵守场规。惟考试南康经古场挈获形迹可疑之童生一名，讯究希图顶冒，当经发交提调严行惩罚。覆试弋阳、德兴、清江等县均有文理不符童生或一名或二名，讯究抄袭窗稿及剽窃陈文□均分别和□另捕。通计江西十四府科考俱已一律玩绥。臣五月十一日由临江回省，俟将各属选拔各生调齐到省，即循以向例，会同抚臣考试，并将录科等事次第举行□有缴。臣科试广饶等七府情形理合具折报闻，伏乞皇上圣鉴事。谨奏。

五月十五日

同治十二年六月初七日奉朱批：知道了。钦此。

九月廿八日，上谕重修圆明园。

《谕择要兴修圆明园》

朕念两宫皇太后垂帘听政十一年以来，朝乾夕惕，倍极勤劳。励精以综万机，虚怀以纳舆论。圣德聪明，光被四表；遂致海宇升平之盛世。自本年正月二十六日，朕亲理朝政以来，无日不以感戴慈恩为念。

朕尝观养心殿书籍之中，有世宗宪皇帝《御制圆明园十景诗集》一部，因念及圆明园本为列祖列宗临幸驻跸听政之地。自御极以来，未奉两宫皇太后在园居住，于心实有未安，日以复回旧制为念。但现当库款支绌之时，若遽照旧修理，动用部储之款，诚恐不敷。朕再四思维，唯有将安佑宫供奉列圣圣容之所及两宫皇太后所局之殿，并朕听政驻跸之处，择要兴修，其余游观之所概不修复。即着王宫以下，京外大小官员量力报效捐修，着总管内务府大臣于收捐后，随时请奖，并着该大臣等核实办理，庶可上娱两宫太后之圣心，下可尽朕心之微忱也。特谕。

江西巡抚刘坤一密陈李文田学政任满考语。

《奏为江西学政李文田任满循例出具考语事》

头品顶戴江西巡抚革职留任臣刘坤一跪

奏为学政任满循例具奏，仰祈圣鉴事，窃照学政任满，例应督抚将其在任考试声名、办事若何，据实具奏。兹查江西学政臣李文田自同治九年闰十月到任，所有十、十一两年考试情形经臣先后奏明在案。嗣绩考试南康、瑞州、袁州、临江等府并录取遣才及会同臣考验各属拔贡具严密关防，秉公去取。该学臣现已三年任满，历试各属场规俱极清肃，士心翕服，声明颇好，理合据实恭折具奏。伏祈皇上圣鉴。谨奏。（朱批：知道了。）

同治十二年九月二十八日。

九月三十日，总管内务府大臣崇纶、春佑奏筹办圆明园工程巨款事。

《奏为筹办圆明园安佑宫等要工巨款事》

总管内务府谨奏：为同治十二年九月二十八日恭奉朱谕。臣等钦遵先将安佑宫、敷春堂、清夏斋等工情形赶紧作速办理，惟钱粮巨款若中外量力捐修，无论各省元气未复，捐输未必踊跃，且往返稽延，亦恐缓不济急。臣等再四思维，拟请先由臣衙门筹划，即将养心殿工程捐款极力劝喻先办圆明园要工。如此款捐项不敷时，再由臣等奏请在京王公以下官员捐办，如将来再有不敷，应由臣等会同恭亲王妥筹奏明办理。除将烫样、风水、择吉、勘估各事赶紧次第举办，另行具奏外，所有恭缴朱谕并行知各处缘由，理合恭折具奏，伏乞皇上圣鉴。谨奏。

十月初二日，陕西道监察御史沈淮请奏缓修圆明园，为穆宗驳斥。

《奏为西事未靖南北旱涝兴修圆明园恐累盛德事》

奏为风闻园林即拟兴修，恐累圣德，敬抒管见，仰祈圣鉴事。

窃思圆明园为我朝办公之所，原应及时修葺，以壮观瞻。惟目前西事未靖，南北旱潦时闻，似不宜加之兴作。皇上躬行节俭，必不为此不亟之务，而愚民无知，纷纷传说，诚恐有累盛德，为此披沥直陈，不胜冒昧，悚惶之至，谨奏。

《越缦堂日记》：邸报，上谕：御史沈淮奏请暂缓修理圆明园一折。现在帑藏支绌。水旱频仍。军务亦未尽藏。朕躬行节俭。为天下先。岂肯再兴土木之工。以滋繁费。该御史所奏虽得自风闻。不为无见惟两宫皇太后保佑朕躬。亲裁大政。十有余年。劬劳倍着。而尚无休憩游息之所。以承慈欢朕心实为悚仄。是以谕令总管内务府大臣设法捐修。以备圣慈燕憩用资颐养。但物力艰难。事宜从俭。

安佑宫系供奉列圣圣容之所。暨两宫皇太后驻跸之殿宇。并朕办事住居之处。略加修葺不得过于华靡。其余概毋庸兴修。以昭节省。将此明白通谕中外知之。

鸷哲按：此上谕《上谕档》未收，李慈铭日记云见邸报在十月初二日，《实录》在十月初八日。游百川初六日奏折中言见此上谕于祗报，故以邸报为准，《实录》所录亦有误。

十月初四日，恭亲王捐助圆明园工程纹银二万两。

《奏为恭亲王捐输银两片》

总管内务府谨奏：

为本月初四日，据和硕恭亲王门上长史嵩山报称，恭亲王谨筹备纹银二万两，为捐助圆明园工程之用。并声称受恩深重，不敢仰邀议叙。等因前来。为此谨奏，等因。

于同治十二年十月初五日具奏，原片留中，初七日由内奏事处交出，奉旨：知道了。钦此。

十月初六日，掌福建道监察御史游百川奏请缓修圆明园。

《奏请暂缓兴修圆明园事》

掌福建道监察御史臣游百川跪奏，为密陈管见仰祈圣鉴事。

窃臣阅邸抄，御史沈淮奏请暂缓修理圆明园一折，钦奉上谕，宣示中外。我皇上本大孝之至性，寓惜物之深仁，凡在臣民理宜共喻。即总管内务府大臣等恪遵谕旨，谅必力求节省，不敢多所糜费，有负圣怀。惟臣葵藿愚忱，有惓惓不能自已者，敬为我皇上密陈之：

京师为首善之区，万民辐辏，纵有异域殊方僦屋而居者，亦不过杂于市廛之中，远隔九重，无敢往来喧肆。加之禁城门禁森严，宿卫周密，皇上临朝听政，穆穆清清，此居中驭外之权，实长治久安之道也。

圆明园经变之后岁久失修，山水景物今昔悬殊，且并无城垣。虽有宿卫之森罗，而门禁不能如内城之严密。臣闻今年西山一带时有外国人游骋期间。万一因我皇上驻跸所在，亦生瞻就之心，于圆明园附近处所修盖庐舍，听之不可，阻之不能，体制既非所宜，防闲亦恐未备。以臣愚悯，不无过虑。

又臣闻明年南北方向，修造均非所宜，即乘今年谍吉开工，亦殊非慎重之道。伏望皇上善体圣慈，暂缓兴修，一俟天时、人事相度咸宜，然后徐图营建，斯《大雅》所咏"经始勿亟，庶民子来"之效，将复见于盛世矣。臣区区愚见，冒昧渎陈，伏祈皇上圣鉴。谨奏。

十月初八日，穆宗召见游百川，并将其革职。

《越缦堂日记》：闻修理园籞出西朝之意，李傅苦谏，不可违。今日宫门钞，召见游百川及恭、醇两邸。盖游昨日有疏二王当亦有言也。

《朱谕将奏请缓修圆明园之御史游百川革职》

自古人君之发号施令，措行政事，不可自恃一己之识见。必当以羣僚适中共议，可行则行，不可则止，此求事理合宜之意也。至于为人子者，欲尽娱志承欢之孝，非他务可比也。既非他务可比，则必当竭力以效其忱，岂可托诸空言而止耶？夫朝廷设言官之意，本为达人君之耳目，不可不言也，至欲尽孝思之事，非言官可阻谏也。且沈淮奏请暂缓修理圆明园之时，业有旨宣示中外，使咸知朕心欲承慈欢之意矣，何该御史又请缓修，且言俟天时人事相度咸宜之时，再行修理。朕观该御史所奏之意，亦不过欲使人知己尽言官之责，徒沽其名耳，安有体朕孝思之意哉！纵使朕纳其言即行停止，亦不过咸称朕为纳谏之君而已！是朕欲尽孝思之意，岂不托诸空言耶！即如该御史所言，俟天时人事相度咸宜之时再行修理。果及天时人事相度咸宜之际再兴此工，又必谓不可。又言西山一带，时有外国人游骋其间，岂京师各城内外即无外国人往来乎？以朕观之，京师各城内外之外国人，较之圆明园犹为附近也。该御史既恐外国人生瞻就之心，今岁夏令当洋人求觐之时，汝何不奏请止其觐见乎？朕思该御史所陈之言，不过欺朕冲龄，实属妄奏。

该御史既为言官，并未闻有关系国计民生之论，乃先阻朕尽孝之心，该御史天良安在？着将该御史游百川即行革职，为满汉各御史有所警戒，侯后如再有奏请暂缓者，朕自有惩办。特谕。

鸷哲按：该朱谕原未注日期，就内容看，系针对十月六日御史游百川奏折所发，初八日有召见，故是谕应在此前后。

是日圆明园开工。

《总管内务府奏圆明园开工折》

> 总管内务府谨奏，为奏闻事
>
> 臣等遵旨于本月初七日带领派出司员人等前往圆明园，于初八日卯时分往安佑宫、天地一家春、清夏堂、正大光明殿等处谨动土开工，臣等不时轮流前往查看照料。谨此奏闻。等因。
>
> 于同治十二年十月初九日具奏，奉旨：知道了。钦此。

十月廿七日，山西学政谢维藩奏《修理圆明园工程微有滞碍不如经营西苑事》。

鸷哲按：可参见第一历史档案馆藏奏护原件，档案号：04-01-37-0122-006

十月。赵之谦来江西。公以《顺德本西岳华山庙碑》示之。

> 《顺德本西岳华山庙碑双钩补页赵之谦款》：仲约学士得《伍氏本华山庙碑》阙九十六字者，实海内第四本也。惜长垣、华阴二本近在浙中而不得借，因摹旧双钩本补之。侯诸异日，更钩真本。赵之谦。

《赵之谦顺德本西岳华山庙碑题跋》

> 同治一十年顺德李文田得之南昌，属会稽赵之谦补摹阙叶九十六字。越一年，重治成，复为题记。
>
> 严跂《华山碑》在人间者，并此得五本。嘉兴张叔未有

残本，双钩刻入《陵莒馆金石文字》，辛酉乱后亡佚，其子再得之上海，携归，复毁于贼。台州朱德园家藏本，为汪退谷故物，有退谷题识，则世鲜知者，辛酉之乱亦失之。朱氏故居无恙，此本或尚可踪迹。是尚有七本也。四明本在京师，长垣、华阴二本皆在浙中，均不得见。来江右谒仲约学士，始见此本，并获附名纸尾，实生平之幸。癸酉十月赵之谦记。

鹜哲按：此跋后有李文田附语："梁溪吴栋臣客淮阴，自言亦有一本得之其乡秦氏云云。见《金石存》。"

录严可均《书伍诒堂所藏西岳华山庙碑后》于《顺德本西岳华山庙碑》后。

《书伍诒堂所藏西岳华山庙碑后》

乌程严可均

《汉西岳华山庙碑》，前明嘉隆间石毁，所传旧拓本最显者有三，其一长垣王文荪本，后归宋漫堂抚部，又归陈伯恭宗丞，今归成邸。其二，鄞县丰道生本，后归天一阁范氏，今归钱竹汀宫詹，又归阮云台抚部。已上二本余皆有跋尾，编入《铁桥金石跋》中。其三，赵子崡所见东肇商本，后归华阴王无异，今归朱竹君学士。其本余未见之，闻冻拓有墨晕。就三本中，《长垣本》最先拓，最瘦无边缺，而《鄞县本》稍肥，前六七行边缺百余字，爰是整纸未经割裱，额左右唐宋人题名全备。余在抚部京寓借观此二本，坐卧相对，皆七八日，各双钩一。再过其模糊边缺处，余皆能记忆之，其重摹者，有姜任修本、巴慰祖本、曲阜孔氏本、大兴翁氏本、琉璃厂本、阮抚部本、孙大参本，余皆收得之。当前明嘉隆前，碑石尚存，安知无数十百本？今流传日少，而其沈埋故纸堆中者，往往有之，特难得耳。而收藏家坚执成见，必谓旧拓仅存三本，是不许嘉隆以前拓第四本也。余未敢附和也。

去冬，余在姑苏曾见灵按察藏本，云得于秦中。墨色稍淡，其模糊边缺处如轻云笼月，神骨具存，断属旧拓本。今江宁友人伍诒堂又得马氏玲珑山馆本于扬州，较鄞县本所缺百余字，此皆不缺。惟裱工庸下，割纸挺刷，视长垣本稍肥。而纸墨极旧，其模糊边缺处亦如轻云笼月，神骨具存，断属旧拓本。惜失去"仲宗之世"云云一叶及"遂荒华阳"云云一叶共九十六字。又唐宋人题名，尽皆割弃，为非全璧，要无害乎其为至宝也。又原碑隐隐有棋局界画，重摹本皆无而此本有之，亦旧拓之征。嘉庆甲戌冬，借诒堂本审观，乙亥冬又借观，摇笔书后。

《李文田顺德本西岳华山庙碑题跋之二》

右跋一首见严氏所著《铁桥漫稿》第八卷中。今按此页只有严氏观款在夹缝中，盖但存此跋稿中，当时是未写入碑后耳。同治壬申除夕，张氏后人有在江右者出此碑求售，余遂出奉银三百收之。于时会稽赵撝未明府来官江右，因求明府钩补缺页，以成全文。明府因并检示此跋，盖此碑在小玲珑山馆时马氏颇秘惜，不轻示人，故世盛称三本，罕知此者。泊归伍氏后，始见孙渊如一跋而严跋续之，严跋犹表章不遗余力，不宜令离为双美，今及录之孙跋之后，亦读此碑者所齐心同愿也。癸酉十月顺德李文田手录，计去严氏读碑时适周六十年矣。

十一月初四日，总管内务府《奏报效园工银两官员请奖折》。

骘哲按：可参见第一历史档案馆编《圆明园》，上海古籍出版社，1991年第1版，第639页。

十一月廿三日，总管内务府《奏李光昭报效木植请旨免税放行折（附禀文二件）》。

骛哲按：可参见第一历史档案馆编：《圆明园》，上海古籍出版社，1991年第1版，第643页。

十二月初六日，王家璧《奏为报捐修理圆明园木植候选知府李光昭素行不端请将此项木植专归官办事》。

骛哲按：可参见第一历史档案馆藏奏折原件，档案号：04-01-37-0122-027。

十二月十九日，荆州将军巴扬阿奏《承平未久物力犹艰请暂停修理圆明园工作事》。

骛哲按：可参见第一历史档案馆藏奏折原件，档案号：04-01-01-0918-022。

是年奉诏会议筹堵黄运两河情形。以捐修工程，赏二品封典。

同治十三年甲戌（1874年）　四十岁

正月十四日，内务府奏请圆明园工程择期开工。

《总管内务府奏择期开工折》

总管内务府谨奏，为选择吉期，酌拟现有木植，先行开工修理奏闻事。

窃查圆明园于去岁十月开工，清理地面，出运渣土。嗣因天气严寒，经臣等奏请暂行停工，俟今年春融，再行开工修理。等因在案。臣等现谨择于正月十九日辰时开工，饬令派出司员人等督饬各商，即将去岁未能运完之渣土一律出运。其殿宇、房间仍照旧式者，拟先将底盘修理妥协，以备大木到时，即行竖柱，不至有误工做。

恭查清夏堂、天地一家春、慎德堂等处去岁呈览烫样内，均有钦定添盖、改盖殿宇、地脚均须另行筑打，此时先行刨槽，砅下桩丁，筑打灰土，成做底盘，一有木植，亦可立架兴修。其现存木料为数无多，拟就现在应盖殿宇房间尺寸相符者，随时修盖。兹据各商禀称，请领银两，备办物料。臣等拟将各员报效银共十四万八千两，除出运渣土、供梁动用过殷二万九千六十余两外，尚存银十一万八千九百余两，即行酌量发交各商备办物料，以便兴修。嗣后续有报效银两，再行陆续发给。至各座应修工程殿宇房间甚多，工程甚巨，以及内檐装修，臣等督饬司员带同书算人等按款详细查核，造具做法清册，咨取各部堂衔，奏请钦派大臣勘估钱粮，以昭慎重。为此谨奏。等因。

于同治十三年正月十四日具奏，奉旨：依议。钦此。

三月初三日，江西学政差竣。

《吏部覆李文田、马丕瑶出身履历片文》：十三年三月初三日由江西学政差竣。

三月初五日，命仍在南书房行走。

《穆宗毅皇帝实录》：命翰林院侍讲学士李文田仍在南书房行走。

《行状》：十三年甲戌三月差竣，命仍入直南书房。

《吏部覆李文田、马丕瑶出身履历片文》：十三年三月初五日奉上谕："翰林院侍讲学士李文田，着仍在南书房行走，钦此。"

三月廿四日，奕譞、伯彦讷谟祜、奕劻、景寿等谏阻穆宗驻跸圆明园。

《奕𫍽等奏谏阻同治帝驻跸圆明园折》：

臣奕𫍽、伯彦讷谟祜、奕劻、景寿谨奏，为风闻皇上有驻跸圆明园之举，谨将窒碍情形，合词缕陈，仰祈圣鉴事。

窃臣等于本月十二日随驾幸园，仰见皇上吉服亲诣安佑宫等处工作，敬谨看视，诚敬恪恭，实不胜钦佩之至。近日道路传闻，佥谓月之下浣，仍临幸圆明园驻跸，次日亲诣黑龙潭拈香等语。臣等初闻，尚未深信，遂查访海淀一带，果有修垫御路等事。伏思我皇上圣虑周详，无微不烛，况事之大者，自必洞鉴几先，方今安佑宫尚未修复，皇太后未幸御园，工作未举，宿卫未备，必无无故临幸驻跸之事，第恐万一讹言不谬，则窒碍之大者有三，谨豫为皇上陈之：伏维万乘之尊，体制隆重，六龙所至，拱卫綦严。今圆明园内虽有双鹤斋数处堪供宸赏，然内而值宿之乾清门侍卫，及总管、首领太监，外而值宿之大臣、侍卫、官弁、兵丁，全无栖止之所，势必麇集露处，杂乱无章，傥遇阴雨，更难期其严整。园内各处多系焚劫之余，荒凉已久，臣等鳏鳏过计，有不敢形诸笔墨者，此窒碍者一。

列圣黑龙潭祈雨，原因天时亢旱，为民请命，皇上效法先模，诚为苍生之福；惟现在常雩大祀，尚未举行，并非祈雨之候，若舍向来祈雨之大高殿等处，远赴黑龙潭，既非吁祷之期，似近游观之迹，驾出无名，不足以垂信天下，此窒碍者二。

咸丰庚申外夷入寇，要挟和约，焚掠禁园，致先帝播迁塞外，痛遭大敌，在皇上为不共戴天之雠，在臣等有君忧臣辱之罪。幸皇太后听政，孜孜求治，忧勤惕厉者十有二年，当皇上亲政之日，正中原军务渐次肃清之时，允宜及时励志，严饬内外交警，图复深雠。虽圆明园期在必修，亦宜于工作告成之后，择吉敬奉安舆临幸，虔摅孝思，若于物料未备之先，屡次命驾前往，不惟内外臣工，或致生懈，且残山剩水败壁颓垣，不足盘桓，适增愤懑，更恐为外洋轻量朝廷求治之道，所系良非浅鲜，此窒碍者三。

此等性愚识浅，固知管窥之见，不足以仰赞高深，惟职司翊卫，责无旁贷，既有所见，曷敢缄默不言，诚恐纶音既宣，势难谏阻，故风闻未确之际，豫渎天听，稍摅下悃。是否有当，谨合词恭折具奏，伏乞皇上圣明洞鉴。谨奏。

三月廿八日，李慈铭来，公出示所藏《西岳华山庙碑》拓本。

《越缦堂日记》：下午出谒李若农师，送银二两，门包四千。晤谈良久。若师出示其去年所得《汉延熹四年西岳华山庙碑》，本马氏玲珑山馆物，后归阳羡张在余敦仁子稷荐粲父子。若师在江西以三百金得之，有金冬心等印。其字神采完足，较黄氏小蓬莱阁、阮氏文选楼所橅过之数倍矣。

四月初二日，王家璧奏请酌提海关洋税作为圆明园工程经费事（停捐输）。

骘哲按：参见第一历史档案馆藏奏折原件，档案号：04-01-35-0976-087。

四月初四日，四川总督吴棠奏《奏为川省委员采觅修理圆明园工需木植道路险远请准展限事》。

骘哲按：参见第一历史档案馆藏奏折原件，档案号：04-01-37-0123-013。

四月廿二日，李慈铭来，久谈。

《越缦堂日记》：出门诣若农师，久谈。

四月廿五日，转补侍读学士。

《清代七百名人传》：四月。转侍读学士。

《越缦堂日记》：邸抄：翰林院侍讲学士李文田转补侍
读学士。

四月以《顺德本西岳华山庙碑》示潘祖荫。

《潘祖荫顺德本西岳华山庙碑题跋》

平生得见宋拓《华岳庙碑》凡四本，眼福厚矣。此本
在四明本上，余所极不忘者则子絜之居游彝与仲叔父盘也。
未知何日遇之耳。同治甲戌四月为仲约学士仁弟题此，并记
之。潘祖荫。

四月，为孙诒让题书斋名。

《孙诒让年谱》：同治十三年四月，顺德李仲约学士文
田为题"经微室"三字，篆书斋旁。

五月初三日，李慈铭来。

《越缦堂日记》：晴后出门诣刘、李两师。

五月初八日，捡《金石存》，跋《顺德本西岳华山庙碑》。

《李文田顺德本西岳华山庙碑题跋之三》

同治甲戌岁，自江西差竣入都，重为考究。知此本所
托两页在马氏既得未失之际，而此本即金寿门本也。吴山夫
《金石存》所收《华山碑》一通自云据金寿门拓本摹得，残
缺不十余字，或笔划小损皆可辨认。又云关中郭允伯所藏，
得自楼云驹，后归王无异。案，吴又云又入商丘宋太宰家，则甚
误。盖未识华阴、长垣非一本耳。凡顾亭林、朱竹垞、刘太乙、
顾南原所见皆此一本。几以为世间无复副本。乃允伯自云缺
百二十字，而此本乃不若是之甚。郭本有额而此本篆额六字
亦全，岂不较胜于郭本邪云云。据吴氏说，是此本脱叶不在

金寿门手，可知矣。是岁五月初八日捡《金石存》，因记于严跋之后，以见跋此碑者不始于孙伯渊，或系前人跋语均在马氏时佚去也。文田记。

五月十八日，北京现彗星。

《清钦天监档案》：戌正二刻，正北方偏西，内阶星之东，彗星出见，体色微红，星上生白彗一道，长约尺余，直指上卫。彼时因有浮云，不甚真切，随天西转。

六月初一日，李宗羲奏请停圆明园工程。

骘哲按：李宗羲两折：《请停园工疏》《星变陈言疏》，见《开县李尚书奏议》，星变一折在六月初一日，停园工一折在此之前，一档馆无原件，时间尚待考证。拙见，考虑到两折内容接近，很有可能停园工一折李宗羲仅拟折底，而未拜发。详见《开县李尚书奏议》。

六月初四日，徐桐、广寿谏穆宗慎起居严禁卫。

《慎起居严禁卫折》

臣徐桐、臣广寿跪奏，为星异示警，吁请宸衷敬懔天戒，慎起居而严禁卫，仰祈圣鉴事。窃准天人相应之际，捷于影响。凡天象垂异，皆因人事有失，故先出灾异，以谴告之。此以见天心仁爱人君，欲止其乱。苟不知省，祸变乃生，稽诸往古，其征验历历不爽，未可委诸适然之数也。

上月彗星出西北，经旬不灭，臣等不习占验，而就得诸传闻者证以天官之书，知内阶星为天皇之纳陛，上卫等星所以藩卫紫宫太乙之座，是纳陛所应在承舆出入之地。今以彗星守之，则皇上之一出一入正不可不慎，而紫微藩卫为彗所扫，尤恐禁廷宿卫疏于备豫，致有意外之虞。

比因圆明园兴工，屡次亲临看视，固由孝养心殷，非专事游观可比。然臣鳃鳃过虑者，以御园远在城外，当此炎暑郁蒸，风雨不时，跸路往来，已形劳瘁。况频郊原旷远之处，万一兽惊马逸，殊失敬身之道。即随扈有王大臣，而其行止皆有定所，不敢违越，皇上游幸之地，未必禁卫能到之地。设有非常，何以御之？皇上负宗庙社稷之重，承两宫皇太后之欢，岂可不避危虑远，思慰慈爱之深心乎？应请自今以后，似此临幸看视工程之与，悉行停止！我皇上既可节躬亲之劳，于万几余暇召对臣工讲求当今要务，孜孜以节用爱人为念，不复以经营台沼为先，自足以召祥和而消灾戾。

至禁城重地，倍宜宿卫禁严，乃近来各门稽察甚为疏懈，亟应严申门禁，无论早晚出入人等，皆听值班官兵，实力查察，勿令杂人溷迹其间，亦思患预防之一事也。臣等叨侍讲幄有年，受恩至深，上年皇上亲政之初，仰蒙皇太后训诲周详，敬聆知无不言之谕，时切疚心。兹觐星象，弥抱隐忧，何忍苟安缄默？谨披沥愚诚，具折吁请，伏望圣怀俯赐采纳。

六月七日，公上疏请停圆明园工程。

《奏为上天垂象可畏，请敕下明诏停园工事》：

　　臣李文田跪

　　奏为上天垂象可畏，请宸躬休省，以回天心，而培国脉。恭折具奏仰祈圣鉴事。窃惟自古以来，凡天下将治将乱，应莫先于天象。故将治则祥瑞先见，如咸丰十一年四星聚张，为皇上登极海宇乂安之兆。是人所未见而天象早已垂示之明验也。夫祥瑞既有明验，则变异亦必有咎征。历考史志，彗星之占无不有验，惟修德则挽回较易而祸乱或不至相寻。姑就道光咸丰两朝求之，每彗星见，则边警必至。此诚天心仁爱，所以垂象示戒，使先事预防者也。臣伏见五月十八日以后，彗星见于戌亥之交。臣诚愚昧，不知占验之学，然以天时验之人事，则年来海宇渐靖，大小臣工不知忧盛危明所致，无可疑者。夫制治在于未乱，保邦在于未危，知危乱之将至，而缄默恋位，不知直言以悟主上，是臣等之不忠也。夫为人臣而安于不忠，皇上既能容之，臣岂独无天良乎哉？臣请不辞冒昧之罪，以免不忠之名。为我皇上陈之万一，稍回圣听。庶或者消变于未萌而谋治于将乱。臣虽获不测之罪，是臣无负于恩遇，而有所以报皇上也。夫道光咸丰两朝，始祸于边警，继困于巨憝，此彗星之验，其已事不足言矣。今日之可虑者，其大率有数端。一曰民生穷困未复。自道光年间边省防堵已竭捐输之力。重以咸丰十一年中，逆匪蹂躏半天下，民一穷困于输，浸再穷于焚掠，三穷于抽厘。自抽厘之法，兴而穷者不能复富矣。今虽军务稍缓，而抽厘迄不能撤，游兵散勇非得此以羁縻之，则仍散而为贼，故各省之军饷与他省之协济均出于此。军务一日不息，则厘捐一日不停，厘捐不停则民生无日不困。今且日竭百姓之脂膏以养兵勇，一旦有事复不知筹措所从出，此可虑者一也。二曰人心思乱未已，自道光末年承平日久，人不知兵。奸宄之徒，见官兵之积弱，遂思窃发。一旦贼起，争相响应，今则名为肃清矣，实则贼之富者化为民，贫者化为勇，非无贼也。明火持械无地无之，兵勇之富者转盼亦穷，穷则复思为贼。今河南山东等省所谓捻子者，其剿灭之数十不去一，四川有啯匪，湖南、湖北之哥老会，广东、广西、福建则自来会匪不绝，近且以耶稣天主等教为藏身之所。就外国新闻纸所计，每入教之民俱照一小像，四川多至十八万，直隶多至十六万，他省大率可知。故各省无地无教民，州县无日无教案，此皆祸机所伏急切难除者也。此可虑者二也。三曰内地要害难恃。自道光末年始开香港、上海口岸。今则自京师以东，若天津、大沽、牛庄、烟台皆许外国人溷迹，其中就长江言之，若四川之重庆，湖北之汉口、武昌，江西之九江，江苏之江宁、镇江，皆腹心之地，多被盘踞。一旦有事，人得扼吭据险，我不知所以争也。此可虑者三也。虽然此尤论其远者耳，庚申之役，圆明园之灾，此前日之事也，今其首祸之人如巴嘎哩之徒，时时来往于内地，我未尝问及也。夫修复园廷以承皇太后之欢，此诚宝府藏殷，实园工克成未尝一毫取之于臣民也。如此则虽土衣绣木被锦何损于事哉？夫服俄罗斯、英吉利之属于数万里之外，此乾隆年间所以享有园庭乐也。不事刻剥于民，而独取给于内帑，此与民同乐而天下所以乐园廷成也。今英法未驱而俄罗斯、日本诸夷，未知宾服，其视乾隆年间何如也？天下民穷财尽，都下之制钱尚未复，直省之厘金尚未撤，其视乾隆年间又何如？此不问而知也。今之天下，虽使皇上励精图治，而大小臣工竭忠尽智，犹恐无救于贫弱，而左右近习与宵小之臣，日夜谋饱其私囊，假借园工之役，耸动圣听。务欲朘削皇上之百姓，断丧祖宗二百余年之积累而后已。彼其处心积虑，曾何顾于皇上之大局，顾皇上以天下为家，今欲朘削皇上之家以肥其家，其自为计则甚便。然皇上朘削其家，以肥此辈之家，于皇上何益哉？《大学》言："聚敛之臣不如盗臣"，今左右近习与夫内务府大小臣工，皆聚敛之臣而兼盗臣者也。古来所以危亡者，大率起于剥民。设使剥民而能久长，则汉、唐、宋、元、明何以败亡如一辙？若效自古危亡之局，则虽列圣二百余年深仁厚泽，又岂足当此辈朘削之害哉？《大学》极言聚敛之害，有曰："灾害并至"。解者谓："灾者，天灾，害者，人害。"今人害未见而天灾已见于彗星矣。皇上深居高拱，威福如天，虽有过举，孰敢犯颜廷争？然天下臣民制于皇上，皇上威福禀之自天，从古帝王未有不以天谴为戒者，正谓天灾已见，惧乎人害之验于后也。今皇上一动念园工，事犹未成而天象昭回若此深切，此或天心默牖而使臣言得以动皇上之听也。臣伏愿皇上独奋乾纲，勒下明诏，停止园工。则天戒森严，庶乎可挽。与其救之于事后，不若弥之于几先。臣受恩深重，不敢自安缄默，诚使于国事有裨，臣虽获咎，不足可惜。臣无任战兢待命之至。伏祈皇上圣鉴。臣谨奏。同治十三年六月初七日。

《行状》：其时孝钦显皇后拟修缮圆明园，公以外夷内患敉平未久，库藏空虚，国事隐忧方大，拜折谏止，留中不发。

《花随圣人庵摭忆》：同治重修圆明园一案中，谏阻者甚多，其诤言最力而不著名者，为李若农侍郎文田，然若农同时又为捐输修园银两三汉官之一，前后异趣，颇可究求。据近年发现之《内务府收捐银两簿》及《收捐圆明园银两门文簿》，所载捐输修园银两汉官只有三人，一为户部左侍郎宋晋，捐一千两；一为翰林院侍读学士李文田，捐五百两；一为翰林院编修潘祖荫，捐二千两，皆系同治十三年五月初二日收者。自五月十四日起，所收捐输银俱未载捐者姓名，故至八月初七日止，汉官可考者只此三人……按若农先生为同、光清流，此疏稿为莼客目睹，且录存片断，固绝无致疑余地。而内务府账簿，自亦极翔实，以常情测之，若农由江西学政回京，既专为谏园工，何必又捐此区区，以侪于内务府满员之列？凤欲犯颜，且秘其奏稿，又决非因勒派而始悻悻者。后人于此牴牾，或不无疑窦。其实此三汉臣中，宋晋殆为户部左侍郎地位，不得不尔，或平日与内务府交结较密之故。若潘芝轩、李若农二人，则完全为内廷行走故。潘在弘德殿，李在南书房，皆昕夕得觐穆宗者。园工既为穆宗锐意经始，则籍笔禁近之一二词臣，殆不能邀免，此事至八月已停，故征输未及于外廷，而近臣必须先捐为之倡。吾意若农先生赣江返棹，方欲伏蒲泣谏，而一履南斋，便遭循例之题捐，度此五百金之输将，其中怀懑怨益逾寻常，疏中"内务府诸人僭皇上之威"云云，殆并指此等事言矣。若农之不留疏稿，与穆宗阅章不置一言，此皆可证其南斋侍从之较亲切。明乎此，则若农先捐五百两与穆宗之不怒，正是一贯之理也。

六月十一日，致函李慈铭，得复。

《越缦堂日记》：得李若农师书，以将约赙银十两属转交，即复。

六月十二日，李慈铭致函徐本润，以公所托之银嘱转致黄研芳。

《越缦堂日记》：作书致松溪，以若农师所交银属转致黄研芳。

六月十四日，文祥奏《请停修圆明园折》。

《请停修圆明园折》

（上略）上年十月间，奴才在奉省恭读邸抄修理圆明园谕旨，仰见我皇上奉养两宫皇太后，曲尽孝思，无微不至，奴才虽知此举工程浩大，难以有成，惟业经明降谕旨，自不容立时中止。而中外臣民皆以当兹时势，不宜兴此巨工，众论哗然，至今未息。伏查同治七年御史德泰奏请加赋修理圆明园工程，当经恭亲王及奴才等与内务府大臣会议，后于召对时蒙两宫皇太后圣明洞鉴，以为加赋断不可行，即捐输亦万难有济，是以未经举行，天下臣民恭读谕旨，莫不同声称颂。兹当皇上亲政之初，忽有修理圆明园之举，不独中外舆论以为与七年谕旨迥不相符，即奴才亦以为此事终难有成也。盖用兵多年，各省款项支绌，现在被兵省分，善后事宜，及西路巨饷，皆取给于捐输抽厘，而捐厘两项，已无不搜括殆尽。园工需用浩繁，何从筹此巨款，即使设法捐输，所得亦必无几，且恐徒伤国体而无济于事也。（下略）

鸷哲按：此折上于六月十四日，第一历史档案馆编《圆明园》所述此折在二月十六日不实。第一历史档案馆藏无署名附片：04-01-01-0923-010似为文祥附片原件。另参见文祥：《文文忠公（祥）事略·自订年谱下》，沈云龙主编：《近代中国史料丛刊》第二十二辑，台湾文海出版社，第188—189页。

六月十九日，杨浚奏《请停修圆明园折》

鸷哲按：参见第一历史档案馆编：《圆明园》，上海古籍出版社，1991年第1版，第731页。

六月廿六日，于酒肆晤翁同龢、徐桐、广寿。

《翁同龢日记》：出至酒寓，徐、广两公来，李若农来。

六月廿七日，于酒寓晤翁同龢，长谈。

《翁同龢日记》：出至酒寓，李若农来长谈。

六月廿八日，奏请回籍开缺养亲，许之。

《奏请开缺回籍养亲事》

臣李文田跪

奏为微臣母老多病，吁恳天恩俯准开缺回籍侍养事。窃臣母徐氏现年八十岁，素日气体尚属康强。臣前岁蒙恩，视学江西。臣母由广东就养官署，臣每于岁科旋省时加体察，觉臣母老景日增，痰咳渐多，须人扶掖，即拟陈情回籍。惟是受恩深重，理当来京复命，始敢下及乌私。今年臣差竣回京，得沐天恩。南斋寓直，重依禁御，实谓殊荣。但念臣少日早孤，臣母鞠育成人。至于今日，臣母八旬暮齿，不任风霜。就养则水土未谙，远宦则崎岖可虑。臣虽有母弟，不知医药，服侍难周。徒依门闾，益增盼望。臣年方强仕，报效方长，服官之日有余，养志之情渐迫。伏查定例，凡官员父母年八十以上，虽有次丁，亦准归养。臣之陈情与例相符。用敢仰恳天恩，俯准臣得开翰林院侍读学士缺，回籍侍养，则此后臣母子相依之日皆出自恩施所赐矣。臣无任激切，瞻恋之至。伏乞皇上圣鉴，谨奏。

同治十三年六月二十八日

《越缦堂日记》：邸钞：翰林院侍读学士李文田奏请开缺回籍养亲，许之。

《杜凤治日记》（七月三十日）：京报：李文田请开缺回家，广东又多一绅士。

《吏部覆李文田、马丕瑶出身履历片文》：十三年六月二十八日奉上谕："翰林院侍读学士李文田奏请开缺养亲一折，李文田着准其开缺回籍养亲，钦此。"

《行状》：公因徐太夫人年高于七月初七日陈情归养，八月旋里。

《李文田列传》（王崇烈拟）：十三年，奏请开缺养亲，许之。

骛哲按：《行状》所述陈情归养日期有误，归粤亦在九月间。

七月初一日，金保泰致函李慈铭，商公饯公事。

《越缦堂日记》：得金忠甫书，商公饯若农师，即复。

七月初三日，过翁同龢。

《翁同龢日记》：李若农、延树南先后来。

七月初六日，李光昭案发。

《谕直隶总督李鸿章李光昭一案迅速切究按律严办》

军机大臣字寄大学士治理总督·一等肃毅伯李，同治十三年七月初六日奉上谕：

李鸿章奏，李光昭报劾木植，现与洋人互控结讼，并密陈李光昭性情狡谲，语言荒唐各折片。本日已明降谕旨，将李光昭革职，交该督审办矣。李光昭现与法、美领事构讼，各执一词，必须持平妥办。着李鸿章饬令该关道与各国领事官会审明确，秉公办理。该革员以五万余元之木价捏报三十万两，已属荒唐，且面求美领事代瞒价值，法领事照会关道，请拘留李光昭，无使逃走。无耻已极，尤堪痛恨。该督既称李光昭在外招摇，出言不慎，且恐有别项情节，即着李鸿章迅速确切根究，按律严办，不得稍涉轻纵。李光昭呈捐木植之案，本日已饬内务府大臣即行注销，将此谕令知之。

钦此。遵旨寄信前来。

抄交总理衙门

《谕将候选知府李光昭革职交李鸿章审办》

同治十三年七月初六日内阁奉上谕：

李鸿章奏，职官报效木植现在无从验收转解一折。据称

候选知府李光昭报效木植，现与美、法两国商人互控结讼，
輾轆甚多，其所买法商木植，较之呈报内务府之数，木价既
多浮开，银亦分毫未付等语。李光昭所办木植，经李鸿章查
明系买自法商，其价仅议定洋银五万四千余元，而在内务府
呈称购运洋木，竟敢浮报值银三十万两之多。似此胆大妄
为，欺罔朝廷，不法已极。李光昭著先行革职，交李鸿章严
行审究，照例惩办。所有李光昭报效木植之案着即注销。该
衙门知道。钦此。

《翁同龢日记》（七月初七日）：园工之始，奸商李光
昭妄称报效木植，于是以知府遍行湖广、四川、广东，川楚
两制军皆拒绝，而粤督遂徇其请，捐输木料，至是该商以洋
木来，本值五万元而报三十万金，为李节相所劾，乃落职发
直隶严审，一时称快。

七月初七日，晤翁同龢，以所藏《华山碑》宋拓本见示。

《翁同龢日记》：饭后拜客，晤邵伯寅、徐季侯、李若
农，得见若农所藏《华山碑》宋拓本，为海内第四本，天一
阁本虽整，然复拓，长垣本虽精，然不完。古厚绝伦。

七月初九日，李慈铭柬请公，十四日公饯于李慈铭保安寺街
新寓。

《越缦堂日记》：写柬请若农师，十四日偕忠甫、梅卿
及朱蓉生、孙镜江、林笃甫，公饯于保安寺街新寓也。

七月十四日，赴李慈铭保安寺街新寓公饯，同坐者李慈铭、
金保泰、霍为楙、朱一新、孙禄增。

《越缦堂日记》：若农师来，午设饮至傍晚散，付车饭
钱十千。是日期而不至者曰林国柱，小子无礼如此。

七月十六日，恭亲王等上疏劝诚穆宗。

《敬陈先烈请皇上及时定志用济艰危折》

文宗寅绍丕基，适值广西发逆之变，蔓延天下，继之捻匪猖狂，寇氛四起，筹兵筹饷，圣虑焦劳，用人行政，自强不息，当饷项万难筹措之时，尚不忍加派百姓，圣体违和，犹复日理万机，勤政爱民，维持危局之难如此。我皇上冲龄践祚，诸王大臣吁请两宫皇太后垂帘听政，十一年中，慈怀忧勤，宵衣旰食，内外协力，共济时艰，贼氛次第削平，天下甫定，当此兵燹之余，人心思治久矣，薄海臣民，无不仰望皇上亲政，共享升平，以成中兴之治。乃自同治十二年皇上躬亲大政以来，内外臣工感发兴起共相砥砺，今甫经一载有余，渐有懈弛情形，推原其故，总由视朝太晏，工作太烦，谏诤建白未蒙讨论施行，度支告匮，犹复传用不已，以是鲠直者志气沮丧，庸懦者尸位保荣，颓靡之风日甚一日。值此西陲未靖，外侮方殷，乃以因循不振处之，诚恐弊不胜举，害不胜言矣。臣等日侍左右，见闻所及，不敢缄默不言，兹将关系最重者，撮其大要胪列于后，至其中不能尽达之意，臣等详细面陈，愿皇上虚衷采纳焉。

一畏天命：《书》云：天难谌命靡常，常厥德保厥位，知天人之际感应捷于影响，不容稍自放纵也。况五六月间，彗星见于西北，天象示警，不尤可畏乎？现在各国洋人盘踞都城，患在心腹，日本又滋扰台湾，海防紧要，深恐患生不测，伏愿皇上常存敬畏之心，倍加修省，以弭灾异。

一遵祖制：我朝列圣相承，自朝廷以及宫禁，事无巨细，皆有规制。凡视朝办事，及召对臣工，每日数起，其时皆在卯刻，未有迟至巳刻者；至太监只供奔走，不准干预他事，训饬尤严，诚有见于前代宦寺之祸，杜渐防微，意至深远；一切服用之物，物崇简朴，不尚华饰新奇，宫禁之中，尤为严肃，从未有闲杂工作人等，终年出入。凡此皆祖宗旧制，愿皇上恪遵家法，以光先烈。

一慎言动：皇上一身为天下臣民所瞻仰，言动虽微，不可不慎也。外间传闻皇上在宫内与太监等以嬉戏为乐，此外讹言甚多，臣等知其必无是事，然人言不可不畏也！本年临幸圆明园，查看工程数次，外间即谓皇上藉此游观，可见圣躬起居，不可不慎。至召见臣工，威仪皆宜严重，言语皆宜得体，未可轻忽。凡类此者，愿皇上时时留意。

一纳谏章：中外大小臣工呈递封奏，向来多系发下参酌，俟召见时请旨办理。近来封口折件，往往留中不发，于政事得失所关非细，若有忠言谠论，一概屏置，不几开拒谏之渐乎？嗣后遇有封奏，皇上乃照旧发下以广言路。

一勤学问：读书与行政相为表里，学问之功不进则退，此不可不逐日讲求也。皇上办理政事，披览奏章，非读书明理无由辨其得失是非。近来圣躬不及从前之勤，讨论不及从前之密，已读之书恐久而遗忘，未读之书更无暇浏览，"业精于勤，荒于嬉"，可深惧也。愿皇上每日办事后，仍常至书房讲求经史，既可收敛身心，即以通达治体，庶不至有名无实。

一重库款：户部钱粮为军国之需，出入皆有定制，近来内廷工作络绎不休，用款浩繁，内务府每向户部借款支发，以有数之钱粮安能供无厌之需求？现在急宜改图者，尤在园工一事。伏思咸丰十年，文宗显皇帝由圆明园巡幸热河，至今中外臣工，无不痛心疾首，两宫皇太后、皇上念及当日情形，何忍复至其地乎。即以工程而论，约非一二千万不办，此时物力艰难，从何筹此巨款。愿皇上将臣等所禀在两宫皇太后前委婉上陈，若钦奉懿旨，将园工即行停止，则两宫之圣德与皇上之孝思皆超越千古矣。

如皇上仰体慈怀，有万不得已之苦衷，臣等窃拟三海近在宫掖，亦系列圣所创垂，稍加修葺，何不可娱悦圣情，或量为变通门禁，以便有时敬请皇太后銮舆驻跸。（下略）

骛哲按：此系联衔奏折，具奏人除奕䜣外尚有醇亲王奕譞、科尔沁亲王伯颜讷谟祜、郡王衔贝勒奕劻、大学士文祥、宝鋆、军机大臣沈桂芳、李鸿藻等。

鲍源深奏《请停修圆明园折》。

骛哲按：参见第一历史档案馆编《圆明园》，上海古籍出版社，1991年第1版，738页。

七月十八日，御前众大臣面请穆宗停圆明园工程。

《翁同龢日记》：是日御前大臣、军机大臣同请对，凡十刻始下，引见毕午正一刻矣。偕萨轩诣绍彭处饭，兰孙来，具述廷争语，上意深纳，惟园工一事未能遽止，为承太后欢，故不敢自擅，允为转奏也。

《桐城吴先生日记》（九月初五日）：见都下某官与某中丞书言停罢园工之事，云：七月十八日，政府亲臣闻大内将于二十日园中演戏，十余人联衔陈疏，复虑阅之不尽，乃先请召见，不许，再三而后可疏。上阅未数行，便云："我停工何如？尔等尚何哓舌？"恭邸云："臣某所奏尚多，不止停工一事，请容臣宣诵。"遂将折中所陈逐条读讲，反复指陈。上大怒，曰："此位让尔何如？"文相伏地一恸，喘急几绝，乃命先行扶出。醇邸继复泣谏，至微行一条，坚问何从传闻，醇邸指实时地，乃怫然语塞，传旨停工。

鸷哲按：吴汝纶日记有误，此折上于十六日，仅召对在十八日。召对之后圆明园也未停工。

七月十九曰，赴潘祖荫召饮，同坐者翁同龢、翁同爵、杨泗孙。

《翁同龢日记》：赴伯寅之招，若农、瀕石及余兄弟也。

七月廿二曰，赴翁同龢召，夜饮于龙树寺，潘祖荫、翁同爵、杨泗孙、钱桂森同坐。

《翁同龢日记》：出城，夜与兄邀若农、伯寅、瀕石、辛伯饮于龙树寺，饯若农也。孙莱山请开缺，得俞允，其折托余代递，余交赵苏拉，三日始下，赏伊十千。

七月廿五日，赴孙诒经、欧阳保极、徐郙召于徐郙处，同坐者潘祖荫、黄钰、翁同龢、翁同爵。

《翁同龢日记》：赴南斋孙子授、欧阳用甫、徐颂阁之招，在颂阁处，客有若农、伯寅、孝侯及余兄弟也，未后归。

七月廿九日，谕停修圆明园，革恭亲王父子爵位。

《谕圆明园工程即行停止并查勘酌度修葺三海》

前降旨，谕令总管内务府大臣将圆明园工程择要兴修，原以备两宫皇太后燕憩，用资颐养，而遂孝思。本年开工后，朕曾亲往阅看数次，见工程浩大，非克期所能蒇功。现在物力艰难，经费支绌，军务未尽平定，各省时有偏灾。朕仰体慈怀，甚不欲以土木之工重劳民力，所有圆明园一切工程，均着即行停止，俟将来边境乂安，库款充裕，再行兴修。

因念三海近在宫掖，殿宇完固，量加修理，工作不致过繁。着该管大臣查勘三海地方，酌度情形，将如何修葺之处奏请办理。将此通谕中外知之。钦此。

《军机处奏为文祥等请缓发关于恭亲王谕旨片》

蒙发下朱谕二道，臣文祥等公同阅者看，除加恩崇纶等谕旨照缮外，其处分恭亲王谕旨一道，臣等公商，所有革去恭亲王世袭罔替并载澄贝勒郡王衔，臣等不敢为之乞恩。惟谕旨内目无君上，欺朕之幼，诸多跋扈，并种种奸弊不可尽言等语。在皇上盛怒之下，不觉措词过重，惟恭亲王万当不起。且谕旨系昭示天下后世，必期字字允当，可否容臣等明日召见后请旨，再行缮发，抑或本日曰臣等恭拟进呈御览，即行宣示。谨奏。

同治十三年七月二十九日奉朱笔：文祥等所奏着不准行。钦此。

《翁同龢日记》：辰入至昭仁殿庐，闻有军机、御前合起，已下矣。仍上，午初一刻忽传旨，添臣龢起，随至月华门，见诸公咸在，略坐，问上意如何，缘何事召对及小子，则云大抵因园工责诸臣何以不早言，幷及臣龢此次到京何以无一语入告。午初三刻随诸公入对，上首责臣因何不言，对曰，此月中到书房才七日，而六日作诗论，无暇言及，今蒙询及，即将江南民间所传一一详述，幷以人心涣散为言，语甚多，上颔之。其馀大略诘责言官，及与恭、醇两王往复辨难，且有离间母子、把持政事之语，两王叩头申辨不已。臣龢进曰，今日事须有归宿，请圣意先定，诸臣始得承旨。上曰，待十年或二十年四海平定、库项充裕时，园工可许再举手？则皆曰如天之福，彼时必当兴修。遂定停园工、修三海而退。凡五刻。连前次共十二刻多。同至军机处拟旨，复同阅斟酌毕，坐内务府朝房饭，军机处备。递后留览。申初朱谕一道封下，交文祥等四人，余等即退出，微闻数恭邸之失，革去亲王世袭及伊子载澂贝勒也。文祥等请见不许，递奏片请改不许，最后递奏片，云今日俱散直，明日再定。申正二刻停园工一件述旨下，无更改，遂出。访兰孙谈朱谕诸事，有跋扈、离间母子，又有欺朕之幼，奸弊百出，目无君上，天良何在等语，皆传闻，未的也。

朱谕崇纶、明善、春佑均改为革职留任。

《越缦堂日记》（八月初一日）：（七月二十九日）上忽震怒，召军机御前王大臣等，谕以恭亲王无人臣礼，当重处。遂朱笔尽革恭王所兼军机大臣及一切差使，降为不入八分辅国公，交宗人府严议。王大臣等顿首固请，上不顾而起，即以所革恭王差使分简诸王大臣，复崇纶等三人，宜收四魁龄等并调谕旨，及未刻闽中急奏至，乃复恭王军机大臣。三十日朱谕下故有"加恩改为"云云。

《行状》：七月二十九日有圆明园工程浩大物力艰难着即停止之谕，次日恭忠亲王因是获谴，降为郡王，翌日仍复亲王爵。

《桐城吴先生日记》（九月初五日）：至（七月）二十七日，召见醇邸，适赴南苑验炮，遂召恭邸，复询微行一事闻自何人，恭邸以"臣子载澂"对，故迁怒恭邸并罪载澂也。又某枢臣直言二十七日原旨中有"跋扈弄权，欺朕年幼，着革去一切差使，降为庶人，交宗人府严行管束"等语。文相接旨，即陈片将硃谕缴回，奉旨著不准行复奏请，暂阁一日，明日臣等有面奉要件，比入，犯颜力争，故谕中有加恩改为字样。

骛哲按：此日恭亲王被降为不入八分辅国公，非降为庶人。

七月三十曰，谕改降奕䜣为郡王爵位。

《翁同龢日记》：见枢廷、御前皆在殿庐，盖同一起，犹未上也。二刻许即下，无书房，余等亦退。是日奉朱谕，自朕亲政后，恭亲王于召对时，言语诸多失仪，加恩革去亲王世袭罔替，降为郡王，伊子载澂革去郡王衔贝勒。

《同治朝上谕档》：同治十三年七月三十日，传谕在廷诸王大臣等，朕自去岁正月二十六日亲政以来，每逢召对恭亲王时，语言之间诸多失仪，着加恩改为革去亲王世袭罔替，降为郡王，仍在军机大臣上行走。併载澂革去贝勒郡王衔，以示微惩，钦此。

李慈铭来，公以《奏为上天垂象可畏，请敕下明诏停园工事》折底见示。

《越缦堂日记》：晚诣若农师，久谈。夜饭后出示其六月初七日所上请停止园工封事，约三二余言，以近日彗星见戌亥之交，为天象示警，其前列今有三大害：一民穷已极；二伏莽遍天下；三国家要害尽为西夷盘踞。中言焚圆明园之巴夏里等，其人尚存，昔既焚之而不惧，安能禁其后之不复为？常人之家，或被盗劫，犹必固其门墙，慎其管钥。未有更出其财物，以夸富于盗贼之前者。后言此皆内务府诸臣及左右宵人荧惑圣听，导皇上以胶削穷民为其自利之计。《大学》言："聚敛之臣，不如盗臣。"又言："小人为国家菑害并至。"说者谓："菑者天灾，害者人害。"今天象已见，人事将兴，彼内务府诸人，岂知顾天下大局，僭皇上之威，肆行胶削，以固其宠，而益其富，其自为计则得矣。皇上亦思所剥克者固皇上之民，所败坏者固皇上之天下，于皇上何益哉？使自来为人君者，日朘削其民而无他患，则唐宋元明，将至今存，大清又何以有天下乎？又言，皇上亦知圆明园之所以兴乎？其时，高宗西北拓地数万里，俄罗斯、英吉利、日本诸国，皆远震天威，屈服隐匿，又物力丰盛，府库山积。所有园工悉取之内帑，而民不知，故天下皆乐园之成。今俄罗斯诸夷出没何地乎？国帑所积何在乎？百姓皆乐赴园工乎？圣明在上，此皆不待思而决者矣云云。深论危言详尽痛切，古今之名奏议也。闻上阅竟不置一语，盖圣心亦颇感动。外间传上震怒，裂疏掷地者，妄言也。若农师去年江西任满时，以太夫人年已七十有七，常有小疾，已欲乞养归，因闻朝廷议修园籞，江西僻陋，邸报罕至，巡抚刘坤一又秘廷寄，不屑告人，师乃入京复命。先以东南事之可危，李光昭之奸猾无行，告尚书宝鋆，责其不能匡救。宝曰：君居南斋亦可言也，何必责军机？李曰：此来正为此耳，无劳相勉，遂不欢而散。上疏以后，绝不告所知，有往询者，则曰已焚稿矣。见之者惟逸山与予等一二人耳。迹其所为，可谓今之古人。自去年园工之兴，上疏者沈、游两御史，大臣惟李尚书力争之外，间则两江李总督宗羲及袁阁学保恒时尚为詹事，谢麟伯学使而已。其参劾李光昭者王少卿家璧，两湖李总督瀚章，皆据其在湖北时诡险无藉，控案甚多言之。其力陈时弊者，今年春邓铁香、陈六舟两御史先后有疏。近日李尚书及侍讲宝廷亦言之甚切，皆留中不报。

八月初一日，谕赏还恭亲王世袭罔替并载澄贝勒郡王衔，并谕停修圆明园改修三海。

《穆宗毅皇帝实录》：同治十三年八月初一日内阁奉上谕：朕奉慈安端裕康庆皇太后、慈禧端佑康颐皇太后懿旨，皇帝昨经降旨将恭亲王革去亲王世袭罔替，降为郡王，并载澄革去贝勒郡王衔。在恭亲王于召对时言语失仪，原属咎有应得，惟念该亲王自辅政以来不无劳绩足录，着加恩赏还亲王世袭罔替，载澄贝勒郡王衔一并赏还。该亲王当仰体朝廷训诫之意，嗣后益加勤慎，宏济艰难．用副委任。钦此。又谕、前降旨令总管内务府大臣将圆明园工程择要兴修。嗣朕以经费支绌，深恐有累民生。已特降谕旨。将圆明园一切工程即行停止。并令该管大臣查勘三海地方。量加修理。为朕恭奉两宫皇太后驻跸之所。惟现在时值艰难。何忍重劳民力。所有三海工程。该管大臣务当核实勘估。力杜浮冒。以昭撙节而恤民艰。

《越缦堂日记》：今日宣皇太后懿旨尽还恭王父子爵秩矣。又闻，上将以前月二十日复阅园工，十六日军机大臣、恭王、御前大臣、醇王等合疏上言八事曰：停园工、戒微行、远宦寺、绝小人、警晏朝、开言路、惩夷患、去玩好、辞极危，切矣。上出，伏谏痛哭，文祖国至昏厥于地。其疏草出于贝勒奕劻，润色之者李尚书也。上大怒，醇王之进见以死要上下停园工手诏。上益怒，今日先有朱谕尽革惇王、恭王、醇王、伯王、景寿、奕劻、文祥、宝鋆、沈桂芬、李鸿藻等人职，谓其朋比谋为不轨。故遍召六部尚书、侍郎及都御史、内阁学士，将宣谕，两宫闻之亟止。上匆下园出见军机大臣、御前大臣，慰谕恭王还其爵位云。

《桐城吴先生日记》（九月初五日）：逾日（八月初一日），复草革醇王谕，不知何人驰恳，忽传旨召见王大臣，不及阁学。时已过午，九卿皆已退直，惟御前及翁傅直，入弘德殿，见两宫垂涕于上，皇上长跪于下，谓"十年已来，无恭邸何以有今日？皇上少未更事，昨谕着即撤销"
云云。

骘哲按：李慈铭日记有误，十六日恭亲王等所上原折只有
畏天命、遵祖制、慎言动、纳谏章、重库款、勤学问六事，非八
事。八月初一日尽革惇王、恭王、醇王、伯王、景寿、奕劻、文
祥、宝鋆、沈桂芬、李鸿藻等人职亦不见有官方文献相印证。

翁同龢来，谈钟鼎古文奇字。

《翁同龢日记》：出门谒客，送李若农，谈钟鼎古文奇
字，不觉久坐，巳正归家，则苏拉送信被召，急驰而入，已
散门矣。至内务府朝房，请兰孙出，告以故，并问须请处分
否，本无书房，不请处。即出。是日本四起，一军机，一钱宝
廉，一宝珣，两人请安请训者也。一六部堂官及阁学。俄顷，
撤钱、宝及六部起，添召军机、御前及臣龢，龢既未至，待
良久，比入则两宫皇太后御宏德殿宣谕诸臣，念恭亲王有任
事之勤，一切赏还，上侍立，亦时时跪而启奏，三刻毕，并
谕李鸿藻传谕臣龢，讲书当切实明白，务期有益。明发一
道，复恭亲王亲王世袭罔替及伊子贝勒。

八月初四日，李慈铭来函，为潘鸿请同行，复之。

《越缦堂日记》：作书致若农师，为潘凤洲请同行也。
得复。

八月初八日，徐桐饯公于松筠庵，同坐者翁同龢、潘祖荫、
黄钰、广寿。

《翁同龢日记》：午赴徐荫轩之招于松筠庵，饯若农，
又为余洗尘也。潘伯寅、黄孝侯、广绍彭皆在坐。浼若农书
扇，晚散。

八月十三日，翁同龢来。

《翁同龢日记》：晨拜客，晤朱修伯、李若农、赵宝斋、俞幼兰。钟颖，新分吏部七品小京官。

八月十八日，李鸿章奏结李光昭案。

《翁同龢日记》：李鸿章奏结李光昭一案，定为斩候，贵宝查无交通情事，笔帖式某私自出京革职。诏如所奏完结。

八月见《四明本华山庙碑》于崇实处，借之与《顺德本》对勘。崇实亦来观《顺德本》。

《崇实顺德本华山庙碑题跋》：同治甲戌秋八月，完颜崇实观于京师半亩园泰华双碑之馆。

骛哲按：另参见《李文田长垣本华山庙碑题跋》、《李文田顺德本华山庙碑题跋之一》。

九月初八，瑞麟死，英翰任两广总督。

九月，离京。

骛哲按：参见《李文田长垣本华山庙碑题跋》、《李文田顺德本华山庙碑题跋之一》

十月望，过杭州，于梁敬叔处见《华阴本华山庙碑》。

骛哲按：参见《李文田长垣本华山庙碑题跋》、《李文田顺德本华山庙碑题跋之一》

十月廿四日，到严州，晤宗源瀚，见《长垣本华山庙碑》。

《宗源瀚顺德本华山庙碑题跋》

长垣本后有甘泉汪憙孙跋，云旧藏祁门马氏宋拓本有孙渊如跋语，知三本之外不少星凤。三本流传有绪，马氏本焉知其尚在人间耶。仲约学士于甲戌冬过严，出此见示，且与《长垣本》并陈细校，密书满纸。学士之告归风采隐然动天下，瀚何幸得见之。长垣本之在瀚处寄焉而已，又何幸而并见此本。学士数月而见三本，奇矣。瀚之自奇过于学士。学士其许焉否耶？上元宗源瀚敬识。

《李文田长垣本华山庙碑题跋》

此碑后有汪喜孙跋，述祁门马氏宋拓不全本。此本由马氏归江宁，伍诒堂福伍与孙渊如善，故孙得跋之，严铁桥亦跋之。见所漫稿中，伍售之张古余敦仁传其子子絜荐染。同治壬申予从江西买得之，始知马本先为金寿门物，即吴山夫《金石存》所谓钱塘金寿门有此本者也。吴不云金本有佚脱而伍氏收得之时已脱两叶亡九十六字，计当在半槎家散失也。同治十三年文田告养南归，于八月始得见四明本于崇朴山尚书家。九月渡海。十月过杭州，又在梁敬叔观察所，得读华阴本。十月二十四日舟抵严郡。湘文观察来守是州，招燕郡楼又获见此本。眼福至此可云厚矣，而先后仅三阅月，岂非奇事。既辛长垣本之得所，且马氏玲珑馆本亦从此可以讲于人间矣。是日夜漏二下，顺德李文田。

《李文田顺德本华山庙碑题跋之一》

同治十三年八月文田告养，将出都，始从崇尚书家借读《鄞县本》，略记其剥蚀之异同。十月望日到杭州，又从梁敬叔观察处得读华阴本。复记之。同月廿四日舟泊严州晤宗湘文太守，太守招文田饮郡楼中更获观长垣本焉。天下三本于三阅月内见之，岂不异耶？文田记。

骘哲按：所谓《鄞县本》即《四明本》。

十月廿六日，跋《天发神谶碑》。

《天发神谶碑书后》

右吴天发神谶刻石，相传云皇象书。《吴志·赵达传》裴注引《吴录》曰："皇象，字休明，广陵江都人，幼工书。时有张子并、陈梁甫能书，甫恨逼，并恨峻，象斟酌其间，甚得其妙。中国善书者，不能及也。严武围棋，宋寿占梦，曹不兴善画，孤城郑妪能相人，及吴范、刘惇、赵达，世皆称妙，谓之八绝云。"今按皇象卒年不可考，然吴范卒黄武五年。刘惇占星，赵达推步，皆在孙权之代，并见本传。又《吾粲传》，粲以鲁王霸谮诛死，事尚在赤乌十三年前；而粲传注引《吴录》曰："粲生数岁，孤城妪见之，谓其母曰，'是儿有卿相之骨'。"则妪及见粲少时，其年已老。诸人皆生长建安，皇象独优游天玺，此可疑也。又《孙琳传》注引《文士传》曰："华融，字德蕤，广陵江都人，祖父避乱，居山阴蕊山下，时皇象亦居此山，吴郡张温来就象学，欲得所舍，或告温曰，蕊山下有华德蕤者，虽年少，美有令志，可舍也。温遂止融家，朝夕谈讲。俄而温为选部尚书，乃擢融为太子庶子。"考温传，病卒，年近四十，亦在权代。夫张温、华融，齿望既非象比；郑妪、赵达，享年多讫权时。侪辈上逮于建安，踪迹便乖于泰始。况吴之天玺，晋已咸宁，谓曰象书，兹为未确。此如汉碑绝妙，图经便属于蔡邕；魏石犹存，题记必归诸梁鹄。夸异之言，不足信也。同治十三年十月廿六日，顺德李文田。

十二月初五日，穆宗崩，年十九。

《穆宗毅皇帝实录》：上疾大渐。酉刻。崩于养心殿东暖阁。

十二月初八日，谕停三海工程。

《谕三海工程即行停止》：

同治十三年十二月初八日钦奉慈安端裕康庆皇太后、慈禧端佑康颐皇太后懿旨：所有三海地方一切工程，无论已修

年谱 光绪元年 / 151

未修，均着即行停止。钦此。

同治末年，公曾弹劾大学士两广总督瑞麟贪婪。

《行状》：公于同治末年曾疏劾相国瑞麟贪婪。

德宗光绪元年乙亥（1875年） 四十一岁

正月初四日，朱学勤卒，年五十。

《越缦堂日记》：有客来，言朱修伯病卒。

正月廿五日，命左宗棠实力筹办西征粮运事宜，并命景廉、金顺激励将士，迅复乌城。

五月十二日，总署对法声明，越南为中国属地。

七月，以《顺德本西岳华山庙碑》示陈澧。

《陈澧顺德本西岳华山庙碑题跋》

仲约学士见示此本，云欲访求残本，以补其阙。余尝见高要何伯瑜有残本，有阮文达公跋，谓碑额篆字似旧羊毫笔拖成。可谓妙于形容。今伯瑜客游京师，学士盍寄书访问之，或有此本所阙字，取而补之，则大快事也。光绪元年七月，陈澧题记。

余昔在灵伯材舍人斋中见此碑一种，今三十余年矣。其有残缺否不能记忆，惟记有黎二樵跋，云：生平见此碑二本。然则灵氏所得本之外当有一本今或在粤中，未可知也，宜访求之。澧又记。

八月初二日，英翰褫职，刘坤一授两广总督，时广东巡抚为张兆栋，按察使为周桓祺。

八月廿三日，杨庆麟任广东布政使。

光绪二年丙子（1876年）　四十二岁

二月初三日，郭嵩焘问徐树铭京中人才，论及公。

　　《郭嵩焘日记》：晚诣徐寿蘅谈，求问京师人才。寿蘅举五人：一谢盂余侍御增，住珠巢街，扬州人；一李莼客比部慈铭，住保安寺街，浙人；一张延秋水部南山先生之孙，其兄张太史清华也；一王莲生；其一周叔昀太守星兹，现外放知府矣。其张香涛、李若农、谢麟伯、王逸吾、吴慕海、钱麓仙、许鹤侪者君，为所素知者，不复开列。

四月初三日，刘锦棠西征。

十二月，书重修天后庙碑。

《大清光绪二年重修天后庙碑》

　　惟天后以神女显迹海邦，捍患御灾，无远弗届。法食祝号，率土为一。矧惟吾粤，事鬼最笃，亦惟佛山实西北江之冲，岁有滥泹忧。陆而稼，水而桴，危安吸呼，人事穷矣，非神其奚依！兹庙肇兴明庄烈朝，圣清临元，乾嘉再修。廛里祈请，应时有验。从今以来，愿不加饰者逾七十载。栋蠹庭茀，灵象蔽翳，明神弗躅，达识重焉。岁二月初吉，有事于庙。自命家以讫齐氓，咸盱顾方皇，一口言曰：失今不治，后其有悔。粤若来三月，谨择干愿，敛材属役，遐迩响效，输辇踵接，斫碻匋塓，具中程准。八月既望，工告毕功。门除亢爽，宫庑揭蕃。万目谛料，若丧前址。乃卜良日，创珥桔神，肃奉还御，成礼以退。既退，则相与请词于致仕鸿胪寺少卿梁僧宝字颖倩，而乞在告翰林院侍读学士李文田字仲约书，而携诸石，在十有二月龙集丙子，皇帝即阼之二年。

其词曰：嗟嗟神后，均德八方。胡勿我先，郫我水乡。庙于栅下，以候以禳。二百五十年，三拆旧宇，以底大光。鬌稚男女，奔走祠事，循礼有常。亿祀奉则，神其永享。以福民无疆。

十二月十八日，刘坤一复函告知缉捕盗匪之布置。

《复李仲约》

昨日晡祗奉台教，领悉壹是。当经饬送各当事共阅，一面妥为筹划。今晨与司道及中协、府县面商，适香山协、阳江镇亦来省，详询情形，若不痛予创惩，诚如来指，"将来酿成巨患"。现拟调兵轮四号，另载练勇三百人，责成香山协吉副将、顺德协利副将管带驰往掩捕。弟复选派可靠将领，偕往督办。无论该盗等人入山出海，务须跟从追剿，一网聚歼。大约明下午或二十日早便可启行。日前利副将在省，曾面禀此股盗匪于初五夜行劫均安墟，并称人数颇多，请与香山协及节参将合力剿办云云。然尚不知如是之披猖也。所可怪者，地方守令若罔闻知，迄无一字禀报。已令南海杜令函致香山、顺德等县，一俟兵轮入境，即带壮役并督团练，帮同陆勇围拏。至该盗首既承示姓名籍贯，即使免脱，将来亦无难购获也。

再，今日阳江镇与香山协解来盗匪三十余名，且吊放被掳难民九名，即系此股伙党分布在别处者，并以奉闻。

光绪三年丁丑（1877年）　四十三岁

光绪三年正月三十日，总督刘坤一执行"就地正法"前复审，刑犯有李文田族人两名。

《杜凤治日记》：未明即起，微明即赴督辕，谳局承审委员晏画舫暨菊人为正审，余亦皆陆续到官厅，俟司、道到齐，差人往请抚台（运台请病假不到），抚台到，与制台先在内堂提讯各犯（此系制台主政，菊人与画舫等恐犯翻供，犹在佐杂官厅顺供翻异。予与敦斋闻用刑，即唤菊人来，与言："此时刑讯已无益，如要翻供，犯早立意图翻，畏刑供认，能保其进去不翻乎？是在大府问讯如何耳。如大略一二语，讯其大概，犯无所用其翻。翻亦不听。如制府欲博慎重之名，逐犯照供细讯，则今日之事未可知矣。"其实既设臬台专司刑名，又有首府承审，又有局中承审委员，推敲多堂，讯非一次，各官皆有天良有儿孙，岂独制台一人存良心、不肯草菅人命慎重其事？大臣不亲细务，如果皆应逐犯照供细讯，恐亦日不暇给。四月间秋审将到，逐犯细讯无犯不翻，将奈何？菊人等面回臬台，请其转禀制台："此帮盗犯俱系老贼，切不可逐犯照供细讯，倘在两院案前翻异，今日之事势难下台。"臬台谓然而未回），时仅巳初，制台先提十名，逐犯照供细讯，第一名黄文楠即翻。抚台自始至终一言不发，唯于黄文楠翻供时大声言："实在狡极，案情确凿，翻到那里去？"制台则十犯一班讯完，一班必须六刻工夫，至未将正，四十九名俱讯毕，犹幸仅有八犯翻供。制台讯毕后又提翻供之八名复讯，认回一名，其七名则必不肯认矣，亦用刑责，仍然不认（制台刑讯从未见过，可称新闻）。请臬台进花厅，两院退堂同见臬台，谓："既如此，其翻供不肯点指模者只可暂留再讯再办，先将认供之四十二名请王命斩决就是。"臬台回制台："大堂还须过堂，不可再详讯矣。"制台言："尽可不必讯。将犯点名牵过堂下，即交两县监绑可也。"臬台出来谕两县及局委员先将翻供之七名（内南监五名、番监二名）仍押回收监，即发鼓伺候升堂。今日伺候之司、道、府、厅、两县、委员以及首领各佐杂官均不料迟至申刻尚未竣事，枵腹而来，无从得食。本府、两厅、两县于署前买烧饼、油条大嚼救饥，人人叫苦，幸而讯毕，发鼓升堂已申酉间时候（人谓犯中有二李姓者，系李文田从兄弟，又有亲戚数人，大翰林有如此宗戚，好不体面，李文田向制台言欲救此数人，故制台有心欲开脱之。既设臬台、首府、谳局，如果不信此数官，何必靡费帑项设官分职？可以裁撤，专归制台过堂细讯。如谓承审官不可裁撤，则似尚属可信，则又何必如此费心此举？在宪台自谓慎重，而其自相矛盾，真堪失笑也）。两院出大堂升座，司、道、四营府厅县参堂毕，尚未带犯，予与敦斋同出至辕门内西边设座，俟内过堂带至案前，一一点名绑讫，共四十二犯。（俱斩枭）武营督兵押犯先行，两县随后，出归德门（不准出正南门，向例如此），首府、广协邓监斩，已到多时，（臬台照例监斩，向来不到）专候王命下来，中协尚请令，转交与都司朱骑马奉王命牌，中协尚、大厅黄、游府余俱随令到，都司不下马，各官少坐，都司传令开刀，立马看行刑，不及一刻俱办竣，回马即行诣辕缴令去，各官亦陆续散。

鸷哲按：当日，总督刘坤一执行"就地正法"前复审，杜凤治以为没必要，并认为刘此举因李文田想开脱两名李氏族人。

三月廿日，刘坤一来函。

《致李仲约》

敬恳者：

昨承左伯相为先赠公拟寄墓碣一篇，格老气苍，阔深肃括，泃属佳构，必须仰求橡笔特书，方足以称双美而镇不祥。谨将季相原函原稿及篆额送呈台览，务望俯如所请，于暇时一为染翰。先赠公九京戴德，讵独小子铭感于靡既哉。

另奉上老伯母茯苓两匣，系滇中寄来者。便愿福寿如陵，藉申祝寿之意。

至先赠公行状、墓志及曾文正、江忠烈两公赠作，容续录呈。

四月，清远石角围冲决。

《杜凤治日记》（四月初七日）：清远石角围冲决，其水直冲县属之三江、金利、神安、番禺之慕德里司，近日虽不常雨，而水日涨，西关各处大半被淹，深者七八尺不等。

《行状》：光绪三年丁丑，北江水涨，清远石角围缺口。公筹款赈恤。

《岭南画征略》：光绪三年江北潦涨，清远石角围决口。文田建议修补旧堤，粤督刘忠诚公坤一题之。文田躬亲督工，修筑巩固，迄今数十年无恙。

四月廿一日，杜凤治来拜。

《杜凤治日记》（四月廿日）：广府于上灯时差人来问："覆试已开门否？如已竣事，于七点钟前请去有事面商。"予俟至戌初去，则敦斋已到府见毕回去矣。即刻进见，仍为请众绅面议修筑石角围事，医日间陈古樵来言："既请众绅，应请李若农（文田），现在西关之事，若农颇说得起话，马云湖等不足数也。"子立向亦为若农诽毁、凭空污蔑，心不善之，兹为古樵一言，以为只要于公事有益，何敢计较私怨？惟既请若农，不得不请檀浦。古樵又言许涑文已归，亦应请。予谓："既请檀浦，亦乐得请少亭。"予并将前日单见制台禀明，府、县先拜众绅，继请至府，定于廿二日议事。制台大声称好，甚以为是，并言诸君议妥与我一信等语回明。子立本因敦斋言为拜客赶不及，拟改二十三日，兹言既制台已知准定廿二日，不改矣。予又禀："李若农喜无故于制台诽谤人，制台不听，不自知耻，尚觍然常往谒见。我们两县因其非南、番绅士（顺德人，寄居西关宝华坊），向无拜往。如此应先往拜乎？"府尊言："我此番回任亦未拜之，大家为公事有益，伊喜毁人，何足计较，不必在心，且办公。"予自思不能如此包容，未免小存意气，本府竟能俯视一切，不较小怨，真不可及。既本府以公事为重，明日往拜就是。……若农谓子立大是要钱手。谓子立为刻薄，谓子立为势利，谓子立为疏傲无不可者，而独以贪字加之，则通省、天下无一人信者也。李若农独信之，且时向制台、次园言之，则其识见亦可知。

《杜凤治日记》（四月廿一日）：先至皇华馆拜寿，一路顺道拜梁檀浦（粤华书院）、梁少亭（禺山书院），安良局陈古樵、梁芷卿，又一洗姓，乘便回拜各客，拜会许涑文，回拜许子双（寓涑文家），谈刻许。予言今日为明日议石角基围事拜各绅士，尚须出西关拜李若农去。回署先发大案，下午再出西关（西关已去拜过，因未拜李探花，今日不得不去一拜）……下午又出西关，为与李若农从无拜往，明日请他议事，不得不为伊一人特出西关一走。住在宝华坊尽头，闻说若农虽顺德人，久居佛山，此次告养回籍，新建此屋为奉母地。到伊门首，予本不欲拜会，适亦出门去，留帖而返。询知今日梁檀浦、李若农、马云湖、梁少亭、伍子星均相约同见两院，盖亦为石角围事也。西关目下大绅以梁檀浦、李若农为巨擘，而二人各存意见，梁欲独揽大权，谓李非西关土著，寓此不久，人地生疏，何得预此大公事？而李颇与爱育堂绅董接洽，此次赴清远赈济，爱育堂为之，实李主其议。爱育亦心服若农，若农初心颇愿管理兴修事宜，嗣见檀浦摈之，且有后言，以故退让不前，若农退让而爱育堂亦遂不踊跃。若农偕众见两院，闻知众人哓哓辩论，若农不发一言，见两院后拜本府不值，即往见番禺，言二十二日府中议事之局必不能到，尚有言语，过数日后见府尊再说。敦斋言二位一省之望，岂可缺一，还是和同办事为是。若农力言有檀浦主持其事，一夔已足，可无须我云云。可知梁、李之意见深矣。予既出西关，又顺拜梁星藩、檀浦，又拜文澜书院官绅、爱育堂绅董而归。

四月廿二日，杜凤治招集梁纶枢、梁肇煌、陈澧等会议石角围事，公与爱育堂司事陈桂士缺席。谒刘坤一，议石角围事，坐有梁肇煌、马云湖等。

《杜凤治日记》：未刻诣府，梁星藩、梁檀浦、梁少亭，文澜书院绅士马云湖、伍子星，义仓史穆堂、陈兰圃，又一老者八十余，似姓王，亦义仓绅士，安良局陈古樵、梁芷卿，又郝姓孝廉（三水人，己亥举人）。爱育堂到者两人，一唐姓，（本府常常说及，云此人亦在洋人处当买办出身，名某号某，予不能记忆。今日见之，唐姓人云认得，与予曾见过，不记何处曾见也。）惟李若农不到。陈桂士（号瑞南）在爱育堂司事，与若农一路，若农不到，伊亦不到。许涑文之不到则以无伊事，初无意见者也。苏赓堂少君仲新亦不到，亦以无伊事故。檀浦到即侃侃而谈，意在急修，准于二十五日西关开局办事。穆堂、兰圃、古樵、芷卿诸君子无所可否，谦让未遑，云湖、少亭与檀浦同来，唯檀浦是从。爱育堂绅士现在尚到各处赈恤，本以踊跃名者至此亦退让。今日所议须先详察该基可立时抢修否，可修固可保全晚禾，倘不可修而勉强为之，西水涨发半途冲决，尽弃前功，集资不易，忍付洪涛巨浪中乎？因此且不议如何集资，惟议明后日即禀各大宪委明干大员驰往详勘，修与不修即此定见，需帑若干亦可大略估定，绅等亦另遣人去。星藩后到，到时檀浦已去，临行惟言因如何经理，令舍侄出头设局办理可也。檀浦气焰万丈，即其八十八岁之伯父亦让之矣。而制台原定主见，则必欲星藩主持局事，亦欲李若农出来襄办，檀浦倒不在意中，少亭则更无论，而檀浦则必欲大权独揽，制台亦无如之何。

《杜凤治日记》(四月廿三日)：两院仍挡衙门。制台昨晚饬巡捕知会，今日九点钟时传见广府、南番二县。辰刻即去，本府、番禺刚到官厅，候见者甚多，挡而不见者已不少，尚有五六人同班进见，陈子厚解京饷晋京引见辞行，亦预焉。制台传府、县所言皆石角围事，总之堤工固不可缓，唯此时西水未来，修筑兴工恐致全归乌有，事非小可，不能不慎重。为雇工乃第二紧要事，如二三万或三四万可以成功，则制台现捐五千金，即日后添捐几许，只要于民事有益，一万八千亦所不靳，倘工程在十万八万以外，则杯水如可济事，亦须先为筹算，言之絮絮，亦未与他人一言。进见时子翁与予商所有商办事宜，我们三人留后细回。予见制台言之不已，即言："尚有要言，少待再禀知。"制台方看手本履历，将同见诸官应酬数语，举茶送客，府、县三人留后。子立与予同回："目前工程，晚造攸关，断不可缓，惟可动工与否及共应若干银两方可蒇事，亟须委明干大员前往查估，坐火船去四五日可以回省，即开工矣。"制台谓然。本府又言此次往查非方守功惠不可，制台言甚妥。又言及西关梁、李二绅不睦事，制台言："前日檀圃、若农差人来为石角围事，次日来见，予正腰疼，甚不愿见，又以公事紧要不得不见，允其次日来，及昨日来者梁檀浦、少亭昆季，李若农、马云湖、伍子星五位。檀浦侃侃而谈，予料若农必有一番建白，那知一言不发，予屡挑之，亦唯唯而已。至于工程用款，檀浦言需银八九万之则，云湖则言二三万数，两人所估相去真有天渊之隔，迨云湖见檀浦有八九万之说，不得不向上增，檀浦见云湖所估只二三万，似乎己所估过多，亦不得不向下减，一增一减如买萝卜小菜然。云湖增至四五万，檀浦减至六七万，两人又互相迁就，遂定作五六万之数，殊令人不值一笑，可见二人所言全靠不住也。如是，则估工定价之举其可缓乎？惟众绅所言，工固不可缓，而此时西水未来，设工方及半，西水盛涨，将所有工程尽付之洪涛巨浪之中，岂不可惜？则前往察看情形、博采舆论之举亦不可缓，此见众绅皆同。檀浦言："必须在西关开一局方有责成归宿，定于二十五日在文澜书院作为公局，即开手办事。"予无他言，微言："曷不俟详勘估定回来事有端倪再开局乎？"本府接口言："昨日檀浦行时，颇闻有明日即开局之语。"制台一闻此言，急言："檀浦何如此冒昧？事无头绪开局何益？其中更有可虑者，檀浦估工程八九万之多，急欲开办，意在抽收城内外房租一月，伊亦曾与予道及抽房租一事，予谓此事曾经众绅公禀，又与司道妥商，均谓窒碍难行。此即古之间架税也，兵临城下、急切无饷、万不【得】已而抽收，今何至是乎？檀浦前日亦言及此，予固不便允抽，却亦未尝力阻其不可抽，何者？设工程真需八九万，我们现筹不及半数，经费不足，又不令抽房租，事必中败，伊将有言谓制台沮止修围工程，我肯受此名乎？现在伊急于明日开工，伊见我未尝有沮抽铺租之言，必当众倡言谓我奉制台谕抽收铺租兴修石角围基，不大糟乎？事非同儿戏，必须设法沮之，不令开局，不令抽铺租为要。"予回："西关绅士欲抽铺租已非一朝一夕，邹梦南言之津津有味。邹为檀浦门客，互相推赞，必欲得此而后快，而不顾大体、不畏人言，耸动各宪，欲以官威临之，庶几得遂其私。如各大宪必不准行，即大京兆亦无可奈何也。"制台言："檀浦服阙晋京，方伯目前可得，如圣眷优隆，督抚亦可放，何尚卑污不知自爱如是？"制台尚欲请李若农出头办事，冯府尊力沮，谓如此则梁、李更如水火，定然决裂矣。制台唯以檀浦廿三日开局及抽收租一事，唯恐其于开局时大言奉督宪谕抽收，谆嘱予出去务善为消弥。又言："委方守查工，照例应藩台下札，诸君何不往告抚台，再诣藩署述予与抚台意，请其即刻下札，俾方守乘火船即日可行，早去早回，可以开办。"举茶送出，至二堂拱篷下又站住谆谆以檀浦今日开局及抽铺租为念，嘱而又嘱急为料理。

……未正出西关，顺道谢寿，先到文澜书院见郑蓉江，又差号房持手本至梁檀浦大人家问在家否，为言即刻来禀见。号房回云梁大人在家，云即请过去。予起身即到，檀浦向来老屋斜对门（老屋被乃兄肇璟一人专去，伊兄居长，檀浦居次，三早卒，少亭居四），进见檀浦即言："今日四舍弟、伍子星、邹梦南及爱育堂二司事已同诣清远履勘情形、可否兴工及估工程如何。"予亦【告】以已委方柳桥前往查估，大约廿六日可行。谈及修围事，予谓："李若农何故退让，廿二日亦不到？"檀浦微笑谓："渠居西关未久，情形亦未甚熟悉。"予询拟何日开局，檀浦言准定廿五日。在文澜书院乎？檀浦言："书院地窄，无比闲房，拟设在华林寺或长寿寺，尚未定。"予言："冯子立云廿二日闻大人言廿三日开局，是否子立误听？"檀浦言："原定廿五，无廿三之一说。"予又言："现既有局绅偕同爱育堂司事前往，大宪又委员去查估，可否俟查估回来，看是如何工程再开局似亦非迟，不必定是二十五日。"檀浦人亦爽快，说话如流，快而且多，滔滔不绝，见予言必有因，虽未明说奉制台谕，断非无故，即言亦可到时再定地定日。予又微言："抽铺租一事似非盛世所宜，何妨留以有待？现在究非军国有关、民生攸系、急不容瞬之事，如委员估工回来不过三四万金，目下约略计算，且有制台巨款（捐五千全外，尚肯捐万金），可无须劝捐。倘为数实巨，非劝捐不克集事，则城内西关绅富店铺不计多寡，随缘乐助，亦可成事。抽铺租虽亦常事，窥大宪意似未为可，请永远勿言铺租何如？"檀浦人甚瞭亮，知予特言及此，是必制台有话，故亦慨允将来即设局亦勿言铺租，则铺租一事可以截止，予得此言可以禀复制台，即起告辞。

鸷哲按：由《杜凤治日记》可见，李文田对西关影响较原十三行家族的大绅马仪清（云湖）等大得多。杜凤治原将李文田视作侨居西关的外籍绅士，并未拜候，且认为李文田在刘坤一处诽谤过广州知府冯端本和杜凤治本人。刘坤一此时，本想由88岁的梁纶枢（星藩）挂名主持救灾机构，李文田副之而实任其事，但因十三行家族的在籍大绅梁肇煌（檀甫）揽权，不愿李文田参与西关本地公事，而无可奈何。不过，爱育善堂的绅商仅服李文田。李文田不参加知府召集的赈灾会议。爱育善堂亦不参加。后来爱育善堂赈灾清远，也是李文田的主意。

五月初八日，刘坤一命广州知府、南海知县调和梁肇煌、李文田关系。

《杜凤治日记》：内忽传呼请两县，急进去，与司道同见。制台言："连州大水，藩台说备四千银委宋邦倬去抚恤，已说定，且莫论我之急急者，为梁檀浦兄弟独霸西关局，邹梦南为之羽翼，乃伯父不发一言不出一意，马云湖、伍子星随声附和，苏赓堂及子仲新、李若农则远避不遑，不肯到局，檀浦亦不愿其来。李若农（一号仲约）不到，爱育堂各首事则心服若农，亦坐视袖手，爱育堂一不管，则捐项断难兴旺，捐户亦断不踊跃，如此，捐局开之何用？现在如仅石角围一处，经费亦已足用，所虑三水、清远、从化、花县各处均有坍卸，纷纷递呈求赐帮项得以修补，连州事又来，又不知得几许银方可抚恤周遍，全仗西关捐局兴旺得有余赀，波及他邑。乃绅士不睦如水火，必致误事，误局事无关重轻，其关系于数州县之赈恤者大非浅鲜，则惟有调停绅士令其同心办事，或于捐项有济，此府县之责也，本府今日以考试不能来，二位来亦是一样。查三水、清远、从化、花县皆广府属，本府应管之事，两县亦应帮同本府料理，亟思所以调和之法，俾于捐项有益为要。"予唯唯，并回："递禀请助费培修基围者，不但清远等数县，即南海属各乡村者亦复不少，大凡基围有崩卸之事，地方飞报巡司，巡司立报本县。兹各巡司无一详报，而各乡村纷纷呈报崩缺基围，惟所报多则二十余丈，少则不过数丈，可知皆是虚捏。广省人情趋利，闻上宪有助饷兴修石角围之举，以为乐得乘此禀请发帑，即不修堤亦可公分肥橐，即不侵蚀，而各基围偶有浮松浅薄之处得此培补巩固，恃以无恐，惟恐捷足先登，被他人争先攫去，己落后向隅，此捏造堤名目请帑培修之所以纷纷也。现来递禀者，禀中虽未便批驳，亦未批准，饬令集资速修以卫晚禾，库项支绌，发帑一节碍难准行，即如来辕禀请者，请大人亦勿轻批领帑，使彼无所希冀，日后捐项有余，每一处给与数百金，不必过多，则得于意外喜不自胜，而于基围田禾亦实有益。"制台点头谓然，且言："禀已不少，我无一批准，请二君来，一为石角围，一为捐局劝捐。石角已交绅士兴工，姑勿容议，劝捐一事最要务，与本府商确，俾梁、李二绅同德同心，爱育堂亦肯助力，是在本府与二君之善于开喻调停耳。"

《杜凤治日记》（五月廿一日）：出，又至府禀见，先呈余信，予询早晨檀浦久坐所谈何事，立翁言：檀浦谓："有一日李若农忽到局，众以为异，忽向我言：'老前辈最是聪明绝顶之人，为何此次设局修筑石角围不请爱育堂承办其事？而为所难为，且必欲将爱育堂屏而远之，如绝之唯恐不甚者，何也？'我亦未与分辨，含糊答之。"盖檀浦首办此事，为邹梦南耸动，其意专在收派铺租，迨制台不肯收铺租（制台全推之府、县身上，谓铺租之不收，府、县不允也，畏檀浦故推府、县，见于亲笔批词），事难中止，西关公议亦谓非爱育堂不能擎此大举。檀浦、少亭于心不服，谓我梁氏西关旧族，代有显宦，安见不及一爱育堂者？况李若农（一号仲约）与爱育堂勾连一气，亦昌言非爱育堂不能办此。梁氏愈不服，不欲李若农进局者亦为呕气，屏李若农即所以屏爱育堂也。李若农此时到局必欲质之檀浦，究问不用爱育堂之故，意谓此时犹可用之，其心尚为公事起见，非与檀浦争踞局也。此时即星藩老人亦因其二侄势强意定，故亦退后缄默不言。由此观之，恐檀浦大有办不动之势，伊前曾有言西关各大铺各大家劝捐，尚求官助，目下虽不及此，恐日久不免胁以官势也。本府听檀浦言若农事急，询看现在光景，大略劝捐可至几许。檀浦先曾言可捐至万三四竿之则，今日则言大致万金左右或可几及。过了几日少了数千，再过几日，必又将减，则劝捐之难，檀浦自亦知之矣。檀浦等未尝不向爱育堂劝捐，爱育堂于此不能不捐，签题千金，该堂为此次水灾费款不少，即如连州大水，并无人往劝，该堂自汇二千金到连州交与州牧余君，连州尚捐二千，而西关局捐只千金，其不足梁氏兄弟之心及不肯出头帮助之意彰彰明矣。本府前曾与予商西关局绅意见不和之故，予力言爱育堂且置之，俟事有头绪，我们当道有司亲往拜他面劝，彼既得脸，自必肯出头尽力。本府将此意禀知藩台，藩台允亦屈尊往拜。本府先作函与陈桂士及该堂众司事劝其帮助，已得回信，本府与予看，信中一味推诿，且言欲签集若干银两，除目下三水、清远、从化各县赈恤用去外，仅存三千一百余两。兹连州汇去二千金，西关局未签捐已捐千金，已付交，则存款仅余百余金，无能为力矣，推诿之言似甚决绝。予阅而大笑，谓："该堂之款岂止此数已哉？即止此数，独不能再签乎？信中口吻仍是满腹不快，况连州尚捐二千，而石角大工只捐千金，伊自亦说不过去。此时有木子①在中为祟，

---

① 木子：指李文田。

必不肯一拍即合，藩台如肯屈尊从容调理，府、县于中再向劝喻，使彼知当道大宪及府、县已明鉴其不出之心、不捐之故，不如梁氏兄弟之屏之逐之，且欲与梁氏兄弟争胜，使其知大宪、有司尚如此优容，自蹶然兴矣，且置之后再议耳。"唯梁氏兄弟有一日往见制台，无见，呈手折，谓水冲沙塞，工程日久愈大，若先修现倒之围，为保护目前晚禾计，则须多费万余金，将来冬涸修筑旧日围基（旧基坍后多年未修复，今檀浦拟筑旧围，以为一劳永逸之计），则必需四万余金等语。制台自方柳桥勘后回禀，以为全工告成万二千金足而又足，再扩充之二万元绰绰有余矣，心中已有成见，现捐已足敷延，见梁氏手折，不禁骇怪，次日传司道，谓我心被檀浦等弄得迷迷离离，不得主意，究竟如何，连问藩、臬二位皆无决断之语，无成议而散。两司见予言及，臬台仍执交与地方官何令办理，清远亦有绅士，一交地方官，必肯出办，自有一定数目。藩台意以为既交与檀浦等，伊用若干，任伊办去，哪怕用十万二十万，只要伊捐得此数，任其开销可也。本府谓："如费万金可保晚禾，必成此举，如靠得住最为紧要，晚禾所得岂止数十万金，以万金换数十万金何乐不为，况数十万生灵嗷嗷待哺在此，则晚禾关系非轻，此举不得不回明两院，令其照行。"予大谓然，力赞行之。

《杜凤治日记》（六月初六日）：（杜凤治）言见制台，奉谕日前见苏赓唐，甚觉愤愤不平，谓梁檀浦霸占，一人（与其弟）办局务究属何心？大公祖虽与有世谊，亦不必事事如其愿。制台言矩亭先生不过于其时考列一等，亦不算真正世谊。苏又言："大公祖亦不必怕他，他即进京，何能作祟？你怕他作督抚，此人断不能作督抚的。此次霸管，难道真想于中渔利？檀浦固不足论，更有梁肇晋少年荒唐，本不更事，又复恃势妄为，人言藉藉，公祖不闻乎？李若农云为檀浦年长，又为翰林前辈，不得不诸凡让他，如果论年岁，我年更大，我尚与伊尊人矩亭交好也。若论翰林前辈，若农固后辈，而我则伊之前前辈也。渠竟目中无人，毅然为之乎？我为与矩亭同官相好，甚为檀浦兄弟惜，非惜檀浦兄弟，仍为伊尊人矩亭惜耳。"赓堂言之叨叨，大觉不平，制台见檀浦甚谦抑，一句半句重话都不敢说的，欲本府转向檀浦言及，令檀浦知赓堂愤不可解。此事初一日庙班已略言之，欲本府往言，本府迟时不肯：人家不愿听之话，制台如此分位不自向说，要我转说乎？本府今日言初意必不说，既思不说，日后制台问及如何回答，不得不去一见檀浦。昨日见檀浦，已大略言之矣。

《杜凤治日记》（七月初九日）：本府言及制台又不知听何人言语，疑梁檀浦承办石角围事虚糜帑项，不自经理，所托非人，工上亦无督修之人，大不恰意，作信与本府令告檀浦。本府将信与檀浦看视，檀浦一见自然不肯任咎，然亦未必如或人所言（必李若农也）。与本府复函，备述历来如何办理，无纤毫对不住处，既大府见疑，惟有求退让贤。本府将两信均与予看，制台耳软又无主意，承意办事者难哉！

骘哲按：李文田劝梁肇煌多依靠爱育善堂捐款救灾，但梁主张征收房捐解决经费。梁意似在要维护西关旧绅势力，但征收房捐之法遭商界反对，官员亦觉不妥。因梁肇煌强势，爱育善堂捐款不积极。同为居住西关的外籍大绅苏廷魁，也对梁氏家族垄断西关事务不满，支持李文田。

六月十四日，佛山疏浚河道，需拆卸铺尾。广州知府冯端本以为，可咨询李文田意见。

《杜凤治日记》：昨晚本府差人请今日辰正往见，吾知其日间见两院必有奉谕之事也（同传袁敦斋、刘雨臣）。到时去，袁、刘先到，二人问予何事，予谓："三人事皆不同，各有各事，昨府尊见两院必奉谕转谕也。"府尊正见客，七八人已出，闻衡斋留后尚在内，盖为交代甚紧，且衡斋有借代参劾之语，本府已知密告之乎。衡斋出，一见不及一语，即进见。府尊言："昨见中丞，谓佛山各铺拆卸铺尾一事又来递禀（打头一名忘其姓名，其人即控浪租事者），大概谓拆铺尾皆局绅有意苛求，并非官意；应拆与否，现有公正大绅在此，何不请大绅询其应拆与否，一言决矣。所谓大绅者，李文田、王福康、骆天保也。李顺德人，祖居佛山，王、骆二人现有铺应拆，何足凭信？宪意谓陈寿嵩恐吃不住，必须南海亲往督办，应缴应捐应拆一律严督速办竣事，久延时日不胜烦扰。宪意严切，君其拨冗一行。"予对："本拟试事毕即偕邓保臣赴乡办案，保臣畏暑，欲立秋后十余日方去，现与订定伊七月初下去，□□先与佛山官绅言定，先保臣五六日到佛山料理一切，一有头绪，保臣到佛会齐再去办乡。兹既奉宪谕欲速，明日庙班见保臣商改早数日，□□二十二三日即赴佛去矣。"

七月初二日，左宗棠奏议，于新疆建行省。

七月初十日，广东按察使周恒祺、布政使杨庆麟论及公平粜之议。

《杜凤治日记》：约两三刻许，两司下来，刘少臣、许涑文、又一绅士进见，巡捕下来传谕："两县可无须见，

一切已与藩司言之，请藩司转谕可也。"予与敦斋即至司道
官厅请示，臬台言："不要紧事，为议平粜，又是听李若农
言，断不能行的，付之不论不议可也。"藩台亦如此说。

七月廿九日，刘坤一召集文武官员，讨论广东出现变乱的可
能。杜凤治以为，此论源头在公。

　　《杜凤治日记》：昨晚更余督辕差人传府、二县、四营
将早晨进见，不定时刻。卯正前诣见，东莞叶穆如、顺德林
心甫、香山杨春霖、新会戴鉴泉均在官厅，敦斋亦到，始知
并传外四大县也。俟本府、四营将均齐（余玉山在学署会同
阅箭未到），上手本进见。首言："外间米价日贵，是否囤
积居奇者多，抑系来源不旺？"本府回："已委王其恒、彭
诒荪分查两县米埠，南海地面米行、米铺不多，无有囤积；
番禺花埭等处查得共约有七万石存储之米，以省城地面人口
计之，每日须食米七千石左右，此则文武各衙门、河下往
来船只、蜑户人等、洋人地面尚未在内，盖由去年详查户口
计口授食，核算约每日应食七千石左右也，七万石之积储不
过十日粮耳。广东省垣如十日无外洋米到来，即是饥荒。现
在情形，江浙之米早被福建截去，安南米源最旺，无如五印
度亦大荒，洋米俱赴印度，海外接济不来，无怪米价日昂。
现据米铺说日来价已稍平，为不日香港即有米船到来。此时
筹米唯有广西，闻广西南宁一带大熟，米价每斤十八文。广
东现米每斤核须四十余文，贵至半数有余，商贾唯利是图，
是必趋之若鹜。何故不来？究其故，广东各厘卡不抽谷米，
而广西禁米出境，各厘卡抽捐最重。西来东应过七处厘卡，
核计通筹，以过半之利不敷厘卡剥削，故裹足耳。务请宪台
行文西抚，凡米谷过境请免抽厘，商贾自可源源顺流而来，

不过五六七日即可到，否则另委妥员前往采买，由官押米过卡，断无抽收之理。府县酌议如此，是否可行？"制台言："免厘之说，我已有信与西抚，未知可行否。前得涂朗轩信，谓今年桂林亦丰收，则米之多可知。君等回明抚台，商同司道，尽可照办。"又言："予在江西一年之中未见有盗案出，如有一二起则大众哄传，官绅论议，摘顶勒限，非同小事，未有如广东之报案不绝、司空见惯、习为故常者也。广东盗案之多以广、肇二府为最，广更多于肇，广府属则以六大为多，六大则以南海为多，听其自然，伊于胡底？必须于无可设法之中想出一可以弭盗安民之法子，切不可因其难而不为。既为此官，目睹盗贼之纵横，民居之受害，而尸位素餐，毫不撄心，何以上对朝廷、下对人民？明知无法可想，设法甚难，如畏其难而不为国家，又何必设此官？为诸君试思，总期难中求一不难之法，救民生于水火，俾盗贼无所施为，庶几近之。我亦知其难，必须知其难而奋发图功，万不可因其难而萎靡不振也。日来有绅士道及广东现在情形，谓：'不日即有咸丰四年红头之变，大公祖尚不筹款到江西、湖南调数千壮勇来防备乎？即今云调，变在眼前，尚恐来不及矣。'此言说得蹊跷，询之诸君，以为果否？"邓葆臣首先言："某由兵丁蒙恩历擢至此，以广东情形论之，目前情形为最好。即如咸丰四年情形亦与今日不同，何至有事？至谓米贵，则此十年中连年大熟、米多价贱害之也。一元银买米三十斤、二十八九斤，十年前寻常之事，不足深怪，何至十年丰收、小小灾异即便变作乎？"戴弼臣、黄小羌亦言断无其事。本府冯立翁亦微笑言似不至此（葆臣愤极，出外时大言：如有事我愿具军令状）。予大言："为目下即有红头之变者未免言之轻脱，然以□□观之，目下必然无事，所虑在十年前后必有事也。游手好闲之人太多，思乱可以有为之人亦不少，皆散处未萃耳。设有仗义疏财、辍耕太息之奸雄出，攘臂一呼，势必人如归市，十万众可立致也。如患疮疖然，今尚遍生各处，身首皆有，虽觉痛痒不快，尚无大碍。一旦归毒一处，肿胀溃烂，洞见心肺，脓血流注，则势不可为而有性命忧矣。情形如是，不可不虑。总之，谓即有事未免言之已甚，谓为无事，卧积薪、巢幕上，泄泄沓沓，谓时事不足虑，恐一朝事起，习于晏安，如拾沸矣。"制宪颇以为然（考其言之所由来，制台昨谢寿，俱拜候不入，到西关独拜会李若农，言之所由来也）。又言谈数刻，总之，今日之传实为李仲约（若农之别号也）一言恐吓，心不得主，咨于大众；次则为买米放赈事；又为盗案太多，六大县皆有而南海独多，欲设法消弭之耳。即万不能，然断不可听其自然，不可畏难而苟安，大致如此，言毕举茶饮毕共出。府尊与营将应送出院门，我们州、县应于滴水檐下站住，制台送府尊、营将至院门西，又立谈刻许（子立言制台问他香山杨令其人究是如何，以今日观之，甚不精明强干也），进来又立谈。予回："乡间盗案无有他法，既不能办团练，又不能办保甲，唯有举行防盗之一法，即古出入相友、守望相助之意也。"制台谓然。又与外四大言地方事，谆谆及香山之小榄地方冲要、烟户万家、五方杂处、良莠不齐、时时有事，极宜整顿。忽指予向四大言："如杜明府以前作官如何，我未曾见，我亦不管，自去年回任以来，办公之勤无人能及之，南海盗案之多由来已久，地方官实无方法，渠如此勤勤恳恳办事，我亦何忍以不能办之事逼之？然我又不能不逼之，渠为亲民之官，我有督率之责，不能不于万无可办之中求一办之之法，明知其难，既为此官，不能以难自解而遂置之不理也，其各勉之！"

骘哲按：刘坤一召集文武官员，讨论广东出现变乱的可能。杜凤治猜测刘坤一此举，系李文田进言所致。李文田同治七年已有《请饬广东督抚搜捕会匪以杜乱》之奏，刘坤一亦言"日来有绅士道及广东现在情形，谓不日即有咸丰四年红头之变"，杜凤治的猜测似有依据。

八月初六日，国英任广东按察使。

十月廿五日，刘坤一考虑撤去杜凤治南海知县职务，杜猜测与公进言有关。

《杜凤治日记》：上府，知本府拜尚中协，后又诣桌署。予到桌署坐候少刻来（周锡璋为谢饬知，到处相遇，终未得进见，伊新由廉州差次回，上游与之颇生）。予禀知廿八日往勘。本府密言："前见制台询及云云一事，乃知藩台未将南邑全在冬收、不可挪移之语禀知，否则何必再问？当将一年之计全在冬，余日俱系垫办，断不可动。制台言：'此亦不要紧事，我不过为其劫案太多，恐京中多嘴人指斥，渠亦难当此处分，不为设法殊非保全之道。如今正在旺收，但不可单顾私事置公事不办也。'"予一语道着，此君又中李若农等辈之毒矣，然彼亦无权，不足论也。

十月廿九日，杜凤治与许其光论及公与刘坤一交谊。

《杜凤治日记》：涑文偶谈及檀浦，谓："檀浦自言不要看我与刘岘庄世兄弟，若论交情，我万不及李若农。制台拜若农比拜我多，至若农家，曾到若农楼上开灯吹烟，我有此份乎？我所以不晋京者，我一离此，粤华山长必是李若农的，断轮不到许涑文，我何故让他？"檀浦与若农竟如水火，涑文言之令人捧腹。若农见制台每每胡说白道，制台回来必大生气，见人即刺刺诉说不休，似亦恨之。制台前说有人言广东即日有咸丰四年红头之乱，亦是若农所言。冯子立常言："既不愿闻其言，何苦常常去拜会？非自取之乎？不可解！"檀浦谓交情胜于彼，信然！制台深信其言，无他，徒多口舌耳。

十一月廿七日，杜凤治以为刘坤一因公进言，而撤去自己罗定知州之职，刘坤一否认。又述及传言云，南海知县袁祖安为免撤任，行贿布政使成孚及公数千金。

《杜凤治日记》（十一月廿七日补记前事大略）及戊寅十月，予再权罗定，振甫大言："范麓轩补罗定本补得便宜，令其迟迟赴新，尚不为吃亏。"请制台示时微言杜令佛冈如何回来？（予以发疟径自回省就医，方伯即悬牌另委恒林接署。方伯独断独行，目无两院，刘坤一颇有后言，然畏振甫不敢与抗）振甫大声言病是真的，刘嗫不敢出气，振甫回署即悬牌（此数语亦振伯亲告予者），而刘坤一之恨从此深矣。故友山既丁，振伯又卒，大权独揽，予权罗未及半年即撤回而范赴新矣，真不要脸也。刘大庭广众中常言予在佛冈有病，如何在罗定无病？久怀撤意，范可赴新，一举两得。与成子中方伯孚言非一次，方伯谓："杜牧到彼未久，毫无过失，何因撤之？"日久见方伯无举动，乃亲作一函与方伯，言君不动手我将动手矣，故方伯不得已方悬牌耳。函中言予两次南海亦不见佳，署罗定时亦不过尔尔，虽皆出大绅李文田等之蒌菲，然"办事勤干，心地朴诚，为广东州县中不可多得之员"之考语何人出乎？前后不符，自相矛盾，徒增官场中一大笑柄耳。惟彼身为总督，为两广第一官，何不于张抚未丁未去、杨藩未丁未卒前撤我，而必待张去杨殂以后大权独揽始大作威福，岂不虑人齿冷？可知张、杨中有一人在，这阘茸仍不敢撤我也。

……一日不记何处有祭祀，子立忽拉予至静处，言："一事欲言已久，几又忘之。某日与仲勉同谒制军，谈正务毕，制军忽言：'杜令在外言我听绅士言与之作梗，真冤乎冤哉！我之不以罗牧与杜令，且令其暂退避锋者，实为曹侍御一折。虽似我为我与抚台塞责，实则全为杜令脱干系也。曹侍御有心寻瘢索垢，如见杜令安然升州，屹然不动，将每年抢劫案百余起奏闻，我与抚台固不免冒庇护属员之咎，而杜令纵盗如斯，按律究处，其咎尚可问乎！实在一片苦心为他，似尚未尽悉，二君为我开解。若谓听绅士言，则佛山清河亦被谏台严劾，李若农（即李文田，己未探花，翰讲，上书房行走，告养）常常劝我将梁某之子顺德都司梁保泰撤任，令梁九图一边气可稍平，何惜不为？予以事关黜陟，非绅士所应预闻，不轻听之。以杜令与梁保泰比何啻天渊，声名德望岂梁所能望其肩背？而顾以绅士一言撤之乎？必无之事。杜令未悉予心，故特白之。'"子立言毕，谓："制军既如此周旋，可无介之。"予谓："此又不知那一位绅士进去乱说，我何尝有谓彼轻听绅言之语，况彼所说一段文章，自谓大有道理，杨振甫早向我言及，我早闻知，早领其情矣，奚必再三申说乎。"数日后见仲勉亦如子立之言，这个制台真作得可怜又可叹也。

……乃自予回省起外间即大噪予回南海，盖岘庄兼署巡抚，甚不喜惇斋，时被申饬，冬月更甚（惇斋实非首剧才料，为番禺冯云伯欺凌已不可堪，裕中丞新到，一见惇斋即谓其言语不通，外貌亦欠开展，数月之间，试以公事一语不能对，更谓其公事亦不在心头，撤之意见于语言辞色。又初莅时岘庄即与言："两首县俱是靠不住的，要留心也。"中丞又早知予名，谓："此人真首剧才，声名卓著，至于政事案卷俱在，何人能及之？"其意专在欲予回任，外间言之更甚。惇斋闻之大惧，奴颜婢膝，哭求李仲约学士即李若农名文田者也，于制台为之道地，只求过冬或得少累。闻人言若农与成子中处俱送数千金，岘庄最怕李若农，况但求过冬，即便允许，并为于中丞前解说。日久外间谣言方息，如冬前叫予回任，冬征在即，予必为之，贪此冬征，今年不能不作，则大上当矣。此甚承李若农、成子中之情也）。谣言大起予即回任，敦斋自来予处亦言己必不久于任，仍然交还足下矣。予力言不愿再为冯妇，一经过年，此时岘庄已去，泽生中丞兼署制台，在人观之，以为予必回任矣。予此冬不得而于二三月回任，整整赔一年，从新打开头发，何所图乎？如此情形，即中丞亦未深知，以为南海著名，州县中第一缺，予必愿回者也。予早料中丞有此意，去秋已禀知潘伯师，请其致中丞信力言不愿回南海任，如有意栽培，则为另署直州、同通缺可耳。所以正土不悬牌者，盖中丞为潘信踌躇也。

光绪四年戊寅（1878年）　四十四岁

是年，督工修筑清远石角围。

　　《行状》：于次年督工修筑之，任劳任怨，始终其事。

公主修补旧堤，因地势高而直也。有主修新堤者，费省而工捷也。辩论蠭起。时新宁刘忠诚公坤一督粤，深韪公议，即清远乡人亦排修新堤，事遂定，款亦有着。公仍（乃）筑旧堤长百一十余丈。事成，颂德者络绎于道。

光绪五年己卯（1879年）　四十五岁

正月廿四日，裕宽任广东巡抚。

十一月十五日，张树声任两广总督。

是年夏，筑三水大路围缺口。

　　《行状》：五年己卯夏，又筑三水大路围缺口，土人感戴馨香，奉祀至今不衰。其后三十余年，乙卯江水暴涨，各县基围皆缺，而公所修筑者皆无恙。公修堤时谓："费虽巨，欲其坚牢，能支持三十年以外。"今果符公言。

是年，受聘于应元书院，任山长。

光绪六年庚辰（1880年）　四十六岁

正月，陈澧卒，年七十二。

　　《越缦堂日记》：陈兰甫以今年正月卒，年七十三。

七月十四日，刘坤一复函论厘金、海防、中俄交涉等事。

　　《复李若农》

　　关厂应免采买米粮税厘，业经飞檄饬遵矣。膏厘如不能停，即请启告院司，严饬印委各员，约束书役，毋得藉端滋扰。弟非惜去后之名起见，实悔留此虐政以毒吾民也。

　　海防以扼虎门为第一要义，未审沙角等处炮台曾否修成。浙、闽均属有险可恃，自日本讲解以来，经营已有数载，且船政局同在一省，何以防务尚无成规，苟且因循，当事实难辞责。尤足异者，黎召民来书，谓该局原雇洋匠，固守师说，不能改造现今合用之船。然则何以历任船政大臣不一讲求利弊？此间兼充南洋海防大臣，徒拥虚名。海防非通商可比，通商平日有条约可守，临事可从容会商，海防则各省形势不同，临事瞬息千变，在在需先事预筹。弟已据实陈明，请饬闽、浙、广东各为固圉之计。此间但能扼守长江口，以固东南门户，使上五省晏然，大局可期安稳，似已足以塞责。此中委曲，早在圣明洞鉴之中。即如北洋，祇以津沽一路责成合肥，近如山海关尚另调沅帅督办。况南洋如此辽阔，朝廷何至苛求。第弟胆虚，不敢不预为策及。

此次中、俄之事，实由当轴办理乖方。李兰生之言未为过刻。弟抵津沽，会英、法两使各以其国主之命出而调停。当与合肥极力赞成，冀弭目前之祸。五月十九谕旨，颇为转圜，当时法使深以为然，英使亦不闻有异议，及弟抵江南后，递接合肥及沈中堂书，乃谓英法大不满意。然则悉如所请而后可，殊于政体有妨。劼侯前月底使俄，闻俄廷亦有遣使来华之说，万一舍玉帛而用兵戎，胜负固难逆睹，惟我内外未能一气，上下亦未交孚，言官从而鼓舌摇唇，动辄为其所制，几有南宋前明末年习气，是则大可忧者。以鄙见论之，京朝官学识并茂，才行兼优无有逾于翁叔平，然不用之于军机，则亦无由展布。弟前与左右论及此公，尊意似不以干济之才许之，此次在都与叔平论执事，其意亦谓宜加以历练。两公各就六七年前以为月旦耳，而非所论于今日之造诣也。

承示谭序初可为刘仲良之流亚，张午桥亦足以备咨询，谨当留意。

温赪园调往吉林，必难措手，弟已代陈之于合肥及政府诸公，或可邀免，第黑龙江不可无轮船，尚需别筹方略。

七月廿六日，潘文铎诣翁同龢，言公在家颇与官事。

《翁同龢日记》：晴，仍热。……潘左阶文铎自粤东来，言吏治废弛，方拟开闽姓之禁，李菊圃力阻而止。又云若农在家颇与官事，惟陈兰坡老健。

七月廿八日，劳肇光诣郭嵩焘，谈公不是。

《郭嵩焘日记》：盛展奇、樊延龄、劳次芗过谈。次芗述及陈古樵近时专以收揽讼事为网利之计，积蘖颇多；而史穆堂、李文田身任掌教，一则贪污百出，一则专为狭斜之游，与恶少为伍。粤俗之罢敝极矣，宜世风转酸之久，乃有一刘锡鸿应运而生也。

八月初二日，接丁日昌来函。

骘哲按，参见本年八月十四日《复丁日昌》。

八月初五日，倪文蔚任广东按察使。

十月廿二日，吴长庆任广东水师提督。

光绪七年辛巳（1881年） 四十七岁

正月廿六日，曾纪泽在俄签署《改订伊犁条约》。

三月廿九日，刘坤一来函：

《复李若农》

今中、俄事已定矣，朝廷局面亦一新矣，然前此之委曲，弟所与闻者，仍不敢不缕陈之于左右。

崇地山之居官为人，弟所习见习闻，深恶而痛绝之，顾因俄约而杀之，则激强邻之怒，各国亦不以为然。方弟抵都门时，英法两使各奉其国主之命，出而调停，是杀一人而取怨三大国矣。彼时东三省毫无防范，而俄兵水陆纷乘，当经密叩沈文定，则谓有索伦兵可恃，业以饷银八十万资之，再以一二十万为西路蒙古之用。弟闻之不敢哭，亦不敢笑。辗转筹思，惟有暂缓崇狱而命英法居间，以舒目前，冀免咸丰九年之变，一面疏请迅调猛劲兵，以备龙兴重地；并称南、北洋尚可支持，不烦顾虑。两次力请，始见施行。当此事机，间不容发之时，祇期于时局有济，一己之祸福，众人之好恶，实不暇计，何有于为左为李。弟虽不才，岂为左、李用者！左、李之于弟，公之所知。得毋不善迎合所致欤？合肥非徒请薄崇罪，并请暂依崇约，且请姑让于俄以取偿于日本，弟既与之力争，抵任后复具疏论之，谓俄约决不可迁就，致启得步进步之渐，恐以肉啖虎，肉不尽而虎不止。又谓琉球虽名外藩，于我无唇齿之势，不足以劳费中国。欲制日本以复琉球，另设良策，不可自我先启兵端，由是与合肥忤矣。至湘阴密奏，有"先与讲款，不妨委曲以期于成；亦既交兵，必须坚忍以待其胜"等语，何尝请杀崇地山而专主战事耶？其答弟书与各处函牍，非决计用兵不可，此则湘阴客气未除耳。

　　弟未尝言不可战，亦未尝言不能战。前此力持倭约，安知今日之果就范围？覆陈此间情形，则请扼吴淞之黄浦江以保苏、松，守江阴以蔽上游五省，并声明决不命洋轮过焦山一步，以摇大局。

　　虽镇江以下已弃江面数百里，而弟不以为讳。即浙、闽、粤三省，亦分内事，而弟委之于各节使者，不敢以无把握之词肆为夸张，上欺圣主。是弟之仁战，固非信口出之，不计将来能践言否也。现在沿江部署略有规模，万一有警，亦断不至瓦解土崩，令人笑弟之请宽崇罪，实为一身脱祸计，自料莫能当敌耳。

张香涛、张友樵，诚如台指，实关后来之秀，条陈时务则未必悉中机宜。香涛之于倭奴，已不免自相矛盾。其与译署龃龉，台谕以为激成之，其实则酿成之。善夫李兰生尚书之责译署曰："初无成算，何事急索伊犁？即索伊城，何必使崇地山？迨事既败坏，何必请交廷议？既交廷议，何能禁人不言，强人附和？"弟以为译署无词以对。是香涛诸君之负盛名于时，则译署为之也。

弟上年出都，照章分送别敬，乃香涛询知未送黄漱兰与宝竹坡诸处，遂亦不受，此何意耶？弟自惟粗才俗吏，不能罗致清流，而亦不欲轻为罗致，自甘于忠厚而已。然合肥处，自刘仲良后，亦未见有一真国士也。翁叔平品评政府诸公，恰如题分，于中外交涉，肯綮亦极了然；至于临大事，决大机，侃侃而谈，不惜一身之虚名以贾国家之实祸，不能不令人心折。

今日尚非南宋，今日人才亦尚无秦桧、张浚。兹就两人论之，秦固不足以污笔舌。张浚抑武穆者何意？杀曲端者何心？至其用兵，不独暗于事机，昧于方略，且专为一身立功、立名起见，不顾宗社安危，一掷不已而数掷之，南渡一线几断送于其手，此则《春秋》之所必诛者。区区其不顾将来有张魏公其人。张江陵谓学在师心，不唯目前之名不足争，即身后之名亦不足计，盖以盖棺亦无定论。如魏公者，直以贤子而获美称耳。

香涛以弟为作料；然为作料者不止弟一人，以弟为作料又不止香涛一人。某某弹弟不胜南洋之任，弟直引为知己；而朝廷不遽更易者，明知弟不胜任，无奈时贤中亦无胜任之人耳。

新疆之不可弃，魏墨生言之极详，稍知天下形势者，决不袭合肥与雨生之说，并非为湘阴作帅而后谓新疆不可弃也。湘阴虽规复新疆，究未得一恶战；若以之敌俄，而谓可操长胜，则狃于蒲骚之役矣。湘阴辅政，人皆以司马君实目之，鄙意窃以为时势不同，未审湘阴能否建非常之策，立不拔之基，外攘内安，以副朝野之望。黄霸作卿相，其名实减于为二千石时，甚为此老惧之。文卿虽不足于湘阴，其于弟处尚无过当之论。

合肥自发、捻平后，所部分屯南北，每年糜饷几千万，而机器、轮船、枪炮不在此数。似此养精蓄锐，倘遇劲敌不能一决，求为贾平章亦不可得矣。然客秋海氛稍迫时，仅责合肥以津沽一路，而以沅帅当榆关，以鲍春霆卫京师，论者或为合肥不安，弟则以为大得便宜。

弟因铁路及招商局一案，致与合肥水火，亦自举其职守，并非矫矫自鸣，断断求胜。台谕责弟不肯得罪人，不知弟正缘不肯轻得罪人，转致重得罪人，此类是也。

福建一面，诚如尊虑。弟于覆陈折内，请将南洋之铁甲船两号，尽泊澎湖以顾台湾，亦可为江、广两路策应。此系望梅止渴，正未知此两号铁甲何时抵华，此外亦非弟所能为力。

船政经召帅严加振顿，稍有起色。湘阴创始，固不敢为持论之苛。然后此之船政大臣，如沈文肃诸人，皆一时之望，何以一味糜费优奖，于制造全不讲求。先生欲行法，讵可舍其大而责其细耶？

珂乡烟膏厘金，弟原恐骚扰地方，力拒少廷诸君之请；后为杨振甫所误，姑勉从之。不图变本加厉，弟去粤大受小宋之诟，唯有深自引咎。兹得大力为之补救，受赐良多。承荐三公，自当物色，以副雅意。敝幕之折奏、刑钱、盐务、洋务四大席，均是沈文肃旧人；此外笔墨如西蜀之王，吉安之彭，长沙之涂、常，邵阳之王，于记诵文章，亦一时之选；彭、王两君，似尚有干济才者。第疆折之事，有时非人所能捉刀；猥蒙谆嘱，以后自当节劳。

先生以维桑之义，又以振、泽两帅倚重之殷，知无不为，言无不尽，自是血性。唯是贵同乡颇好短长，此间所闻，流传已远，大都失实，未敢转达清听。金正希谓："今日毁誉之故不可知，是非之理不可凭，然则亦各行其心之所安、理之当然已耳。"弟为翟所欺，竟与瑞澄泉一辙，然而"莫须有"三字，终不足为定评，悠悠之谈，未必仅及纠桓之侣。来翰道及，故略陈之。篇叶太长，且是病后，精神不给，语无伦次，词涉粗疏，伏祈鉴谅。

再，上年五月十四日会议之时，香涛谓与其宽崇厚之狱，不如尽从俄约十八条；此何说耶！不过谓纪纲重于疆土也；此则宋、明诸公之遗唾也。以俄约论，其中自有委曲，崇罪未必至死，朝廷亦必不杀之，上年所争亦不过不杀崇已耳。使当时真杀之，则劫侯无可藉手，安得有今日之和盘妥处？但不依俄约，则不免决裂，患在目前；若依俄约，则莫杜觊觎，患在日后。香涛何弗深思乎？弟在都门，英、法各使每笑言："贵国开口说与俄战，而所以战者绝无所闻，不知有何秘策？"盖当时曾、鲍、郭、刘诸帅均未曾调，东路极其空虚也。左则专言西路，李则专顾天津，而于东三省防务无只字及之。弟初疑两公必有密陈，询之军机，均谓未见，殊不可解。弟请姑缓崇狱以平外洋疑愤，慎持俄约以杜将来隐忧，严防黑龙江、吉林、奉天以遏敌人之冲，以固根本重地，似未为大失策也。兹谨钞呈附片两则，一谓俄约不宜迁就，而沿海可以勉支，长江则以战守自任；一谓东路必需迅调惯战大支劲旅，以资堵剿，且称该处索伦兵，久未临敌，恐不可靠云云。请俯赐阅核，并即付丙，以系密陈奉旨留中之件也。

四月初九日，公第四子渊硕生。

李渊硕《五十初度长古二百韵》：我生孟夏初光绪辛巳年四月初九日申时诞生。

五月，李渊硕生母陆氏卒。

李渊硕《五十初度长古二百韵》：我生甫弥月，母氏遂云殁吾庶出，母陆太淑人，三水县金竹乡人。产后腹膨脝，气血日衰竭。小溲祕不通，羸弱难任攻。欧洲女博士，医术罗心中。金管聊导引，盆盎俱盈充。膀胱气不化，瞠目辞无功。脉来仡责责，从此天年终。

李文田《题副室陆五娘小像》

十八来时正妙龄，秋深犹忆见娉婷。姬归时以丙子九月

沈郎老去兰郎在，旧事重提不忍听。

中岁辞官只食贫，屡将心事慰桃根。

年年不怨铢衣薄，惭愧亭亭此玉人。

廿三年纪尚蹁跹。每谢铅华学老年。

便识不随人白首，真看垂绝橘砧前。

玉燕投怀乍诞弥，侵旬病骨已支离。

最怜决绝都无语，不遣高堂白发知。姬以辛巳四月产难得疾六月初八日，李鸿章来函。

《复前翰林院侍读学士李文田》

若农尊兄大人阁下：

顷奉端阳日复翰，畿辅赈捐，先后蒙筹劝万金，分别汇交，远荷忠谋，并承拳注，展缄雒诵，钦感靡涯。借谂履道多娱，顺时集祜，慰符私颂。粤绅慕义好施，每有大役，投袂争先，爱育堂尤为领袖，今兹酾捐巨款，务俾灾区获济，工抚兼资，鄙人与畿境官民拜德匪浅。堂中不清甄叙，尊意拟仿日本唐商及香港东华医院例，由敝处附片敬陈。历查赈案，捐千金者准予建坊，其捐及万金请额者，多格于部议。当晋、豫奇灾极困之际，绅捐有至再至三而以御赐匾额请者，鄙意谓非破格嘉奖，未足激功，然终以不能副愿为歉，今更非其时矣。日本会馆暨东华医院皆以崇奉关帝，托词灵佑，故请匾得荷恩俞，似亦不易援例，容为专片表章盛谊可耳。湘阴入掌枢务，外悉疆政，内孚朝望，诚如明论。弟春杪叩谒入都及湘阴此次来直履勘各河，与之晤谭数四，前开军府及总封圻，皆受事于败坏之余，一切扫除成例，得以独行其志而无难，今则揖让枢廷，步趋成轨，如束神骥于上闲，进退必求合度。议练旗兵不果，爰请修畿辅水利，察知永定河不能改道，议先开挖中泓，亦恐难竟厥施，至奏增洋药税厘，现交各省议复，未知能否办到，执事当与闻其详矣。振帅举贤惩贪，粤治方有起色，闻为言者所中，曷禁忾然。天下事认真核实无不招尤，来教以屏绝时务为言，当亦有喟于中乎。直境春麦欠收，民困未苏。夏令时获甘霖，秋成冀少补助。肃泐复谢，敬请侍祺，统希蔼鉴，附璧晚谦。
不具。馆愚弟。

六月廿二日，致函李鸿章。

骘哲按：参见是年七月十二日李鸿章《复李若农读学》。

六月廿九日，李鸿章为公请奖。

《李文田等劝赈救灾请奖片》

（前略）再，广东省城爱育堂善举，向系绅董经办，专以利人济物、救灾恤邻为事。上年直隶洼区被水成灾，工赈需款繁巨，本省无可筹划，不得已商恳东南各省量力集捐，即经广东督抚臣司道及在籍绅士前翰林院侍读学士李文田等分别劝办。该堂绅董一闻此信，义形于色，设法先解银三千两，今年续解银七千两，共合一万两，以济急需，实于荒政有裨。臣维该堂绅董历年倡劝捐资，广行善事。前年晋、豫大旱，曾集款助赈，传播众口。粤中近亦时有偏灾，乃既力顾桑梓之急难，又筹助直省之工需，视邻事如家事，以人饥若己饥，洵能体念时艰，深明大义，且声称不邀奖叙，亦未开列捐户衔名，阴德耳鸣，尤堪嘉尚。自应奏明立案，并请由原籍载入志乘，借示表章。除咨广东督抚臣查照外，理合附片陈明，伏乞圣鉴。谨奏。

光绪七年七月初二日，军机大臣奉旨：知道了。钦此。

七月初十日，李鸿章来函。

《复前翰林院侍读学士李文田》

若农尊兄大人阁下：

顷奉还云，如亲霁月，展缄三复，钦企靡任。敬谂枕菲延祺，兴居绥祜，至为企颂。爱育堂董事诸贤醵捐济赈，敝处附片略陈梗概，虑未足以副高怀，已咨明粤东两院，亮可转行到堂矣。振帅奏奖朱襄陵、陈学录二君，并请禁闱姓，崇礼名儒，挽回弊俗，有裨粤治不浅。前此谣诼知系子虚，洵可怪也。此间现届伏汛，河务暂停，赈捐亦罢，专盼榷事有成，积困之区得稍苏息。各省议增药厘，复疏当陆续入告，然进口枢纽全在粤中，必洞烛利弊于先而坚持办法于后，庶其有济，未知两院复疏何道之从也。专泐布复，敬请侍祺，祇璧晚谦。不具。馆愚弟。

七月十二日，李鸿章来函。

《复李若农读学》

再读六月二十二日手示，于粤东洋药利弊洞悉本末，了如指掌，具仰权衡在握，炉锤同心，曷任钦服。左相未深知各省洋药走私掣肘情形，贸然奏请，加征过重。弟在京时，曾告以厘捐愈重，偷漏愈多，更恐变本加厉，此各省历年欲请增加而不敢遽行者。政府诸公亦极言其难。左相毅然独断，乃有此通饬之旨。近闻岘庄制军亦复称，上海未能照行，如此欲行，须由总署与英使定议，毫无牵掣而后可。振帅想亦同此迟疑也。尊论有颜、曾、冉、季之德行政事，兼用申、韩之法术，洵为破的。试思德行政事故难其人，申、韩法术亦岂能复行于今日者。循行故事之冗员，营私骫法之武弁，愍不畏死之奸民，盖遍天下皆是矣。政府能言之，而不能亲身以杜走漏，督抚能杜走漏，又焉得许多贤能廉介之员弁供其驱使，始终如一。且恐因以激变纷扰，借寇赍盗，予人口实。且通商条约原准洋商在口售卖洋药，厘捐加重，必群然勾结。洋商自卖，分毫无征，此偷漏之大者，更无法可防也。英官沙苗前来津谒晤，欲与华官合办洋药税，旋闻李玉衡等纠合粤商，凑赀设立公司包办，未知果可靠否，又未知港督与印度英酋肯任承揽否。以中国抽数与英人共之，本难深信，但议加税厘，必须在洋药发源处设法，使无可偷漏。明公其有意乎？幸随时确访，密示为荷。鸿章又顿首。

闰七月十七日，龚易图任广东按察使。

八月初九日，刘坤一来函。

《复李若农》

　　如夫人昙花偶现，仙种留传傅，已征一索之祥，旋诵六如之偈，自是功成身退，愿公勿以遗挂伤神。广平偶有违言，不必介意。此等悠悠之口，祇合大度包容，倘与龈龈较量，转致丛生枝节。彭雪帅初赴章门查办案件，度岭是其托词。此老业经旋湘，坚辞江督之命，未知能否邀允？左侯亦力求去，想因所陈两事格碍不行，并闻前日之相推崇者，近亦不无龃龉。曾沅帅以心绪不佳，坚卧不起。秦、陇重寄，谁实堪之？使太冲仍在兰州，足以镇慑中外。乃轻听一二书生议论，必欲趣其入辅大政，以为可以耸动天下，振理一新。今日之处分为难，未知喋喋者别有善策否？古人谓国家用人如置器，置之安处则安，置之危处则危，固不独一人言之耳。

八月十四日，复丁日昌函。

《复丁日昌》

　　雨生尊兄大人执事：八月二日接奉手诲，敬悉诸凡，遥瞻乔采，弥用驰切。贵郡会课，不远千里问道于盲，敢不竭尽鄙见，冀窥象罔。就兹会论之，虽未尽珂乡之文采，然风力道上，不为运会所移，则见骥一毛，知其善走，先正典型，一线未坠，实吾粤之光也。区区论文之志，微诸君，谁与归乎？前列拟定五十首，若欲再广，则百名次第已暗记于每卷之背，以花押志之，会中翘楚之才，似皆入吾彀中矣。八比风尚至今日而日趋于靡，不意中流砥柱，尚在天南，惊喜久之。暗中摸索，必不误认颜标，质之我公与玉臣太史，或期抚掌也。自前十年兰山一别，至今未接麈教，九月后海风不啸，拟访戴数日即返，此间书院功课不免劳人故耳。老母以下均托福芘，小儿乳食尚足，颇有豚犬之观，足慰长者之怀。专启敬复。叩请

崇安，并请潭喜，不尽。

如弟文田顿首　望前一日

家母奉问丁大人并府中各位福安。

骘哲按：此函有"自前十年兰山一别，至今未接麈教"等语，两人上次相见当是李文田主考浙江之时，时丁日昌适抚江苏，在同治九年。又李渊硕适生于光绪七年，于文中小儿乳食等语相合，故定此函时间在光绪七年八月十四日。

光绪八年壬午（1882年）　四十八岁

正月初十日，丁生母忧。

《吏部覆李文田、马丕瑶出身履历片文》：光绪八年正月初十日，丁生母忧，服满准其起复。

《行状》：八年壬午春，徐太夫人弃养，春秋八十有六，公弃官归养，版与侍奉者凡九载。至是哀毁骨立，痛不欲生。每逢父母殁日，戚戚如有所失，恋恋之私至老如一，无时或忘。

李渊硕《五十初度长古二百韵》：祖母徐太夫人在堂，次年壬午正月初十日殁。

《翁同龢日记》（四月十一日）：得李若农丁忧讣。

丁日昌卒，年五十九。

《德宗景皇帝实录》（二月廿八日）：予故总督衔前福建巡抚丁日昌祭葬如例。

三月初二日，张树声署直隶总督，以裕宽兼署两广总督。

三月初八日，法军攻夺越南河内。

四月十四日，以曾国荃任两广总督。

六月廿五日，李慈铭为公母徐太夫人撰挽联。

《越缦堂日记》：（六月二十二日）：敦夫为取李学士太夫人挽幛来。

《越缦堂日记》：課李若农师太夫人挽联，以绫书之云：彩服换鋚坡，常虑黄中先母老。珠幢返兜率，先看宝志抚孙来。

骘哲按：李慈铭二十三日日记："李太师母徐太夫人蓝呢金字挽幛，钱卅六十八百。"

十月十四日，翁同龢来函。

《翁同龢日记》：归写李若农慰信。二十金，由德茂昌寄去。

十一月廿日，姚觐元革职，刚毅任广东布政使。

光绪九年癸未（1883）　四十九岁

三月初四日，太常寺卿吴大澄遵旨荐公以备任使。

吴大澄《遵旨保荐翰林院侍读学士李文田等员事》略曰：前翰林院侍读学士李文田，博通经史，沈毅端方，卓识清操，堪胜艰巨。为文学侍从之臣，清望习闻于馆阁。

三月廿九日，沈曾植兄弟托李慈铭寄公银四两。

《越缦堂日记》：得沈子培书，并庚午同年沈子美瑜宝兄弟托寄若农师银四两即复，并馈子培桂花越茗一饼。

六月初十日，曾国荃召京，张树声回任两广总督。

六月廿五日，沈镕经任广东按察使。

九月初九日，倪文蔚任广东巡抚。

是年，何国炎从先生学。

《清何翙高先生国炎年谱》：会试下第归，交苏器甫（若瑚）。从应元山长李若农（文田）游，读四库目录，始有志经史学，粗知学问门径。

光绪十年甲申（1884） 五十岁

二月廿一日，龚易图任广东布政使。

三月十三日，甲申易枢。

三月，有函致龚易图。

《致龚易图》

蔼仁大公祖同年大人阁下：

承示拜悉。昨缘外感发热，出城稍养也。此事前数年弟已有不应禁绝之论，而不蒙振帅俯采，且事关瓜李，尤不敢犯嫌。今果不能舍此巨款，且亦无大于此、速于此者，诚如来诣即以截阻立题，未为不正，即言官论劾，亦计未必别有妙法能阻葡萄牙，使不开也。前时闻已有三年百万两之说（今数已比前为增）不定能再加否，乞留意焉。明日何时可暇，乞示知，俾领教，然后与兰台议之。然在籍者不足深虑，惟铁香鸿胪乃曾经劾禁之人，须令不坚持前说乃有济也。先复，即请勋安。

治年小弟文田顿首。

是月，公嫁女，并有函致龚易图。

《致龚易图》

蔼仁仁兄大公祖同年大人阁下：

昨奉手书，已先将鄙见布复。大凡敬仰公忠体国，无任钦服，早间奉诣聆教，会公出，未得一谒悃素，当即过兰台前辈处商略一切，亦以此时饷需所系，凡在粤中士庶均能仰体苽画，意见佥同，至应如何办理之处，固已智珠在握，且重以雪帅诸公筹笔，当无不深惬群情也。况每岁增饷五十万元，仓卒间能缴百廿万，且以一切浮费廿万元涓滴归公，即弟处访问舆情，实属变通尽利，必无复有加于此数，悬之国门，谅难增损。《春秋传》云："大夫出疆，苟利国家，专之可也。"今日之事是矣。若虑弛禁有弊则云严禁者，亦何必无弊。闻从前亦有为澳门作说客，言此事须厉禁者。人臣事君，殚此血诚而已。必谓驱此数十万饷需出之外洋，以我之矛击我之盾，而又增无穷之患，甚于赵宋之岁帑。以此为得计，诚涓厘所不识也。明公以为何如？

日来尚须嫁女，故在城内日少，拟了此累坠始图北行。

日前发下万两之项，今尚分存五银号中，何时提用，仍以奉缴。未尝丝毫动也。惠济仓有见银四万余两，今日与陈孝直诸君商量，留万余为生息，提三万上济饷需。明知无补于万一，亦就职守所及者。聊禆涓埃云尔。日间当由仓备禀帖上来也。

并以奉闻敬请勋安。

治年愚弟文田谨上

军辉按：龚易图于1885年4月26日（三月十二日）调任湖南，此信当在此之前。

四月初十日，服满。

《吏部覆李文田、马丕瑶出身履历片文》：十年四月初十日服满。

四月廿八日，张树声病免，以张之洞署两广总督。

六月廿一日，张之洞咨请公举办团练，复之。

《咨李学士举办团练》

照得海防情形，日益吃重，水陆各隘，虽已分布防军，力筹备御，仍觉兵力尚单。查粤东民情，素尚忠义，一旦有事，必须大起团练，与官军相辅，方足以御外侮而戢内奸。非有才望兼优之乡绅，不能号召。前经设局延请各绅筹办，仍须广藉贤才。贵学士品行经济，海内高名，久直禁廷，忠忱素着，必能倡明大义，审度兵机，联络各局之贤士大夫，激劝各乡之父老子弟，同心戮力，报国安乡，远绍三元里之美谈，近方曾湘乡之勋业。如须自练义勇，购募奇材，率异军特起之师，为出奇制胜之计，所需经费，应请咨明本署部堂，酌量商办。除俟附片奏明，并札团防局续行延请前江西抚州府曹守秉浚，前甘肃兰州道曹道秉哲，并张前部堂奏明举办团练叶户部等会同办理外，相应咨请贵学士，会同各绅，迅将省城及近省各属团练，由近及远，以次举办。务期众志成城，外患内忧，无虞交作，本署部堂实深倚赖焉。仍将现办情形，先行撮要咨覆。

《致香涛、豹岑》

顷接

大咨通饬严防一件，其团练一事，向日办理，并不归文田处经管，此刻事急，岂有置身事外之理。惟此时方议集团，本已太迟，然及今犹不敢言，则临时更何从调遣乎？虎门团练莫吃紧于濂竹二溪，此两处均为宝臣所据，且联络照轩，不容搀入。至省河团练莫要于沙、筊二司，彼处有沙捐三成截留之九千余金，又已为该处绅士梁氏私行分去，且造出一彬社绅士等为名目，不由分说已全行分用。昨年接蒋钟两道来文具在也。又其次则近省之三元里等处，则官养一王镇东实主持之。若到有事则此等皆无一人供调。此时急矣，文田可以言矣，一旦有事而责文田以不力，文田不敢辞，亦不敢受也。可否设法拨一款项前来，俾及时激励冀收指顾，否则文田祇有坐守此局而不去已耳，一筹不能展也，言之痛心。缘文书儋阁，谨用函启，敬请

香涛大公祖大人　　　勋安　　治弟

豹岑老前辈大人　　　　　侍生　　文田顿首

　　刚才文书如系具文则无容议耳，若非具文则岂可以具文奉复哉。粤东防事何一不如此，若此时不言，必待不堪设想时，乃言之乎？临书甚悚，惟候教示。此时田除相守不去之外，更无一语可云也。田谨又叩。

骘哲按：此李文田复张之洞函未署日期，以内容推断当在张之洞咨文发下后不久。

　　是月，公有函致张之洞。

　　《致张之洞》

　　承示谨悉。此举只是三年之艾，云何可即日得耶？粤中民力计，今日无复可别款筹措者。计惟稍节官吏之虚耗，以专事镶褚耳。月前弟有减勇办团之说，正以耗于内地之兵勇者多，则必不能兼顾外路。既团练不能如鄙志，则不可拟裁

勇，不能裁勇则尽粤民之力，止可自养，不能顾人。今且自己之勇不能顾，一旦有事且不可恃。万一兵勇以无饷溃，将团亦不可用，而大局之不可问且不在西而在东也。此甚可虑者也。就筹饷一事言之，数月以来，月入不下数十万，即无盈余，然犹济目前之急。而明公日夕焦劳，但有仰屋之叹，此岂有他故哉，虚耗多而实用少耳。筹饷则差事多，差事多则用委员众，委员众则薪水倍增于昔，其为数也，几与兵勇之饷埒矣。款项之所入除兵勇之饷，不足以给薪水，甚且款项未至，而薪水已支，此法不变，则明公欲不为仰屋之叹寡矣。数月以来，闽桂之饷不及百万，何遽空乏至此。今犹如此，明春又安所支持乎？弟外人不当预公事，必欲闻之，则将有深恶之者。各处捐输多不缴，此当追核其所从来。西关捐止七八千，恐未快人意，如此则安得有钱可用耶？无钱用为一弊，有钱不为公用亦一弊，凡事当究其本耳。然公视我何如人？目见公之焦劳而不能一分其忧，又能不置一语耶？何时有暇，尚当一觌清诲。承复，敬请孝达督部大公祖台安。

治弟文田顿首上

鹜哲按：此函未署日期，以内容判断当在六月廿一日复张之洞函之后，奉旨帮办团练之前。

是月，梁鼎芬弹劾李鸿章。

《德宗景皇帝实录》：编修梁鼎芬参劾李鸿章，摭拾多款，深文周内，竟至指为可杀。诬谤大臣至于此极，不能不示以惩儆。吴峋、梁鼎芬均着交部严加议处。总之朝廷听言行政，一秉大公，博访周咨，惟期实事求是，非徒博纳谏之虚名。尔诸臣务当精白乃心，竭诚献替，毋负谆谆诰诫之意，勉之慎之。寻吏部议……编修梁鼎芬应降五级调用。

《花随人圣庵摭忆》：节庵何以劾合肥？相传顺德李若农侍郎（文田）精子平风鉴，有奇验，且谓节庵寿只二十有七，节庵大怖，问禳之之术，曰："必有非常之厄乃可。"节庵归，闭门草疏，劾李鸿章十可杀，其舅张某力阻，不可，意谓疏上必遣戍，乃竟镌五级，二十七岁亦无恙，此说流播已久，存之而已。然若农风裁峻整，初不以命相为趋避，在当时清流中主持正论，尤为德宗羽翼。光绪二十一年乙未冬殁。

骘哲按：梁鼎芬劾李鸿章，事在光绪十年。此时李文田尚在广东，而梁氏最近一次回广东在光绪八年。此事发生前两年内，两人并无见面机会。所谓怂恿自然无从谈起。李慈铭曾言："此（梁鼎芬）血气之过，亦近日风气使然也。张之洞金壬首祸，李鸿藻要结取名，遂使纤人小夫皆以上书为捷径矣。"（《越缦堂日记》，第10316页）亦上谕中所谓："徒博纳谏之虚名。"参见：吴天任：《梁节庵先生年谱》，台湾艺文印书馆，1979年版。

七月初三日，法军突袭福州师船，轰击船厂，张佩伦败走。

七月初六日，清政府对法宣战。

七月廿三日，张之洞实授两广总督。

七月，奉旨督办广州团防事宜

《顺德县志》：七月在籍太常寺卿龙元僖、翰林院侍读学士李文田奉旨督办广州团防事宜，设局省城仙湖街常平仓。元僖病不克复，由文田主持局务。

九月初五日，寄信潘祖荫。

《潘祖荫日记》：得李若农信。

九月三十日，新疆设省。

十月初八日，奉旨督办广州府团练捐输事宜。

电寄谕旨《奉旨着派李文田督办广州府团练捐输事》：奉旨，据张之洞电称，省防必须团练辅佐等语。着派李文田督办广州府团练捐输事宜。会同龙元僖、及前派之叶衍兰等，认真经理。钦此。

《德宗景皇帝实录》：又谕，电寄张之洞。据电称，省防必须团练辅佐等语。着派李文田督办广州府团练捐输事宜，会同龙元僖及前派之叶衍兰等，认真经理。

十月十七日，设局开办团练捐输。

《唐景崧日记》（十一月初四日）：广东在籍督办团练翰林院侍读学士李文田在省设立义捐局，集洋银九千元并助刘饷。

骛哲按：另参见张之洞《前翰林院侍读学士李文田奉调督办广州府团练捐输事毕请准其销差回京供职片》

十二月初六日，张之洞致函公。

《咨李学士广劝义捐》

照得法人不道，吞噬越裳，扰犯中华。朝廷命将出师，遏寇字小。维时刘军门永福，侨寓越境，首倡义旗，屡挫狂虏。圣上特旌其功，授为提督，俾其恢复越圻，屏藩滇、桂，赏赉骈蕃，给以军糈。九月间刘军甫下，而馆司关之踞寇已闻风退至兴化，于是会合各路官军，围攻宣光，屡次杀敌夺船，虏势已蹙，计日可下。本部堂、院仰票宸谟，饷项军火源源接济。惟是广、滇、桂三省出关官军百余营，饷需浩大，徼外险远，转运需时。刘军门前战劲敌，后筹军粮，经画为劳，尚未能从容展布。兹闻法舰力困台湾，增兵来越，意欲尽有越地，直抵边关。横悖情形，闻者发指。各省官军，现已分道进战，力挫凶锋。尤须土著劲兵，以为犄角乡导。刘军门谋勇素为敌人所惮，所部身经百战，服习水土，深明地势敌情。若能丰其羽毛，俾有劲卒百余营，利器数万具，必能纵横荡决，数月之内，扫清北圻。查刘军门以粤产良将，驰驱异域，为国宣劳。我内地岂无怀忠慕义之人，助成功烈。况两粤绅民，尤应桑梓相关，唇齿相卫，计惟有大集义捐，资其饷械，为破虏安边之上策。贵学士奉旨督办广属团练捐输事宜，谊属同乡，劝导较易。相应咨请贵学士，会同粤省乡望诸绅宦，于省城设立义捐局，刊发捐簿，广作书函，布告两粤，并遍致沿海、沿江各省通都大镇。凡籍隶粤省商富，如愿助刘军饷需者，随意书捐，盈千累万，不嫌其多，一缗半两，不嫌其少。簿上钤用本部堂、院关防暨贵学士团局关防，访择妥实绅董，分投劝导，定限收回捐项，或交首事汇寄，或径行自交粤省义捐局，俱无不可。首事付给收条，总局按月榜示。一有成数，即由贵学士咨报本部堂、院。或责解饷项，或采办军储，随时星驰接济。此乃乐施义举，与寻常官捐不同，不过各尽其心报效国家，扶持义士，不用官法之文檄相督责，但以绅董之书函相劝勉。愿请奖者，当照章上请。不愿请奖者，亦当汇列姓名闻诸朝廷，破格褒表，事平之后，刊录成册，勒石垂名。庶使福字全军，马腾士饱，乘胜长驱，上之为国家宣威，下之为粤将吐气。前数年北省赈赈，善捐不下千余万金。今日安攘，大局所关，较赈赈尤为急要。各省商富，其有并非粤籍、好义书捐者，更所乐闻。为刘、为粤，即所以上为朝廷。本部堂、院来镇广部，酌水无欺，首捐二三千金，以为之倡。九州岛岛四海，义士如云，平日忠愤填膺，此是发舒之日，敬以俟之。

十二月十三日，公有函致张之洞。

《致张之洞》

　　承示改定捐启，良深欣感。昨缘来咨，须弁之簿首，故于公牍颇费商略。正因立名之难，又于古文流别微有参差，今一改为启，则可以行远，其辞达矣。中间经削定处，毫不可易，真老斵轮也，后世谁相知定吾文者耶？田才不及樊南，而执事手笔过改定《一品集序》远矣。今日即行咨复铃阁，缘缮写未就，待来日准到耳。顷复承示，请添号舍呈子，当即函知叶兰台缮一分送上。缘昨日撰募启，以此事属郡伯代为捉刀，因并以属之。兰台此间遂无呈稿，然兰台处亦决不延阁耳。承复，敬请督部大公祖晚安。

　　治弟田顿首。十二月十三灯下。

是月，公有函致张之洞。

《致张之洞》

　　义捐事今始办簿，未请督印，如何便行中间章程，俟询谋佥同再请改定。捐非一手，事非一时，不厌详也。尊谕云迟则事机已误，此语未晓将括香港封海之说耶？比日外间颇张皇，云敌人乘元旦不备来攻者。此议不起于闾阎，亦不缘港夷绝市而起，大约武营欲得饱饷度岁耳，然人心颇因而震动。昨有问者，权词慰藉之矣。公视粤中各营能谈虎不色变者几人耶，准此可验胜负。逸山只见一面，西学馆事不知可许否？念之，念之。督部大公祖阁下。

　　文田顿首上。

是年，公筹饷以助刘永福，并保举冯子材出任军务。

　　《行状》：十年甲申，南皮张文襄公之洞任粤督，初在京时与公同馆，以文学相切磋，谓公才堪大用，故粤中利弊多所咨询。衡阳彭刚直公玉麐视师到粤，亦刮目相视。前后大府奏请派公勷办军务粮饷者二次。彭公之修建鱼珠沙角等炮台，公与策画。及彭公去粤，公复增添坚船巨炮，规复陈头沙路炮垒，补其所未备。谅山之役刘永福督战镇南关外，以乏饷告粤，公为筹巨款以助之。保举冯子材出任军务计。公在籍十年，主管惠济义仓，屯积备荒，仓庾皆满。粤督聘公掌教应元书院，院例已登，贤书者始得肄业。故后起之秀多出门下，而执经问难者亦日众，公皆循循善诱，诲人不倦，士论多之。

《张荫桓日记》（光绪十三年四月十七日）：偶及甲申法越之事，法曾勒越南缴还中国印玺，此在观音桥接仗之前，法实先背津约。陈敬如谓曾于公会地方引茹费礼登楼，询以有无其事，茹不能答，匆匆下楼去，续与李丹厓商所以诘问之语，丹厓以新闻纸非确据止之，此事余曾面奏矣。敬如与同意，惜李丹厓不悟，未于法都相与折辨耳。间询敬如法人视刘永福何如？敬如谓法报至今尤详其起居，其曾在行间接仗者，谓与黑旗相持，其难倍于它部，是黑旗之捷非虚，李仲约之揄扬，张香帅之调护，殊不阿好。

有函致张之洞。

《致张督部》

督部大公祖大人阁下，奉启两事具别纸，如黄才可用，方令其赴辕，候赏见，谨启，敬请台安。　　治弟田顿首上

黄才所造铁龟模样呈阅，视其可否合用，再分别饬造，或发项，或令合股报效。俟有实用然后饬令当差，何如？该人现有美国当差时验照为据，呈请饬翻译官译出，视其真

否，然后用之。俾不虚冒。验讫发还。

又一件，近日港中新到火轮船一只，系英国货船。缘客舱、货舱太窄，不便商人之用，减价出售，有招买洋字单为凭，亦祈饬官译出，是否可用，似胜方提督自造也。价省而有铁皮，较内河所用为大。聊备一说，此非黄才来路。并以奉闻耳。合式遣员收买何如？

鸷哲按：此函未署日期，从内容判断时间在是年七月以后。另，文中方提督即方耀，时为南韶连镇总兵，署理广东水师提督，于次年十一月实授。

《致张之洞》

闱姓、禁蟹、扛鸡等票充饷起于部说。昨承派交郡伯核办，可谓得人。项闻两堂实数均已上达，外间耳目甚近，一缴谢教簿则丝毫不能弊混矣。惟中间情形尚有不能不细述者，盖民情不能透切，则流弊亦展转丛生故也。所宜透切言之，俾虚堂悬镜，可乎？澳股之来省作厂，意在必得，亦有下情。闻其于前年在澳开设，去年来省时业已为人所夺，首郡科试采银无由分派，且历年存有旧帐数十万，不开则不能收旧欠，此一义也。不到省认饷则成化外，他日得而办罪，此又一义也。并无来省将闱姓搅坏，俾澳门复开之说，彼已为人所夺成东隅弃榆之势，又岂复顾此堕甑哉？自省城弛禁之后，澳门立见其败，彼新承者方逃饷之不暇，澳酋又从而封其房产，押其家属，如内地之追呼。自后又孰向澳门吹已灰之焰，为查抄监追之计乎？且为葡萄牙所辱，尤不宜也。项闻有以此言进左右者，是謷言耳，否则不明此中之情形为人愚弄者也。澳股去岁贸贸求承其后，多出五十万元，仅获其半，其于获利也仅矣。厥后势成骑虎，不容其不来，彼此皆在骑虎之势，千方百计仅得集事，澳股又自以未受方伯之恩，且恃有加数之饷，其于陋规一节亦不能复顾矣。坐此颇为一二小委员侧目，必思所以倾陷之而后已。此次充公之项，省股多而澳股反少者，缘外厂均已为省股所据。去岁成事之时，无不左袒省股者，澳股弭首甘就其集枯者为之，亦怵于利害故也。昨所言两厂舞弊之说，盖有所闻而言之，东股本上通下济，亦欲与一二小委员作假簿可以干没，且必待追呼而后陆续缴上，即加以严刑，则买一二皂隶代之，已有成说矣，故急以奉闻。此议不从澳股来说未由知也，既承派交郡伯，郡伯细心推求，则省股之术穷矣，一二小委员不能行其术，于是造为西股作弊之说。夫闱姓之弊，弊于阅卷者之上下其手，此于厂商何与哉？即使自买自收，其于胜负之数茫然也。即使尽各卷而投之，曾不敌衡文者之一捆，如书办之子考试，其不能必售者，以去取非书办主之故也。又有云名利就一号限在王、廖两姓，此是作弊之据，不知弊不在此，此亦讹诈者之无理取闹耳。广东之姓氏约不及二百家，其大姓若张、陈、何、李之属，无年不进学中举，不限出五十姓上下则不能定破的之难，故各厂之限姓无相同者，大率人多则限之。假令全限，钟、王、廖三姓亦不谓之弊，何则？彼固不知衡文者之必不取三姓，故隘其涂以觇决拾之巧故也。此次之所以怪者，怪在钟、王、廖姓大人多，何以迄无一售耳，彼因其族大人多而限之，岂有意哉。且禁蟹者必于蟹多之处而禁令不伸，若无蟹之地则既不准有蟹，又何以知弃蟹之大有作乎？寻各厂限姓亦如投闱姓之不同，嗜痂嗜荙各有性情，弊不在此。或谓名利就既限廖、王，何从缴充，不知此自有法，彼诡票自有谱，于他厂之谱求之，以其四条图市利者，按图索骥则得之矣。若全以民票充饷，则绝流之渔，明年无鱼，且众怨沸腾，不可行也。惟专向此数票提充，则欢欣鼓舞，颂使君神明矣，又不令各厂乘此机会为中饱之计，则物无遁情矣，至作弊之人既不深求，又岂可别为杯弓蛇影之疑哉。充公既行，既足以上增军饷，下快舆情，又宜勿令波及无辜，则群情乃服。要之，作弊在上不在下，谓宜不必深求以杜讹索。或云此次百余万而充公不过四成，何以民票得采反多，此亦有故，请得而并陈之，可乎？此次若不扣除文、彭，则一网打尽，故其数多扣除两名，则其下皆多入彀之作，足见粤人聪明材力不相上下，所差毫末耳。然一网打尽，即令充饷，则射覆之人亦觉兴致索然，以后不复作此戏，于饷需无益，看似损下益上，实亦损上益下也，此所以不怨耳。鄙意欲令无人能欺公者，前言未尽，惧有流弊，用敢缕陈，惟亮察不备。

名谨别肃。

《致张之洞》

闱姓厂之弊只是乘此机会，作中饱耳。谢教单一缴，措手不及，不能及时挖补，如一座琉璃屏矣。外间有云枪手串通，闱姓厂作弊，此姑妄听之可耳。要之，幕友不能看坐号册，此事不能欺公，不必深求，但取充饷，则通人之论也。一二委员每欲借此加闱姓厂罪名，此其用意甚多，一笑置之可也。幕府能荐田起文，不能进田文起，且亦安知某某坐号千百人悉属钟、王、廖乎？公过来人，试下一转语。

光绪十一年乙酉（1885年）　五十一岁

二月初八日，镇南关大捷。

二月十五日，公有函致张之洞。

《致张之洞》

督部大公祖阁下：

连日闻欢声载道，足见宪泽下究民情，遂通关外捷音，群情欣喜，明公为国勤劳至此，方见效验，古来未有为其事而无其功者，此其见端耳。义捐开劝正值其时，先送上捐薄廿本，请用印，方敢发出。陆续再送上，俟发下再须送中丞处也。外间传闻放张朗斋西抚，不审确否？果尔亦甚好事，此公聪明，能得将士欢心，且郁郁于兜鍪久矣，畀以节钺或当有所报称，决不至为河阳之续，公意以为何如？肃启，敬请勋安。

治愚弟文田顿首。二月望日。

二月廿一日，中法停战。

二月廿七，于荫霖任广东按察使。

四月初七日，得潘祖荫送书。

《潘祖荫日记》：得香涛信，即复，并寄二沈书三部，一若农、一豹岑。

四月廿六日，公有函致张之洞。

《致张督部》

督部大公祖大人阁下：

承询《云南通志》一书，舍下无之，缘力不能览便致蠡，故在都时未及收。陈兰甫有一分，年前修郡志时存郡学，为蝼蚁蚀去。如方守功惠处都无，则恐不能觅矣。此间伍氏粤雅堂及孔氏亦有藏书。孔氏书秘不示人，恐亦无此，容一问伍氏耳。顷闻易氏或有此书，容往问之。恐劳盼切，故先奉达。日来边事一无所闻，止凭新闻纸，又不足据。清恙想勿药也。肝病惟魏玉璜言此最详，勿误服辛燥，至成痼疾，见所撰《续名医类案》中，请查阅也。都中议论错杂，惟交劾朝隐一辈，可称直道在人。比闻同乡家信，复有集矢棘闱者，不省是何用意，倘欲验之于鲸澳，则害益深矣。未悉何人手笔，故不能悬揣其用心也。月前颇有人云，未招呼者顾尔时安得复暇计及此节乎。为政不难，不得罪于巨室，可叹也。铃辕多暇，尚思新诣一聆训示，且秋凉前后欲祈息肩，计偕公许我乎？谨启敬闻，台候万福。

治愚弟文田顿首上。

四月廿六。

四月廿七日，《中法新约》在天津订立。

五月初一日，公有函致张之洞。

《致张之洞》

京华嘉果，独冠时新，拜领。盛情良深，欣感顿首，谨谢，谨谢！督部大公祖大人钧座。治弟文田状。初一晚。

五月十日，公有函致张之洞。

《致张之洞》

督部大公祖大人阁下：

北江堤围多溃，西关民居水至二尺余，尚有增长，早稻已无望矣。西江、东江均涨发，嗷鸿满目，又有待于使君矣。拟请先饬一二武弁用小火轮溯流查报，缘渡船来往路绝耳。庚辰年赈款尚余贰万存爱育堂，此款银来历系振轩宫保发米票所得，今年当用著矣。先是戊辰大水，岘庄制府命

冯守发出米票五百张，奏请免厘，在于镇江等处买米回广平
粜，然冯守所用系陈桂士计，虽赢余三万余金，卒归子虚。泊
庚辰年陈桂士复假爱育堂名号，请发米票五百张，令该堂绅
董前往买米，实则自为计耳。振帅径以交该堂分派各米栈，
每票约可直银百二十元，凡消得四百张，除官民捐赈交爱育
堂分投办放万余金约万八千，益以此款。凡赈三万余金犹余
三万，陈计不售。适合肥以直赈遣员来粤劝捐，弟商令该堂
拨去一万，尚余二万，此存款之来历也。当时已禀命振帅存
之于堂，与存之于官无异，一旦猝有偏灾，亦省铃辕多费一
分心力，刻下情形如此，则此款应否札饬移动，全候荩画。
又惠济仓除去岁捐出军饷三万外，尚存万余，又奉发下办团
银贰万两，除经麦绅宝常买枪、买营帐及添置洋枪等项，仅
用去四千余金，约存银万余金，此就田所计及者，均可仰候
酌拨。目下荒象渐成，计必仰劳恩注，故敢缕缕言之，非谓
止于此数也。明公区画何事不照澈底里，本无待于愚昧之旁
参，姑备一说，知无助于高深耳。临启甚悚，伏惟垂鉴。

　　治愚弟文田谨上。

　　五月十日。

五月十二日，公有函致张之洞。

《致张之洞》

　　火轮船一只俱无之，急欲前往派赈不容迟矣。灾区断
食十日，其死者不可救，尚须拯其未死者，已商令爱育堂董
事前往，非火船不办。昨承萧守问王镇，则无一存者。计肇
庆守亟于回郡拯救，此为公者也，用火轮船为正理，其余武
官或般家，或为人般家，则贻误多矣，敢恳迅赐咸断，速令
齐集，俾得分投前往，苍生幸甚。一夫不获，明公有纳隍之

叹，故敢冒渎如此。敬请督部大公祖大人台安。

　　治愚弟田顿首上。

　　十二早由爱育堂启。

是月，公有函致张之洞。

《致张之洞》

　　荔枝以挂绿为上品，增城西庵仅存一树，不易得也。弟作领南人五十二年，只三度见此，自云多幸。今岁复得，此其公之福气耶，敬以奉饷。东坡在惠州必无此耳，得此可以傲之矣。肉爽脆不湿纸，绝异他树，官斯土者或未易得一啖也。谨上，敬颂勋安。

　　治愚弟田顿首上。

《致张之洞》

　　省河火轮船今遣人前往诃之，非无火轮船也，别有用处耳，终日拖带民船图赚钱耳。省城缺米，若拖米来省犹可，否则舍公事、顾私图，甚非所以仰答明公爱民之盛意也。今开列各船备览：广安商船马力颇好，现拖宣威、扬武、恬波、靖江，以上四船皆中火船，可以载米或委员查灾皆合用。又去岁以二万金买英国一火船，马力极佳，又榷署火船名虎门，亦最快捷。靖安方镇之船，现在省河。以上皆可拨者，而中协云无船，此不可解也，惟明公察之。

　　名谨别具。

六月十七日，张之洞等奏公汇京捐款毫无勉抑。

《德宗景皇帝实录》：谕军机大臣等，前据翰林院侍讲学士梁耀枢奏，广东水灾甚重。当降旨令该督抚饬属查勘，妥为抚恤。据称广东于本年五月初六日，因西北两江同时陡涨，沿江之英德等处被灾，广西之贺县怀集亦有水患。何以迄今月余，尚未据各该督抚奏报，着张之洞、倪文蔚、李秉衡饬属认真查明，迅筹赈济，毋任一夫失所，仍一面将详细情形即行奏闻。又有人奏，广东绅士李文田，近以罚款三万两汇京，以备该省会馆经费，其同乡京官仍将汇款退回，谓宜归本地公用，请饬该省督抚以此款赈济灾黎等语。罚款例应归公，何以该绅私行汇兑来京，所罚究系何款，着张之洞、倪文蔚、明白回奏。原片着钞给阅看。将此由五百里谕知张之洞、倪文蔚，并传谕李秉衡知之。寻奏，遵查李文田汇京捐款，系阖姓商人情愿捐修会馆公用，不在罚款之内。该绅士因势利导。劝令捐施。毫无勉抑。报闻。

九月初四日，邀杨宜治游白云山。

《杨宜治日记》：李若农师邀游白云山麓，视太公葬地。

九月初四日，饯邓承脩于河干。

《杨宜治日记》：若农师践星使于河干，治叨陪末座，同席陈一山、许少平两先生。

十月初，两广总督张之洞奏公督办广州府团练捐输差毕，请准回京供事。

《前翰林院侍读学士李文田奉调督办广州府团练捐输事毕请准其销差回京供职片》

前翰林院侍读学士李文田，于光绪十年十月初八日准总理衙门来电，本日奉旨："据张之洞电称，省防必须团练辅佐等语。着派李文田督办广州府团练捐输事宜。会同龙元僖、及前派之叶衍兰等，认真经理。钦此。"当经臣等咨会钦遵，查照办理。即于十月十七日设局开办在案。兹据李文田咨称所有团练捐输事宜业经次第办理。现属海氛已靖，粤省防军陆续裁遣。该学士所办团捐事宜自应一律撤局，以便刻日销差，回京供职，请据情代奏前来。臣等查李文田品端志壮，才识恢闳，久侍禁廷，忠悃肫笃。自奉旨督办以来即与龙元僖、叶衍兰等会同竭力筹办其团练事宜。如西路附省最近之九十六乡莲花洋以内最冲之沙湾、茭塘二司，省西最重之佛山镇，五门入内总要之五斗司，该学士本籍顺德县，省东最要之东莞县等处，均经该学士会商，各该处绅士以忠义鼓舞士民，情词慷慨。挑集精锐，捐备军火，训练巡防，众志成城，经年不懈。洵足以外辅兵力，内清匪萌。其捐输事宜，首于该学士经管之惠济仓积存善举公项。内捐银二万两，又以去冬越南官军攻剿正在得手。经臣等商请该学士设立义捐局，为提督刘永福捐集军饷。先后捐解银二万一千余两。又会同本籍顺德县前太常寺卿龙元僖等多方敦劝，计顺德一县书捐最多，已解者六万三千余两。复经劝导，香港绅商捐助饷械数逾巨万。至于省城劝捐各行户，补平防费。该学士力以同仇大义开谕，殷商多为感奋。间有民隐未能上达之处，必为臣等暨司道各官剀切言之。俾军食舆情两无诟病。该学士经手捐款甚多皆经榜示，通衢毫无胶葛。当海防吃紧之时，得该学士之枕戈共奋，筹饷勤劳，其裨益大局实非浅鲜。现在防务解严，并无经手未完事件。应恳天恩俯准，销差回京供职。除咨吏部、翰林院外，理合附片陈明，伏祈圣鉴。谨奏。

光绪十一年十一月三日军机大臣奉旨，知道了，钦此。

十月十八日，公有函致张之洞。

《致张香涛》

香涛制帅大公祖大人阁下：

敬启者：月初拨付轮舶相送，良深寅感。初七日在港从福山轮船启行，十一晚始抵沪上。北风颠扑，微觉眩视，稍息两日待船，直至十八日始得由保大轮船上津。回盼铃辕，辄用怀想，敬维天眷益隆，足以经纬区寓，甚殷翘祝。客中岑寂，无所闻见，足为执事启达者，晤盛恒荪分巡，得见海军议覆一疏，颇为疑虑，只是合肥相国语耳。且合肥原奏尚云四支，众议成，则仅一支，其云扩充乃是饰说，当欲合沿海为一支，胥受成于合肥。至各省虽云分筹，然并不预闻，果尔则社稷之寄，非合肥无可为赉助者，真任大责重矣。合肥视天下无将才，不知除合肥外，又以何人佐合肥耶。左疏惟取台湾建省一节，鄙意以为此本左相失策，盖割出则势益孤，用抚则权较小，然而亦取之者，以省三不至受石泉牵掣故也，此似非虑及数年后局面。公疏但采及开矿，殊皮毛矣。洋药新加之款莫是，与英人买受若干箱一说耶，此事行之二年后必有大变幻，不但海军之饷无所出，即吾粤膏厘四款亦化乌有，此本何献墀等为英人所愚，不料竟行之也。英人以内地白土日多，鸦片销售日少，欲国家为作十年主顾耳，似乎不可行。公试思之，即令英人不加私烟，别谋充赚，然德、法则日日皆走私，我不能禁，是专买英国之鸦片以自禁其白土，且无销售之路。十年之间，其败坏穷乏不可言，尚论防海乎？此是鄙人之见，不知别有救解否？然西人日日用中法，而我日日讲西法，恐不妥也。此议建自左文襄，窃疑此乃其暮气，不料合肥从其乱命耳。合肥本极相思，然议论如此凿枘，恐终不能有所匡救，殊深杞国之惧耳。吾粤防务既无眉目，且就枢疏读之，似乎我公可不预闻者。然粤债日深一日，何献墀有借轻息还重息之议，不省先时而还与果否，五厘、六厘便日日可借，弟颇茫然，两害取轻，似非无益也。合肥极左袒丹厓，不省何以无救于贬黜，或云合肥近日不尽见信于枢廷，此即其见端，不审信否？此事枢纽系安危，故不惮姑妄言之也。合肥得柄之久暂，当于其近习之福泽详考之，以定倚伏。公以天下为己任，当不河汉此语否？敬承台候万福。

治愚弟田顿首。

十月十八早旅次沪上。

十月廿四日，于天津晤张荫桓。

《张荫桓日记》：遇李仲约亲家于紫竹林，往还数次，不尽所言。

是月初，公有函致张之洞。

《致张香涛》

香涛督部大公祖大人阁下：

昨承拨广凯轮舶相送，粤城回首，恋恋铃辕，感佩下忱，非楮所罄。奉电示，犹睠睠赈项，具纫名臣体国，一物不遗，即转诵谕知何献墀等分道催缴，方悉日前东华医院值理卢佐臣等原极踊跃，而本月来换值新董事关恺川忽有阻挠之议，且言此系赈银，不当别用，诸人皆愤惋不平。究其主使之人则系梁安，即梁鹤巢，而卢芝田者附和之，且云华民政务司不肯不与焉，可否面饬善道局员，如该商自后到善后局领收官款，必予以未便，如此方知唐官之尊。伊本为唐官，假辞色始薄有体面，伊不自爱致败人声名，犹复敢如此，揣其缘故，伊与陈桂士为唐官所提，此皆此辈鬼蜮，与何献墀等为难耳。财不自洋人出，洋人亦不干预，且医院唐人有自主之权，洋人不能掣也。梁安曾为黎船政所任用，称为香港圣人，俾其司理肇兴公司凡侵折三四十万金，黎之私数亲家故，因何献墀等颇与士夫相近，极力挠败之耳，或云即陈所为也。梁安不敢阻挠，事乃有济，此一道台力耳。濒行率布，未得条理，惟鉴不宣。

治愚弟田顿首。

十一月廿日，到京，赴御前召见，过翁同龢谈两时许。

《吏部覆李文田、马丕瑶出身履历片文》：十一年十一月二十日起复到院。

《翁同龢日记》：李若农到京，今日召见，饭后始来，留其吃面，谈两时许。

十一月廿一日，谕公仍在南书房行走。

《德宗景皇帝实录》：命前任翰林院侍读学士李文田仍在南书房行走。

《行状》：十一年乙酉，公年五十二，孟冬之月复入都供职。再直南斋。

《吏部覆李文田、马丕瑶出身履历片文》：十一年十一月二十一日奉上谕："前翰林院侍读学士李文田，着仍在南书房行走，钦此。"

《李文田列传》（王崇烈拟）：十年服阕，命仍在南书房行走

翁同龢代公缴行李税，又访公，不值。李慈铭来，亦不值。

《翁同龢日记》：出西长安门诣寿泉，以李若农行李税五十两交之。出城贺李玉舟嫁女。访若农不值。

《越缦堂日记》：午诣李学士文田，不值。

十一月廿五日，过李慈铭。

《越缦堂日记》：李若农师来。

十一月廿七日，翁同龢来。

《翁同龢日记》：饭毕出城拜客，晤程罩叔、李若农。

十一月三十日，过翁同龢，遇孙家鼐，同饭。

《翁同龢日记》：午前李若农来，高谈转清，不得不留便饭，燮臣适至，同饭去。

十二月廿七日，馈李慈铭银十六两，李作书辞之。

《越缦堂日记》：得李学士书馈银十六两，作书辞之，犒使二千。

十二月廿九日，李慈铭来。

《越缦堂日记》：午出门诣李若农师、翁叔平师、麟芝盒师、林房师贺岁。

是年夏，公录得钱辛楣藏《元朝秘史》。

《蒙文〈元朝秘史〉十二卷钞本题记》（光绪二十七年十二月初一日）：此书为钱辛楣先生藏本，后归张石洲，展转归宗室伯羲祭酒。余（文廷式）于乙酉冬借得，与顺德李侍郎各录写一部，于是海内始有三部。

《〈元朝秘史〉十二卷题记》：此本今藏盛伯羲司成家，即千里手跋之本也。丙戌夏借钞一部，此后转钞者十数家焉。

光绪十二年丙戌（1886年）　五十二岁

元月初四日，翁同龢来。

《翁同龢日记》：出城拜客，晤李苇农，归饭。

元月初六日，赴翁同龢召饮，童华、赵佑宸、孙家鼐、孙诒经、松湘同坐。

《翁同龢日记》：邀童薇研、赵粹甫、孙燮臣、孙子授、李若农、松寿泉饮，未初集，薄暮散，看碑帖字画，极乐。

元月十三日，以所抄《探路记》示翁同龢。

《翁同龢日记》：李若农以所抄《探路记》见示。

元月廿日，赴孙诒经召饮，张之万、徐树铭、祁世长、徐用仪、翁同龢同坐

《翁同龢日记》：未初赴孙子授之招，同坐张子青、徐寿蘅师、祁子禾、李若农、徐小云也，酉初散。

元月廿四日，李鸿章来函。

《复贺南书房翰林李》

析津驻景，方惭十日之留；泰谷回温，复拜五云之赐。浣藏再诵，铭柏同欢。辰维仲约尊兄大人一代词宗，十年公望，众美平台之独对，真看宣室之重征。聚米山川，来从风雪天王之地；含香台阁，争识云霄侍从之臣，翘企光仪，莫名颂祝。弟旌旟虚拥，管龠频更，又看浅草平原，堪调万马，敢拟折梅远道，聊寄双鱼。专泐，复贺春祺，敬璧晚谦。不宣。馆愚弟鸿章顿首。

元月廿八日，赴沈曾植招饮于寓庐，朱一新、张謇、黄绍箕、文廷式、袁昶在座。

《袁昶日记》：仲约先生、鼎父、季直、仲弢、云谷同集子培秋曹家，筱珊、止潜、萧卿不至。二更归。

元月晦日，公致函翁同龢。赴黄漱兰集会。

《致翁叔平》：《探路记》及《秘史注》阅毕乞捡交去人携回为幸。敬上叔平宫保阁下　文田顿首　正月晦日

骘哲按：此函在光绪十二年，《有关李文田的三通函札》以此函在光绪十一年，有误。光绪十一年正月李文田尚在广东，不可能有此函。

《袁昶日记》（2018年）：黄漱兰丈招集，仲约李先生通知时务，而所见深远，发言多中事理。

是月，公召集袁昶等人，出示《西岳华山庙碑》。

《袁昶日记》：李仲约学士招集，出汉延熹八年袁逢建《西岳华山庙碑》拓本相视，此碑毁于地震，海内所存宋拓仅有三本。王山史本、宋漫堂本、四明全氏本。一本归刘燕庭方伯喜海，后复为湘文太守所得。此本精采焕发，小玲珑山馆马秋玉家藏本后归张古馀。却在三本之外。徐季海云是中郎书。前人相传结体与酸枣令刘熊残碑正同，惜未见刘熊拓本也。

二月朔，李慈铭来函，复之。

《越缦堂日记》：作书致若农学士，略告以平生治心之要，及重名之不可恃。得复。

二月初七日，公补原官。

《京报》：翰林院侍读学士李文田补原官。

《吏部覆李文田、马丕瑶出身履历片文》：光绪十二年二月初七日奉旨："补授翰林院侍读学士，钦此。"是日任。

二月十二日，翁同龢以公之《探路记》付同文馆排印。

《翁同龢日记》（二月十二日）：昨以李若农所抄《探路记》托庆王付同文馆用活字印行。

三月初二日，翁同龢来。

《翁同龢日记》：出长安门，访李若农晤谈，驰归。

三月初七日，与翁同龢等至京郊迎接太后及德宗。

《翁同龢日记》：微雨，旋作旋止。报已到，第九单。拆报，上昨午正一刻抵燕郊。明发一道，叩阍。交钥匙于祁

公。出乘车，出齐化门，将出大桥，于粮食店永义。小憩，
卸车于彼，冒雨策骑过桥，户部账房一架在彼，雨甚，道上
积水数寸矣，恩相及两孙兄，颂阁、吴燮臣、李若农皆来。
雨止风起。午正一刻上至，跪迎，蟒袍补褂，不请安，班在王
公前，在路之北。再至账房，又雨，少顷传有信，时雨亦止，
遂立候。直至申初一刻，太后驾到，跪迎如前。乘马疾驰，
入至西馆，祁公及内阁诸君久待矣。恩相至，舁箱送乾清门
阶下，余等至门上小坐，侍读等在下看箱。直待至酉正二刻，
内监出，舁箱至案上，福公亦来，将箱启封，当面将四匣，
每匣每屉点交佟禄、王得福两总管讫，即出，将阖门矣，乏
极。太后赐上黄马褂，即于途次御之。

三月十三日，过翁同龢。

《翁同龢日记》：李若农来长谈，上下千古，诚痛快之
论。看公事，将洋债列一表。

三月十七日，赴袁昶招饮寓庐，王颂蔚、吕耀斗、李慈铭、
缪荃孙、朱一新、沈曾植在座。

《越缦堂日记》：晴，赴爽秋及王蒂卿之饮。爽秋
所寓，昔年钟雨人学士居之。庭中颇有花树，海棠已盛开
矣。晚酒毕，庭芷及李文田先去，偕筱珊、荣生、子培谈至
夜归。

《袁昶日记》：扫除寓斋，偕蒿隐先生招同吕庭芷、李
仲约、李莼客三先生、子培秋曹、筱珊、鼎父同年，花下置
酒小集，日莫始散。

是月，公有函致张之洞。

《致张香涛》

香涛制帅大公祖大人阁下：

承示广雅书局饬田总纂，拜悉拜悉。此事有不敢辞者，有不敢不辞者，退食鲜暇，恐负校雠，此宜辞者也；暨与滥竽，事定始退，此不敢即辞者也。鄙意如此，公必听之矣。丁氏翻译《炮台图说》，此书今之急务，愿饬梁星海编修或吴玉臣编修就其家写之，何如？吴中有孝廉袁君宝璜，许星叔得意弟子，今岁下第，求荐馆于许，许嘱田奉闻。此君经学、小学均佳，曩丁雨生曾聘之于家修书目，丁物故，遂失馆。其人微有嗜好，然以许故，不能不奉达左右，岁费二百余金，似不必以微物细故与政府忤，他人之荐及荐非其人均决不敢援此例，惟公裁之。他事别纸附启。敬请寿安。

治愚弟文田顿首。

四月初三日，召饮同人，以《顺德本西岳华山庙碑》、元拓《鲁峻碑》见示，同坐者汪守正、孙家鼐、孙诒经、吴树梅、翁同龢。

《翁同龢日记》：赴李若农招，汪子常在坐，余与两孙兄、吴燮臣作陪，巳正到彼，申初散。是日得见若农所藏《华山碑》，脱两叶，乃宋榻之精者，胜崇朴山四明本远甚，据称亲在杭州见梁敬叔家华阴本，宗湘文家长垣本与朴山本一一细校，皆不逮此本之精，此马氏玲珑馆藏，金多心钩过一本，覃溪先生据以付刊，即吴山夫《金石存》中所载之本也，为海内第四本，人多不知。又《鲁峻碑》，是元拓本，极佳极佳。

《翁同龢自订年谱》：见李若农所藏《华山碑》，脱两页之本。马氏玲珑山馆旧物，金冬心钩寄苏斋即此，吴山夫金石本中刊之，为海内第四本，实则最精之本也。

四月初八日，召饮同人，徐郙、孙诒经、童华、翁同龢同坐。

《翁同龢日记》：赴李若农招，颂阁、子授至，待童薇研，未正坐，申正三散。

四月拟策题。

《翁同龢日记》（四月十七日）：归检策题，若农所拟也。

约四月前后，公曾就光显寺主持大喇嘛问西事。

《袁昶日记》：张君言，西金山即阿尔泰山光显寺主持大喇嘛棍噶扎喇参近来京，此僧曾与俄人交仗，为彼所畏。住德胜门外黄寺。仲约先生曾就之问西事，棍上座与李雨苍旧识，予欲就雨苍问之。

五月初二日，李慈铭来函，复之。

《越缦堂日记》：作书致翁叔平师，致李若农师，俱得复。

五月初八日，晤翁同龢。

《翁同龢日记》：晤李若农。

七月二十一日，张荫桓得公书。

《张荫桓日记》：昨李仲约书言小棠递遗折前一日，命其子将图画转付代储，金石之谊，死生一致，可感也。

七月廿五日，翁同龢来。

《翁同龢日记》：访晤若农略谈，送周小棠归榇。

八月初三日，致函李慈铭，馈荔枝一餅。

《越缦堂日记》：得李若农师书，馈新荔支一餅，作书复谢。

八月初九日，翁同龢来。

《翁同龢日记》：出顺成门，访李若农，吃面。

八月十二日，李慈铭来书，并馈食物。复之。

《越缦堂日记》：作书致李若农师，馈食味一品鲔及月饼，得复。

十月十七日，赴松筠庵翁同龢召饮，吴大澄、吴大衡、李方豫、刘传福同坐。

《翁同龢日记》：出城，至松筠庵，是日邀吴清卿、谊卿兄弟，李若农、李荆南方豫、刘雅宾小饮，午正集，待若农，未初坐，申正散。

十月十八日，赴李慈铭召饮。黄体芳、吴大澄、徐宝谦、王彦威、袁昶等同坐。

《越缦堂日记》：黄漱兰来、殺夫来、吴清卿来、若农师来、徐亚陶来，爽秋来，岑伯豫来，午后设饮逮闇而散。

十二月十七日，招饮同人，黄体芳、盛昱、王仁堪、张鼎华、王颂蔚、袁昶、沈曾植、李慈铭在座，观慈禧太后绘菊花萱草直幅。

《越缦堂日记》：午赴若农师之招，敬观慈禧皇太后墨绘菊花萱草直幅，气韵超绝、秀出天成，净色云光，照映宵表，盖古今莫能二也。晡后设宴，肴馔珍异，有熊蹯、鹿尾、鹿脍、蚝羹、鲅轩、燕窝。又有哈氏蝛羹，出盛京石泉之蛙也，洁白如豕膏，其橙酪一味最佳。逮夜始散，坐有淑兰通政、伯希祭酒、可庄修撰、张研秋编修、苇卿、爽秋、子培。

《袁昶日记》：学士李公召集，强赴之。斋中敬观慈禧太后画菊御笔，淡墨渲染，风枝露叶，不用勾勒，而自然苍古。昔汉代明德马后之好楚词，和熹邓后之善史书，稍耽翰札，无于丹青，恶足称哉！臣昶敬记。

是年，吴道镕庶吉士散馆，习书于公邸。

《跋李文诚师临醴泉铭》：余丙戌散官，习书于先师李文诚公邸第。出都，师以缩临醴泉铭赠。曾付石印，得者宝之。此本较余所得本字体略小，当为丙戌后戊子、己丑间作。师乙酉冬再入都，历戊子、己丑皆考校试差。师先后典江浙试，得士之盛海内艳称，而试差卷式格与此本同，故知当出此时也。其结字运笔收束精神，细入毫发而肌理、血脉、骨韵、姿势皆肖。他人矜意为之所不能到。犹忆曩寓邸第时，师每下值，不脱衣冠，就案评骘余书毕，信手展纸，背临欧书，顷刻累幅，无一懈笔。此不惟绝艺入神，亦其精力过人远也。讵不数稔，中日之变，中愤憔悴，梁木顿摧。常熟翁文恭师輓之云：积感填胸斯才竟以文衡老，遗书满箧余事犹堪艺术传，其惋痛至深。展览遗墨，附述旧闻，不胜师门之感。

光绪十三年丁亥（1887年）　五十三岁

正月十七日，赴蒋镇嵩宴，坐有钱桂森、曾纪泽、徐树铭、王闿运等。

《曾纪泽日记》：往蒋寿山家赴席，钱昕伯首席，李若农暨余与徐寿衡、陈伯珊、王壬秋陪之，酉初，未终席辞出，至台基厂本宅一观。

二月初九日，赴天宁寺雅集，王颂蔚、缪荃孙、沈曾植、黄绍箕、袁昶同游。

《袁昶日记》：出西门，集近坰萧寺，薄晚始散。《春雪微霁偕蒿隐小山子培仲弢陪李学士宴集天宁寺》（诗略）

三月十一日，扈从太后、德宗谒西陵。

《翁同龢日记》：微阴，热不可耐。酉正大风欲雨，旋晴。是日上奉皇太后谒各陵，随扈诸巨无事。……余偕李若农策马入东口门。小车亦通融入。所行皆今日跸路，明日上在陈门庄中伙，不经此路矣。过三岔道北行，陟一冈，至慕东陵小圈宿，兴隆木厂所备，松涛泉代为布置。晚饭极精。饭后寻松寿泉、敬子斋、崇寿之谈。骑马三十里，冒风欲飞也。赏兴隆厂人徐奎章四两，厨一两，茶五钱。送房东谭姓，郎中。款扇一、字条一。庆王送菜，八大、八小。汪子常送一品锅、四点。谕旨一道：叩阍。

四月三十日，李鸿章保举公出使外洋。

《密保洪钧李文田崔国因李兴锐四员片》：诚以绝域奉使与将相并重，必求资望华重，器识宏远，兼能熟悉洋情之员豫储待用，方不为彼邦所衰视。矧目今与各国通好交涉事件日繁一日，举凡商定约章，考求器械，保护华人，以及公例之丛赜，国权之进退，期间因应操纵，在在均关紧要，不独以采风专对为足尽使事之长。现当法、德、日本等国使臣将届三年期满，需员接替，自应预为保奏，以备任使。……翰林院侍读学士李文田，学识兼长，坚忍诚悫，生长粤东，熟谙洋情……以上四员，皆臣素所稔习，年力正强，体用具备，若以之充出使之选，借资历练，将来承办洋务，可收得人之效。

闰四月初，公有函致张之洞。

《致张孝达》

孝达制府大公祖大人阁下：

去岁辱手书，甚深翘企，敬想茝祺康豫，敷布日增为慰。《法国探路记》昨年始排板印二百会部，今敬以四部奉寄，乞酌分之。缘携带不易，遂延两三月，兹缘沈子封太史赴粤，托其转送，希鉴入。子封为昨年后辈昆仲，并湛深舆地之学，穿串古今，非寻常材也其兄子培，刑曹，名曾植。子封旧为合肥所器重。计到粤日，当晋谒乞进而教之。鄙人频年录录无可，仰副期许者。去年有谢余侍御疏陈谓，出洋大臣须洞悉边事，请各衙门荐举人员，分道出洋，以资娴习云云。掌院以知单问院中诸人，愿去与否？田注愿去，遂为掌院及总理所保，合肥疏亦继至，计或可成行，重得奉陪霭玉，良用自庆也。承启，敬请台祺，不尽舰缕。

　　治弟田顿首。

闰四月廿四日，赴皇太后召见。

　　《翁同龢日记》：六起，有李文田、洪钧起，备出使外洋也。

　　《越缦堂日记》：邸抄，是日皇太后召见洪钧、李文田，闻奏对甚久，以洋务也。先是合肥保举堪使外国者四人，洪、李及崔国因、李兴锐。洪浮薄不学，以内阁学士告病归，旋丁忧，服阙躁进，遂以诡遇于合肥。李学士平日毁合肥不值一钱，而忽有此举，不可解。

　　《张荫桓日记》（七月二十一日）：许竹篔书言李傅相近保使才四人，洪文卿、李仲约、崔惠人、李勉林，文卿奉使德、俄，中外荐员多至三百，勉林奉使日本，以病辞。

五月初三日，翁同龢来谈。

　　《翁同龢日记》：至懋勤殿与若农谈。

五月初九日，张荫桓得公书。

　　《张荫桓日记》：得李仲约书，论小吕宋设领事馆仰给华商之弊，又虑领事权利有限，咸令不行，可谓见道之言。

五月初十日，赴龙树寺翁同龢招饮，贾致恩、钱桂森、孙家萧同坐。

《翁同龢日记》：出城至龙树寺邀贾湛田饮，钱辛白、孙燮臣、李若农作陪，申初集，酉正散。

是年夏，朱一新有函致公。

《上李苕农师》

前在都门，屡叨钧诲，左官出都后，复蒙委婉代筹，无微不至。夫子爱惜人才之盛心，固不觉随处流露。而身受者，何德堪之。近接舍弟书，知夫子曾欲珂乡讲席之聘，欲以回授一新。闻命之余，益深惭感。适月间由萧岊山廉访递到香涛前辈电函，订主端溪书院，当经允就。自念高堂年迈，未敢遽离家慈，病虽渐瘳，而阴分久亏，肝疾触而辄发，家严亦饱更忧患，精力甚衰。兄弟二人，一既滞迹都门，新安可复游岭峤。而家无长物，有母尸饔，中夜彷徨，思之雨汗。夫子殷殷推毂，势不能不作远游，惟贵乡人文素盛，抗颜为长，恐无以应诸生之请，重贻夫子羞耳。近阅报章，知夫子有破浪乘风之意，此诚壮游，但恐非所语于帷幄近臣也。

鹜哲按：朱一新此函无日期，提及主讲肇庆端溪书院事，在光绪十三年八月。是年朱一新欲往南京求教席，未成，于春末返里，即得萧岊山之函，故断此信当在夏初。

七月十五日，公有函致方功惠。

《致柳桥》

柳桥大公祖大人阁下：

七月望日，伏读来示，敬悉书局刻书情形，深荷大材陆续兴办。又广雅书院亦承缔造，敝邦文献得公振起而助成之，为不朽矣。今年夏间辱督帅手书劝勿辞书局之役，使君挚爱无微不至，真堪感激。今又承寄脩脯，殊增悚汗。弟所以再三不敢滥竽者，实缘无以仰助微末，非敢比迹于清孤之俦也，况南皮之示节又何却于伯夷之树粟哉，容别写谢启以鸣鄙私。清卿中丞今代雅才，与南皮相得无间，诚吾粤之福，当必视公如左右手也。今夏弟承长信召对，犹谆谆垂问南皮体气，且云极知其人肯用心，盖是时南皮督帅正争厘税并征抗疏之际也。两公眷遇之优，非得于目见，鲜不为涂说所欺。公日与两公文字因缘分忝堂属，当亦为之加额。江左刻《续经解》闻已数十种，然多不尽得文达门径也，各行其是可矣。辽、金、元三史能覆刊明洪武间本最佳，再数十百年人间并无此物矣。乾隆中儒臣改译多非，仰承指授，虽官书通行，然人间仍以明初南监为贵者，此也。尊斋想有此物，乞与局中诸公谋之，刊后别附三史语解，则仍不碍官书也，质之学人以为何如？拙著《元秘史注》，他日脱稿，当钞一分以就正有道。因复，未及一一，敬颂升安。

治愚弟文田顿首。

七月望日左余。

七月廿日，曾纪泽来谒。

《曾纪泽日记》：未初出城，拜李若农，谈极久，拜黄漱兰，不晤。

八月初七日，捐修工程银五百两。

《吏部覆李文田、马丕瑶出身履历片文》：京捐局八月上卯，捐修工程银五百两，内划出银二百二十两请翰林院侍读学士给予寻常加五级，专为请二品封典之用，合并声明。十三年九月十六日奉旨。

八月十九日，为翁同龢相度住宅，长谈。

《翁同龢日记》：李若农来为余枏度住宅，谓中间湖石可去，留饭长谈，言澳门事甚悉，霸才也。

九月初二日，招杨宜治饮。

《杨宜治日记》：李仲约师招饮。

九月初八日，与袁昶、王颂蔚、盛昱、沈曾植、刘岳云、文廷式、蒯光典等集于天宁寺，约为登高之会。

《袁昶日记》：仲约学士召集天宁寺，预约为登高之会。至者蒿隐枢部、伯羲祭酒、子培秋曹、佛青户部、芸谷孝廉、礼卿检讨、主宾共八人。是日景气澄霁，林皋疏明。

十月十五日，赴曾纪泽召，坐有周德润、张百熙、龙湛霖、方耀、刘永福等。

《曾纪泽日记》：未初三刻，周生霖来久谈，李若农、蒋寿山继至，陪客入席。张冶秋至，笛渔亦入坐，首肴毕而龙芝生至，酒阑时，方照轩、刘渊亭来久谈。二客去，陪客终席，酉初客去。

十月廿日，会典馆奏开，公最早到。

《袁昶日记》：会典馆甫奏开，在东华门内国史馆后。予年将半百，一向作粗官，至是裁博一馆差，如鼠搬姜，殊为人垢笑。然近性健忘，于本朝掌故不能洽熟，又孤是职也。闻总裁常熟翁尚书欲派予为总纂，幸提调，为婉辞而止。提调之代辞，玉成我也。尚书之意于淬励人材之法犹未备，不佞自揣有三浅，资格浅，学术浅，智虑浅，无其实而冒居其名，不祥。然感尚书激奖提携之意，深惧无以为副也。归熙甫于平生知遇之恩，每饭不忘，不佞亦窃慕之。二十日卯刻开馆，怀铅椠者毕集，李仲约先生最早到，老辈作事勤敬，可效法也。蒿隐以目疾未到，提调官于听事恭陈

敕书，总裁率纂修各员行三跪九叩礼，礼毕各散。又，例至
总裁斋投刺谒。

十月廿三日，张荫桓致公函。

　　《张荫桓日记》：致李仲约书，述外洋使规及美、日、
秘三馆现办各事，覼缕二十二纸。

十月三十日，叶昌炽言及公。

　　《缘督庐日记》：粤人笃信形家言，喜营假兆，又重科
名，往往建塔以镇风水，闻通人如李若农学士，亦注《撼龙
经》也。习俗移人，贤者不免，信矣夫。

十一月初三日，赴东兴居小集。

　　《杨宜治日记》：辰随若农师在东兴居小集。

十一月十四日，杨宜治来谒，借碑拓数种。

　　《杨宜治日记》：谒邓堂，谒李仲约师，赐观伍氏藏
小玲珑山馆本《华山庙碑》，海内第四本也，精神浑静，墨
色匀古，真宋拓也。又宋拓《孔庙礼器碑》《鲁峻碑》，明
拓《张迁表颂》，皆佳，从借归，即日还三种，留《华碑》
三日。

十一月廿九日，李慈铭来书，约腊八日饮。

　　《越缦堂日记》：作致李若农师书，致邓铁香书俱约腊
八日饮。得若农师复。

十二月初六日，招黎荣翰、杨宜治、缪荃孙等饮。

　　《杨宜治日记》：若农师招饮，同座黎弨侯编修、荣翰，
丁卯同年。缪小珊同年荃孙、汪子常比部。

十二月初八日，李慈铭来函。赴李慈铭召饮，邓承修、徐宝
谦、袁昶等同坐。

　　《越缦堂日记》：作书致李学士得复。……午后若农

师、邓铁香、徐亚陶、方勉夫、袁爽秋来。晡时设饮于轩翠坊至夜初更散。

光绪十四年戊子（1888年）　五十四岁

正月初二日，过翁同龢。

《翁同龢日记》：李若农来晤。

正月十三，赴徐树铭招，坐有曾纪泽、劳启捷、钟佩贤、钱桂森、续昌、徐琪。

《曾纪泽日记》：午正一刻往安徽会馆，赴徐寿衡之招，余与劳凯臣先至，谈极久。钟鲁英（佩贤）、钱昕伯（桂森）、续燕甫、李若农陆续至，未正入席。两肴之后，徐华农（琪）至，同坐。

正月十四日，赴松筠庵袁昶、沈曾植、王颂蔚招饮，黄体芳、李慈铭、王仁堪、黄绍箕、冯煦、刘岳云、王咏霓在座。

《袁昶日记》：于蒿隐先生、子培秋曹招同社松筠庵宴集，会者十余人，为芍师、淑丈、莼老、可庄、中弢、梦华、佛青、子裳，二更始各散。

《越缦堂日记》：赴爽秋、佛青、子培三同年松筠庵之招，饮未半，继以烛，夜归。

正月廿日，文廷式来辞行。

《文廷式集·湘行日记》：往徐尚书师、李仲约学士、缪筱珊编修、乔茂萲户部、李向五中书等处辞行，又回拜潘伯寅尚书。

正月廿二日，过文廷式。

《文廷式集·湘行日记》：李向吾、袁爽秋、刘镐仲、李仲约学士、孚伯兰员外来，茂荩赠书，伯兰赠赆，皆可感也。

　　《笘誃日记》：晨起出门一游，得李仲约学士临唐碑十二种拓本。

二月初六日，与翁同龢谈。

　　《翁同龢日记》：天明始入，与戈什爱班语，又与李若农谈，以王颂蔚所拟会典凡例交之。

二月廿一日，招邓承修、张鼎华、杨宜治饮。

　　《杨宜治日记》：若师招饮，陪邓铁香先生，张延秋太史同坐。

二月廿三日，赴潘祖荫招集。

　　《潘祖荫日记》：招王文锦、徐会沣……若农、锟臣、抟九，未初散。

二月廿七日，送烟潘祖荫。

　　《潘祖荫日记》：若农送烟，止二次。

二月间，袁昶两次来晤。

　　《袁昶日记》：晤仲约先生，出示毛西河《濑中集》，当系辟仇时作，在《合集》之外。《合集》，阮文达督浙学日重刊。

　　《袁昶日记》：诣仲约师先生，言汉碑《石门颂》《华山》《衡方》，皆列撰人；唐碑惟欧阳信本书《九成宫》以官资小于魏文贞，故撰人居前而后书人，乃变例。今日先生允写邓序，昶以寿叙体，虽不古而书之，宜参用石刻赞颂之式，先生年辈乃尊行书人结衔，宜居末幅之前，次乃列撰人似为合宜。

三月初一日，徐用仪、廖寿恒饯邓承修，公在座。

《杨宜治日记》：徐公小云、廖公仲山两先生饯邓铁香先生，命治作陪。李仲约师、潘奕琴先生、吴心农比部在座。

三月十二日，缪荃孙来函。

《艺风老人日记》：呈谏顺德师，并代凤喈求书楹帖。

三月廿八日，赴崇效寺饯邓承修，李慈铭、袁昶、黄体芳、沈曾植、徐宝谦、王颂蔚、王彦威在座。

《袁昶日记》：晴。芍师、淑丈、亚陶、蒿隐、殹夫集崇效寺，筦老与予戒厨传饯伯讷，公时已致仕，将归省于惠州，薄暮始散。

《越缦堂日记》：上午诣崇效寺，爽秋及漱兰、亚陶两丈已至，子培、蒂卿、殹夫及若农师、铁香相继来。午后设宴，饮毕请若农师、铁香题卷，各助装裱资四金……旁晚始散。

四月朔，过缪荃孙。

《艺风老人日记》：顺德师来谈。

四月初三日，缪荃孙来，还公《天启从信录》。

《艺风老人日记》：还《天启从信录》于顺德师。

四月廿四日，缪荃孙来，还公《山东边防备要》。

《艺风老人日记》：还《东北边防备要》于顺德师。

五月初九日，缪荃孙来。

《艺风老人日记》：谒顺德师。

六月十八日，过缪荃孙，借《契丹国志》。

《艺风老人日记》：李顺德师来，假去《契丹国志》。

六月十九日，缪荃孙来，还公《黑龙江夕纪》，又借《三垣笔记》。

《艺风老人日记》：诣顺德师，还《黑龙江外纪》，又假《三垣笔记》回。

六月廿二日，充江南乡试正考官。

《清代七百名人传》：十四年。充江南乡试正考官。

《吏部覆李文田、马丕瑶出身履历片文》：十四年六月二十二日奉旨："江南正考官，着李文田去，钦此。"

《德宗景皇帝实录》：以翰林院侍读学士李文田为江南乡试正考官。修撰王仁堪为副考官。编修戴兆春为陕西乡试正考官。周锡恩为副考官。

《艺风老人日记》：顺德师简江南典试，副以王仁堪。江南学人可以搜拔无遗矣。

《李文田列传》（王崇烈拟）：十四年，充江南乡试正考官

鸷哲按：此处《清代七百名人传》中年号未注明"光绪"，而紧跟同治十二年之后，是原书疏漏。

是日，过曾纪泽。

《曾纪泽日记》：申初一刻散坐，客去，写名片戳，入上房一坐，写片戳极久，至次女室一坐。德贞来一谈，李若农来一谈。

六月廿六日，缪荃孙来。

《艺风老人日记》：谒顺德师。

六月廿八日，王彦威等于长春寺为公及王仁堪饯行，黄绍箕、张预、盛昱、王彦威、沈曾植在座。杨宜治、熊亦奇等公请公于陶然亭。

《秋镫课诗之屋日记》：偕仲弢、张子虞设席长春寺，为李师、可庄同年饯行，盛伯希、沈子培作陪。

《杨宜治日记》：公请李仲约师江南正考官于陶然亭，同局熊君余波、亦奇。萧君皞农、熙。张兄翰卿，皆江右人。吴柚农、杨廷之、王范堂诸人为乔茂谖公生亦在此处。

七月初二日，缪荃孙、王彦威来。

《艺风老人日记》：谒顺德师，留午饭，与王韬夫彦威小谈。

十月十三日，翁同龢拒见康有为。

《翁同龢日记》：南海布衣康祖诒上书于我，意欲一见，拒之。

十月，康有为上《上清帝第一书》，公颇不以康氏为然。

《康南海自订年谱》：乃发愤上万言……十月，递与祭酒盛伯羲先生昱、祭酒素元直，许之上。时翁常熟管监，以文中有言及"马江败后，不复登用人才"，以为人才各有所宜，能言治者，未必知兵，若归咎于朝廷之用人失宜者。时张佩纶获罪，无人敢言，常熟恐以此获罪，保护之不敢上。时逢冬至，翁与许应骙，李文田，同侍祠天坛，许李交攻，故翁不敢上。时乡人许，李皆位侍郎，怪吾不谒彼，吾谓彼若以吾为贤也，则彼可来先我，我布衣也，到京师不拜客者多矣，何独怪我，卒不谒，故见恨甚至也。

《南海康（有为）先生传》：其时粤人李文田、许应骙皆官侍郎，深疾先师。一日翁与许李同侍天坛，在翁前大讦，先师同翁默然意沮。先师与许、李本无隙，只以抵都时不往投谒。先师尝曰："彼若以我为贤也，可先我。我布衣也，到京不拜客多矣，何独怪我？"然许、李竟以是恨之。

《翁同龢日记》（十月二十七日）：盛伯羲以康祖诒封事一件来，欲成均代递，然语太讦直，无益祇生衅耳，决计复谢之。

《翁同龢杂记册》：南海布衣康祖诒，拟上封事，由成均代递，同乡京官无结，未递。其人初称布衣，继称荫监，乃康国器之侄孙也。

骘哲按：《翁同龢杂记册》一段引自孔祥吉《翁同龢与康有为上清帝第一书》。又翁万戈辑《翁同龢文献丛编》，上海远东出版社，2014年。

十一月初九日，江南乡试主考差竣。

《吏部覆李文田、马丕瑶出身履历片文》：十一月初九日，差竣。

江南乡试放榜后，见郑孝胥。

《笤訝日记》：（郑孝胥）云於江南放榜后进见李仲约师，师坐定即举标卷示苏庵，故苏庵早见余三场全作也。

十一月廿一日，曾纪泽来。

《曾纪泽日记》：出城，拜李若农、李兰荪，各久谈，余投刺。

主试江南时，见是年登榜之王庭芬。

《藏圆群书经眼录》：李氏世谱兴化李氏乾隆甲午新刊。李若农先生文田手跋："光绪戊子余奉命典试江南，是年有兴化登榜之王庭芬，因谈及前明李映碧撰《三垣笔记》议论右奄党，疑其家世皆奄党也，史称映碧郎文定元孙，不知其于逆案李思诚何如人。及索得此谱，果思诚之直下孙也。然则李清之甘心助奄宜矣。非以其姓李之故而欲孥也。五千卷室漫识。"李若农先生文田遗书，乙亥二月二日其孙李楸见示。

十一月十二日，送翁同龢《本草》及食物。

《翁同龢日记》：李若农送《本草》及食物，受之。

十一月十八日，赴瑞德堂潘祖荫召饮，孙家鼐、曾纪泽、徐郙、翁同龢同坐。

《翁同龢日记》：午初上入斋宫站班六部到者不过十人。毕诣瑞德堂伯寅招饮，同坐者孙兄、劼刚、颂阁、若农也。

十一月廿五日，馈李慈铭闽橙及江南闸墨，得复。

《越缦堂日记》：李若农学士馈闽橙十枚及江南闸墨，作书复谢，犒使二千。

十二月初二日，赴翁同龢招饮，同坐者吴树梅、盛昱、王仁堪、陈与同、冯煦。

《翁同龢日记》：是日邀试差诸君饮，未初集，待齐未正三刻，薄暮散。李若农赠书、食物等。吴燮臣、二十。盛伯羲、碑刻。王可庄、闸墨。陈弼臣、十二。冯梦华。十二。

十二月六日，赴潘祖荫招集，孙家鼐、黄国瑾、王懿荣、沈曾桐、沈曾植、黄绍箕等在座。

《潘祖荫日记》：招若农、鳃臣、再同、廉生、小宇、子封、子培、仲弢、抟九来同坐。

《袁昶日记》：晤莼老，伯驯置酒见招，过之。

光绪十五年己丑（1889）　五十五岁

正月十九日，江标来拜。

《笘誃日记》：拜芍农师，见及后、畅谭至天晚归。

正月廿日，赴潘祖荫招饮，王懿荣、张度、刘岳云、王颂蔚、黄绍箕、黄国瑾、沈曾桐、沈曾植、许玉琢、王仁堪、叶昌炽、汪鸣銮、冯煦等在座。

《缘督庐日记》：晴，郑盦丈招饮，先造苃卿寓略谈，联车赴之。见郇亭、廉生、梦华、仲弢、可庄、佛青、建霞。

《笤谇日记》：适郑盦尚书招饮，即至米市胡同，两席已坐满，王廉生懿荣、张叔宪度、刘佛青岳云、王苃卿颂蔚、黄仲弢绍箕、王［黄］再同国瑾、沈子佩曾植、沈子封曾桐、许鹤巢玉琢、芍农师、可庄师、鞠常师、郎丈、许□□，尚有四人不知姓名矣。见《盂鼎》及新出土大小《克鼎》及《中师父鼎》、诸匋［铜］器。

正月廿四日，升詹事府少詹事。

《清代七百名人传》：十五年正月。升詹事府少詹事。

《行状》：寻升詹事府少詹事。

《吏部覆李文田、马丕瑶出身履历片文》：光绪十五年正月二十四日奉旨："补授詹事府少詹事。"是日任。

正月廿八日，皇帝大婚礼成公获奖叙。

《德宗景皇帝实录》：又奉懿旨。皇帝大婚礼成。本日已加恩恭亲王等、以光庆典。所有内廷行走及执事诸臣。亦应一律加以奖叙……詹事府少詹事李文田、编修吴树梅、均着遇有应升之缺开列在前。

《翁同龢日记》：今日奉懿旨，以大婚礼成加恩王公及内廷诸臣并醇亲王，凡四道，臣同龢蒙赏花翎。即日草谢折，斌孙写。代童薇研作谢折，三十日递。

孙家鼐头品顶带。松湘朝马。……李文田、吴树梅皆开列在前。

《行状》：恭逢大婚，公以内廷行走人员，蒙懿旨遇有应升之缺开列在前。

《吏部覆李文田、马丕瑶出身履历片文》：十五年正月二十八日奉懿旨："皇帝大婚礼成，所有内廷行走应一律加恩加以奖叙。南书房行走，詹事府少詹事李文田着，遇有应升之缺开列在前等因，钦此。"

是月，袁昶论及公书法。

《袁昶日记》：翁覃溪阁学作小楷，无一字结构无来历，所以有诘戈仙舟、诸城刘公作书那一笔是古人之说。精妙寡双。近日惟李仲约能之，仲约先生八分法，专用魏王基、曹真诸碑体格。翁有《唐帖晋法论》一卷，后列戈磔弩策八法，博采唐贤，楷则皆有据依，辛未春在友人杨守敬许见此本。

二月初八日，江标来，观《华山碑》。

《笪誃日记》：至芍师处，观宋拓《华山碑》，旧为马二查物，后归阳城张古余之子，今张家售出，归芍师，以三百金得之。有孙渊如、龚定庵诸老题跋。此本在三本之外，精采奕奕。碑额字尤见笔趣，阮文达云，如以旧羊豪浓墨随笔拖成，洵妙喻也。碑文字亦见顿挫厚重之处，当亦用软豪，与额一手所出也。中阙二页，赵撝叔双钩补之。又宗湘文年伯钩长垣本补二纸，尚未装入也。又明拓《天发神谶》，精采如写。"至"字起笔作"![至]"，"部"字旁作"![亭]"，皆见用笔之所在，非精拓不能如此也。且此碑用笔皆两面滚圆，后人见翻本，遂下笔作扁形，几如竹片矣。后有金冬心跋。又《泰山二十九字》，有许杉林诸家跋。许跋时，物在王石衢先生处也。许跋述旧事云："昔孙渊如有一精拓泰山刻石，严（桥）［铁］桥过而爱之。孙戏云，如能如字数叩头，即携去。严果肃衣冠作二十九叩，携之迳去。"亦《世说新语》之一则也。余如《史晨》《礼器》

《孔宙》《乙瑛》《杨孟文》《西狭》《衡方》，皆系明拓。一半为冯涿州物，一半为吴荷屋物也。又出示自撰《元秘史注稿》四巨册，引书甚多，有文廷式按语。

于芍师坐中见梁杭雪（于渭，乙酉举人，广东人），李□□（洁）、谢□□（玉春）两同年。

芍师云：戴东原自言必享大年，后日服知母三钱而早亡。

三月十一日，杨宜治来谒。

《杨宜治日记》：晚谒李仲约师校近日所呈隶书字课。师云，横笔之起，须先直作月牙形，《天玺纪功碑》最显。走之末笔，宜上撇，横笔微卧，由左至右，到此欲折者，须将笔竖起，锋微向左对怀而下，口字方阔，下截即是一直连下一横法。总之，每字用笔，如画乌丝格法，道在是矣。又如府、石、少等字，撇往左者，均用左钩法，先将笔力送到，曳满，遅上去。

三月十三日，翁同龢来。

《翁同龢日记》：黎明起，出城拜客，晤李若农、游子岱方伯智开、宗湘文观察元翰，归午正。

三月廿五日，赴翁同龢召饮，同坐者宗源瀚、陆润痒、徐郙、费念慈、宗廷辅、曾表之。

《翁同龢日记》：邀宗湘文源瀚、陆凤石润痒、李若农、徐颂阁、费屺怀、念慈，复试一等。宗月锄廷辅、曾君表之撰饮，兼看字画。

四月初六日，晤翁同龢。

《翁同龢日记》：讫诣观里赴李若农约。

四月初七日，杨宜治等宴公于陶然亭。

《杨宜治日记》：丁卯同人宴仲约师于陶然亭。

五月初三日，李慈铭来书，馈以肴鲭，复之。见江标。

《越缦堂日记》：作致李若农师书，以肴鲭一品酬馈之，得复。

《苦笋日记》：见芍农师。

五月二十一日，志锐招饮，公及文廷式、陈炽、黄遵宪、杨宜治等在座。

《杨宜治日记》：志伯愚公詹招饮，同座仲约师、黄公度、文芸阁、陈次亮、铁西屏、余君□□。伯愚为长慎甫师长子，次仲鲁，皆以翰林起家。

五月二十八日，招薛福成、黄遵宪、袁昶、费念慈、杨宜治饮。

《杨宜治日记》：若农师招陪薛叔芸星使，黄公度观察同座，爽秋前辈、费杞怀庶常。

是月，袁昶论及公书法。

《袁昶日记》：临帖了无入处，禅家至浅功有初二三四，今尚未入初禅也。义门何公、覃溪翁公、王良常，今李公仲约每临摹一帖，以尽其体势不失尺寸为度，予尚未梦见。

六月十二日，充浙江乡试正考官。

《清代七百名人传》：六月。充浙江乡试正考官。

《吏部覆李文田、马丕瑶出身履历片文》：十五年六月十二日奉旨："浙江正考官着李文田去，钦此。"

《德宗景皇帝实录》：以詹事府少詹事李文田为浙江乡试正考官。翰林院编修陈鼎为副考官。都察院左副都御史沈源深为江西乡试正考官。翰林院编修陆继辉为副考官。内阁中书陈璧为湖北乡试正考官。翰林院编修华辉为副考官。

《翁同龢日记》：陈鼎来见。湖北陈璧、中，华辉。江西沈源深、陆继辉，浙江李文田、陈鼎。

《恽毓鼎澄斋日记》：湖北：闽县中书陈璧，崇仁编修华辉。江西：祥符副都沈叔眉师，太仓编修陆继辉。浙江：顺德少詹李文田，衡山编修陈鼎。

《行状》：十五年戊子典试江南，十五年己丑典试浙江，一时名下士无不获隽，号为得人。

骛哲按：李文田于光绪十四年充江南乡试正考官，十五年充浙江乡试正考官，《行状》有误。

六月十七日，江标饯公于江苏馆。

《笘誃日记》：饯李苕农师行于江苏馆。

八月，为张丙炎跋《兰亭序》。

《兰亭序跋》

唐人称《兰亭》自刘悚《隋唐嘉话》始矣。嗣此，何延之撰《兰亭记》，述萧翼赚《兰亭》事，如目睹：今此记在《太平广记》中。弟鄙意以为：《定武石刻》未必晋人书，以今所见晋碑，皆未能有此一种笔意，此南朝梁陈以后之迹也。按《世说新语·企羡篇》刘孝标注引王右军此文，称曰《临河序》，今无其题目，则唐以后所见之《兰亭》，非梁以前《兰亭》也，可疑一也。《世说》云：人以右军《兰亭》拟石季伦《金谷》，右军甚有欣色。是序文本拟《金谷序》也。今考《金谷序》文甚短，与《世说》注所引《临河序》篇幅相应。而《定武本》自"夫人之相与"以下多无数字。此必隋唐间人知晋人喜述老庄而妄增之。不知其与《金谷序》不相合也，可疑二也。即谓《世说》注所引或经删节，原不能比照右军文集之详，然"录其所述"之下，《世说》注多四十二字。注家有删节右军文集之理，无增添右军文集之理。此又其与右军本集不相应之一确证也，可疑三也。有此三疑，则梁以前之《兰亭》与唐以后之《兰亭》，文尚难信，何有于字！且古称右军善书，曰"龙跳天门，虎卧凤阙"，曰"银钩铁画"，故世无右军之书则已，苟或有之，必其与《爨宝子》《爨龙颜》相近而后可。以东晋前书，与汉魏隶书相似，时代为之，不得作梁陈以后体也。然则《定武》虽佳，盖足以与昭陵诸碑伯仲而已，隋唐间之佳书，不必右军笔也。往读汪容甫先生《述学》有此帖跋语，今始见此帖，亦足以惊心动魄、然予跋足以助赵文学之论，惜诸君不见我也。

光绪己丑，浙江试竣，北还过扬州为午桥公祖同年跋此。顺德李文田。

按李文田主考浙江乡试时，策问中有临河一序之问。见《蔡元培日记》一九三七年四月十八日："按李先生为余己丑座师。忆其主考浙江乡试时，策问中有临河一序之问，知其畜疑已久。"

十月初七日，缪荃孙致函费念慈询公启程日期。

《艺风老人日记》：发屺怀信，询顺德师起程日期。

十月初十日，抵京，缪荃孙来。

《艺风老人日记》：顺德师浙江试差回京，舟泊北门，唤肩与挑灯。往谒谈良久而别。归家巳二鼓，读浙江闱墨，五光十色，真才士渊薮。而宗工巨眂尔，非俗学能知矣。

十一月二十五日，杨宜治来谒。

《杨宜治日记》：读李仲约师所取渐墨，二名、六名甚博，余佳制甚多，殿榜三艺风格亦佳。晚见仲约师，谓余近临隶书甚好，复赐观新购《云麾将军》及《岳麓寺碑》，均宋拓，《皇甫》《九成》亦明拓也。细谈浙闱得士之乐，座中晤苏器甫孝廉，师谓此君是能读古书者。

十二月初十日，赴翁同龢召饮。

　　《翁同龢日记》：是日邀数客饮，李与徐到最迟，申初坐，薄暮匆匆散。许筠庵、徐季和、福建。李若农、浙江。汪柳门、王可庄、广东差。徐花农、山西差。陈润甫。同礼，广西差。

十二月廿六日，召饮同人，赏慈禧太后所绘山水团扇。施补华、王懿荣、徐琪、傅云龙、张度等人同坐。

　　《越缦堂日记》：午赴若农师招饮，坐为均甫、廉生、花农、傅懋元、张叔宪、诸子观。慈禧皇太后御绘山水团扇笔法精丽，极似马远。人臣得此容绝古今矣。右题云林画境四小楷，是司业吴树梅所儗，不伦之甚。晴后散。

十二月三十日，李慈铭来书，馈以冬笋、黄橙。

　　《越缦堂日记》：作书致李若农学士，馈以冬笋、黄橙各一合。

光绪十六年庚寅（1890）　五十六岁

正月初二日，李慈铭来。

　　《越缦堂日记》：出宣武门诣徐寿蘅侍郎、李若农少詹，凡投刺四十余家晚归。

正月初九日，赴同人宴集，沈曾植、黄体芳、袁昶、王颂蔚、冯煦、刘岳云在座。

　　《袁昶日记》：食时与蒿隐、梦华陪少詹李公、通政黄丈小集，座有子培、佛青。

正月廿三日，赴翁同龢召饮，潘祖荫、徐郙、陆润庠、孙家鼐、吴树梅。

《翁同龢日记》：请客，客南斋五君及孙五兄也。潘伯寅、李若农、徐颂阁、陆凤石、吴雪臣。申刻散，倦极即归。

正月廿九日，德宗谒东陵，吏部派公随扈。

《翁同龢日记》：是日吏部奏派随扈，户部派出臣龢。夜溥颋来回事。伯彦诺谟祜赏假二十日。

吏：麟书、松溎。户：翁同龢。刑：薛允升。都：祁世长。理：松森。通：岳琪。翰：长萃。詹：李文田。仆：寿荫。鸿：李端遇。国：萨廉。钦：杜春融。宗：钱君溥。宗人府奏派睿王、肃王、澍贝勒、橚贝子、又总族长怡王。兵部奏派荣禄、秀吉、英信。工部奏派潘祖荫。提督衙门奏派文秀。前日礼部派出李鸿藻，兵部派乌拉喜崇阿、徐用仪，内务府奏派嵩申、巴克坦布。

二月十八日，翁同龢来问公疾，长谈。

《翁同龢日记》：出城问李若农疾，长谈。

闰二月十三日，赴王仁堪召饮，恽彦彬、曾之撰、杨崇伊、袁昶、黄绍箕同坐。

《越缦堂日记》：午后强出答客数家，下午赴可庄之饮坐为李少詹、恽学士彦彬、曾君表、杨莘伯、爽秋、仲弢，晚归。

闰二月十四日，侍德宗谒东陵，宿燕郊，过翁同龢。

《德宗景皇帝实录》：以祗谒东陵。先期遣官告祭奉先殿后殿。

《翁同龢日记》：夙兴检行李，雇一大车四套。二骡，姚二。携仆四人、打杂一人、挑。车夫二人。以银二百汇南中。一寄二姐，一交菉侄。旋阴，巳初一刻登车，雪作寒甚，出朝阳门，过三间房雪密，未初通州人和店尖。雪止，骑马无尘，申初二刻燕郊帐房住，李兰孙、潘伯寅、李若农来，即答之。

闰二月十五日，德宗奉慈禧太后启銮，谒东陵。

《德宗景皇帝实录》：上奉慈禧端佑康颐昭豫庄诚寿恭钦献皇太后启銮。恭谒东陵。

《翁同龢日记》：午初谒宫门敬俟，大风顿热，黄尘塞天。未初上至，诸臣站班，申初十分皇太后驾到，诸臣跪迎。向来站班，此次始跪。

闰二月十六日，德宗驻白涧行宫。

《德宗景皇帝实录》：清明节。遣官祭永陵。福陵。昭陵。昭西陵。孝陵。孝东陵。景陵。泰陵。泰东陵。裕陵。昌陵。昌西陵。慕陵。慕东陵。定陵。定东陵。惠陵。遣官祭庄顺皇贵园寝。端慧皇太子园寝。是日驻跸白涧行宫。

《翁同龢日记》：卯初一刻抵白涧帐房，天明时风又寒。午初上门，午正上至，未正二刻太后至，站班。不跪迎。

闰二月十七日，德宗驻隆福寺行宫。

《德宗景皇帝实录》：上诣独乐寺拈香。……是日驻跸隆福寺行宫。至己未皆如之。

《翁同龢日记》：辰初一刻抵隆福寺帐房。路长行迟，寻账房又迟数刻，外委段瑞云前送礼物，以住工识之，其人烟气深。候此。午正上门，三刻上至，申正太后至。

闰二月十八日，德宗诣隆福寺拈香。

《德宗景皇帝实录》：上诣隆福寺拈香。

《翁同龢日记》：上诣隆福寺拈香，不站班。

闰二月十九日，德宗奉慈禧太后谒东陵各陵。

《德宗景皇帝实录》：上奉慈禧端佑康颐昭豫庄诚寿恭钦献皇太后。恭谒昭西陵。孝陵。孝东陵。景陵。裕陵。定陵。定东陵。惠陵。俱未至碑亭。即降舆恸哭。步入隆恩门。诣宝城前行礼。躬奠哀恸。王以下文武大臣均随同行礼。

《翁同龢日记》：寅正二刻上谒各陵，随扈诸臣不随行，亦不站班。卯初太后驾行，午初诣宫门，热极，于西朝房小坐，与谟贝子谈。未初一刻上还行宫，内廷诸臣在坡上西向南上跪请安。涛贝勒居首。酉正二刻太后还行宫，诸臣跪安。东边余居首，未奏臣某某等，以西边有伯王在前也。

闰二月廿日，随德宗启銮回京，抵白涧，过翁同龢。

《德宗景皇帝实录》：上奉慈禧端佑康颐昭豫庄诚寿恭钦献皇太后回銮。诣独乐寺拈香。是日驻跸白涧行宫。

《翁同龢日记》：是日卯初上启銮回京……酉初二抵白涧账房宿。伯寅、若农来。

闰二月廿一日，德宗奉慈禧太后还宫，驻西苑。御赐果品。

《德宗景皇帝实录》：上诣慈云寺东岳庙拈香。奉慈禧端佑康颐昭豫庄诚寿恭钦献皇太后还宫。驻跸西苑。

《翁同龢日记》：巳正上至，未初二刻太后至，枢廷、南斋皆叩头谢赐果品，惟毓庆宫诸臣无之。

三月初四日，翁同龢来。

《翁同龢日记》：西城拜客，访李若农见其侄。之骙，号骀迭，能洋画。

四月初五日，升内阁学士，兼礼部侍郎衔。

《清代七百名人传》：十六年四月。升内阁学士。兼礼部侍郎衔。

《吏部覆李文田、马丕瑶出身履历片文》：十六年四月初五日奉旨："李文田补授内阁学士，兼礼部侍郎衔。"是月初六日到任。

《德宗景皇帝实录》：以詹事府詹事李文田为内阁学士兼礼部侍郎衔

《京报》（四月初六日）：詹事府少詹事李文田为内阁学士兼礼部右侍郎衔。

《行状》：十七年庚寅夏升内阁学士兼礼部侍郎衔。

骘哲按：《李文诚公行状》述："十七年庚寅夏升内阁学士兼礼部侍郎衔"事在光绪十六年。该年干支庚寅。

四月十九日，奉旨为殿试阅卷官。

《翁同龢日记》：夜检点笔墨，甚乏。

阅卷者：李鸿藻，贵恒、潘祖荫、许应骙、孙诒经、祁世长、昆冈、李文田。

《李鸿藻先生年谱》：奉旨为殿试阅卷官。按：阅卷官八人：李鸿藻、贵桓、潘祖荫、许应骙、孙诒经、祁世长、昆冈、李文田。

四月廿九日，赴阅殿试卷。

《翁同龢日记》：朝房阅卷听宣，未到西苑门知派徐桐、翁同龢、昆冈、许庚身、潘祖荫、贵恒、祁世长、孙诒经、廖寿恒、汪鸣銮、沈源深、李文田，遂至万善殿南书房。徐公至，分卷，每人廿七本。或廿六。巳初毕。午初递，午正二下，开单再递，申初一刻散。归邀徐、孙两兄小饮，剧谈至亥初，乏甚。是日阅卷因一等卷为徐、许两公所摈，大怒，以语侵之，未免悻悻。又不列等一名，余以其病可悯，改为四等。

五月十二日，翁同龢来。

　　《翁同龢日记》：出城拜客，晤季若农，索其阅取住学卷，则尚未毕也，奈何。

五月十三日，以所阅住学卷三十本送翁同龢。

　　《翁同龢日记》：若农始以所阅仁学卷三十本送来，批极细，恨太迟耳，拟即排定。

五月廿日，缪荃孙来。

　　《艺风老人日记》：出谒孙济宁、李顺德两师。

五月廿六日，缪荃孙来送书。

　　《艺风老人日记》：送南菁丛书《云日在龛丛刻》于潘李两师。

六月初二日，召饮同人于南海馆，高寿农、徐琪、张佑卿、缪荃孙同坐。

　　《艺风老人日记》：仲若师召饮南海馆，高寿农、徐花农、张佑卿、庆飏、聂张仝席。

六月十二日，过缪荃孙，借《明稗史》。

　　《艺风老人日记》：仲若师来，借《明稗史》去。

六月十四日，缪荃孙来送《双溪醉饮集》《劫灰录》，取走《三垣笔记》。

　　《艺风老人日记》：送《双溪醉隐集》《劫灰录》报本迁谟于仲若师，取《三垣笔记》回，儗假钞也。

六月廿四日，缪荃孙来。

　　《艺风老人日记》：诣顺德师，呈《永嘉召对录》《甲乙纪事》《行朝录》，假《黑鞑事略》张蓉镜旧藏本回。

六月三十日，过缪荃孙，借书。

《艺风老人日记》：顺德师借安国本《雍录》去。

七月十一日，缪荃孙来。

《艺风老人日记》：诣李兰生师、孙莱山师、李仲若师。

七月十七日，过缪荃孙，还书。

《艺风老人日记》：仲若师送还安国本《雍录》。

七月廿八日，缪荃孙来。

《艺风老人日记》：谒顺德师，长谈。

八月初二日，缪荃孙来借《汇刻新编》。

《艺风老人日记》：假顺德师《汇刻新编》。

八月初十日，缪荃孙来还《汇刻书目》，又借《藏洸小草》两函。

《艺风老人日记》：谒顺德师，还《汇刻书目》，借《藏洸小草》两函回。

八月廿八日，招饮同人，杨宜治、缪荃孙等同座。翁同龢来。

《艺风老人日记》：仲若师招饮，李稚绳木、杨虞裳、凌东甫仝席。

《翁同龢日记》：奎孙来，知适叶侄孙女病剧，因出城看之，神昏脉软，病入里矣。访若农，值其宴客，聒而语之，若农推荐粤东孝廉詹尹阶深明六气，熟于金元诸家，适在粤东馆听戏，就便延致诊之，云脉弦数，邪在心胞，法宜两解，定一方，皆凉药，佐以安宫牛黄丸，从潘处乞得牛黄散。遂用之，在彼饭，即入城，药未熟也。斌孙暮归，知已饮药，未药时神甚清矣。

九月初二日，召饮同人，以御赐玻璃架县团扇二柄见示。李慈铭等同坐。

《越缦堂日记》：上午赴若农阁学召饮，其客次以玻璃架县团扇二柄，皆皇太后所赐。御绘一浅色山水，用马远法，层嶂之外右带平桥，烟水鲜澄，屋树深远，一墨笔兰石，磊砢之旁芳芽数箭，奇崛秀挺，花叶玲珑，上俱钤慈禧皇太后御绘七字。朱文小方印一，真稀世之笔也。惜为司业吴树梅奉敕题字。山水右方题云林画境四字，既不切合兰石。左方题七绝一首尤恶劣可笑。晴后归。

九月初三日，费念慈约缪荃孙公请公。

《艺风老人日记》：屺怀来约公请顺德师。

九月十六日，缪荃孙、劳肇光、刘世安、费念慈、缪佑孙公请公。

《艺风老人日记》：偕老次芗、刘静阶世安、屺怀、柚岑公请顺德师于丁氏□榆园长廊广□，甚有逸致。

九月十九日，缪荃孙来。

《艺风老人日记》：谒顺德师，面呈《卫藏通志》，价廿金。

九月廿一日，缪荃孙来。

《艺风老人日记》：谒顺德师，谈。

九月廿六日，赴徐树铭招饮，孙毓汶、许应骙、徐郙、许庚身、孙诒经同坐。

《翁同龢日记》：赴徐小云邀，一时许始坐。孙莱山、许筠庵、李若农、徐颂阁、许星叔、孙子授同坐，薄暮赶城归。看小云所收字画尚精。

九月廿九日，招同人食鱼生，王仁堪、黄绍箕、费念慈、缪荃孙等同座。

《艺风老人日记》：顺德师招吃鱼生，龚颖生、王可庄、仲弢、静阶、屺怀全席。

十月初二日，招同人食鱼生，同坐者孙诒经、陆润庠、吴树梅、杨崇伊、黎荣翰等人。

《翁同龢日记》：赴李若农招，吃鱼生甚妙，馀肴精美，申正三散，携画卷归看之。同坐者孙子授、陆凤石、吴燮臣、陈冠生、杨莘伯、黎璧侯荣翰。

十月十日，过缪荃孙，还《双溪醉饮集》。

《艺风老人日记》：顺德师还《双溪醉隐集》来。

十月十四日，过缪荃孙，为其诊脉。

《艺风老人日记》：延干庭不至，请顺德师来诊脉，按云脉，其气寔劲，病在上焦，似无妨也。

十月十五日，缪荃孙来改方。

《艺风老人日记》：早诣顺德师，改方。

十月十六日，为缪荃孙诊。

《艺风老人日记》：顺德师诊脉，用吉林参，病得舒。

十月廿二日，缪荃孙来，还《三垣笔记》。

《艺风老人日记》：检《三垣笔记》，还顺德师。

十月廿九日，过缪荃孙，还、借书籍。

《艺风老人日记》：顺德师送还《明人杂著》十一册，假《红雨楼题跋》去，又借来《还山遗书稿》明刻新钞二本。与公书目一本。

十月三十日，探潘祖荫病，未几卒，年六十一。

《翁同龢日记》：李兰孙信来，云伯寅疾笃喘汗，急驰赴，则凌初平在彼开方，已云不治矣。余以参一枝入剂，入视则伯寅执余手曰："痰涌恐难治矣"。尚手执眼镜看凌方，汗汪然也。李若农至，曰参、附断不可用，舌焦阴烁，须梨汁或可治。余曰梨汁救命耶？再入视益汗。余往横街，甫入门而追者告绝矣，徒步往哭。

十一月初二日，吊潘祖荫，过翁同龢。

《越缦堂日记》：旁晚奏吊伯寅尚书，哭之甚恸。晤漱兰丈、仲弢、弢夫、子培、子封、冯梦华、李若农师、可庄诸君。夜初更，偕诸君送其焚纸马而归。都中丧礼，所谓接三送三也。

《翁同龢日记》：若农来看。

十一月六日，孙诒经去世。

《翁同龢日记》：闻孙子授于丑刻逝矣，驰往哭之，七日之中两哭吾友，伤已，子授亦谅直之友哉。

十一月初十日，侍德宗于南郊斋宫，晤翁同龢、孙家鼐。

《德宗景皇帝实录》：上诣皇穹宇拈香。南郊斋宫斋宿。

《翁同龢日记》：是日上宿南郊斋宫，辰初登车，出前门策马诣坛，坐帐房，与若农谈及郑盦，不觉陨涕。午初上至，于斋宫门外站班。蟒袍补褂。若农约于观内便饭，孙兄同坐，曩时郑盦必约余，今独与南斋诸友对，可叹也。

十一月十二日，授礼部右侍郎。

《清代七百名人传》：十一月。擢礼部右侍郎。

《德宗景皇帝实录》：以内阁学士李文田为礼部右侍郎。

《吏部覆李文田、马丕瑶出身履历片文》：是年十一月十二日奉上谕："礼部右侍郎着李文田补授，钦此。"是月十四日到任。

《行状》：冬擢礼部右侍郎。

《张佩纶日记》：仲约得礼部右侍郎，稍慰迟暮之感。

十一月十六日，李慈铭病重，公为之诊。

《越缦堂日记》：李若农侍郎师来诊，言左边关尺沈细异常，宜扶左边肝肾之阴，然后可以理肺气。用吉林参，安南玉桂，南杏仁泥、炒黑枸杞子、炒当归、核桃肉、蛤蚧尾。

十一月十七日，过李慈铭，为之诊。

《越缦堂日记》：李若农师来诊。……服若农师方药，用玉竹、黎脯、麻仁、鲜橘皮、贝母、麦冬、枸杞子、南杏泥、柿霜、沙参、鸡子黄、以余右边关脈益数，且大便已十余日不下，亟宜养阴也。且以黎汤代茗饮，口中干苦，得此差解。然气弱促如故，今日对客稍多，夜弥觉不安，痰欬益甚。

十一月廿一日，探李慈铭病，晤沈曾植。

《恪守庐日录》：过午入署，归省莼客病，遇仲约侍郎，谈炊许归家。

是日醇亲王奕譞卒。

《翁同龢日记》：寅正入苑门，先入与庆邸谈，始知醇邸于丑初三刻逝矣，相与嗟涕。

十一月廿六日，李慈铭遣人来谢。

《越缦堂日记》：遣人持刺谢李侍郎，犒其驺从二十四千。

十二月初六日，送潘祖荫灵车。

《翁同龢日记》：出长安门，诣潘宅送殡，巳初抵彼，午初起杠，步送半里。回至横街，茂如清吃点心，访晤高阳，并访筠庵，皆谈数刻。诣龙泉寺独坐一时许，复待至申正杠到，又数刻乃行礼散，是日送者九列中余与仲华、若农耳。俗民数百在天桥哭之，万民伞甚多，亦一时煊赫者矣。

十二月十五日，过缪荃孙，还、借书籍。

　　《艺风老人日记》：李仲约师假《法藏碎金录》去，又还《今献汇言》八册。

十二月廿一日，招江标、李经畲、蒯光典。

　　《笤谂日记》：晨起赴李约师处饮，同坐有蒯理卿前辈、李新吾庶常。

十二月廿五日，缪荃孙来还书。

　　《艺风老人日记》：还《柴阳还山集》于顺德师。

十二月廿七日，缪荃孙来，还、借书籍。

　　《艺风老人日记》：送《地图综要》于顺德师，假淡主堂抄本《师山集》归。又代售申甫《等花谷》于顺德师，价十二金。

十二月廿九日，送四金于缪荃孙。

　　《艺风老人日记》：顺德师送四金来，云补《地图综要》书价。

是年，为梁济所居书额。

　　《桂林梁先生年谱》：八月十九日，刘太恭人弃养，公哀毁若不欲生。既祥，感念母氏劬劳不能去怀，因榜所居曰"感劬山房"。请李仲约侍郎书额，十数年中恒悬之。

光绪十七年辛卯（1891年）　五十七岁

正月初五日，翁同龢宴请南斋诸公及孙家鼐于公斋中。公致函翁同龢。

　　《翁同龢日记》：余等站班讫即赴观里药铺，约孙兄及南斋诸公饭，余作东，若农办，未初二散……李宅厨十二两，房租四两，零钱予庙内香火廿四吊家伙在内。

《致翁同龢》

租银早已付之，若又重给，则不必，若以见还，是与之于道士，而取之于良友，大不可也。酒菜银共五两，余以奉还。承奖赏厨人，不敢屯公之厚惠。已付与十千，若太多，则浮于一月之工价，好一仆被伊川教坏也。区区代庖，而公尚无微不到，可为钦服。所以不敢不受者，却则惧伤公意，然太阔使其居停太露寒俭，则终非所以行恕也。公得无矣，其拘墟乎！临启惶悚，诸惟晒涵何如？文田顿首。叔平宫保先生阁下，昨过厂肆，有好书及真迹名画耶？若收得得意者，幸求阅也。

正月初十日，赴翁同龢召饮，李宗倍、许应骙、张荫桓、刘世安、翁为龙同坐。

《翁同龢日记》：驰归陪客，客皆广东人也。

李山农宗岱、许筠庵应骙、李若农文田、张樵野荫桓、刘静皆世安、翁蓼洲为龙。

正月十九日，与许应骙、张荫桓召饮同人，张之洞、李鸿藻、徐郙同坐。

《翁同龢日记》：巳正赴广东三友招，许筠庵、李若农、张樵野。在樵野寓，客则南皮、高阳两相国、颂阁及余也。

正月廿一日，过缪荃孙，还书。

《艺风老人日记》：顺德师来，还《法藏碎金录》六册。

二月初六日，柬约李慈铭初九日饮于粤东馆，李慈铭辞之。

《越缦堂日记》：若农侍郎柬约初九日饮粤东馆，辞之。

二月初九日，招饮同人于粤东馆，黄体芳、黄绍箕、王懿荣、袁昶、沈曾植、沈曾桐、王颂蔚、费念慈、江标、刘岳云、蒯光典、缪佑孙、叶昌炽在座。

《缘督庐日记》：午刻，仲约侍郎招粤东馆，见漱兰丈、乔梓、廉生、爽秋、子培、子封、蒂卿、屺怀、建霞、佛青、礼卿、柚岑。

《袁昶日记》：仲约师招集，晚归。

二月十一日，赴王彦威招饯樊增祥、王仁堪，李慈铭、陆廷黻、袁昶、沈曾植、沈曾桐在座。

《袁昶日记》：陪芍师、淑丈、梦华、莘伯、共集退谷旧园，苗生、班侯亦在坐。子培昆季、发夫及余四主人。

二月十三日，翁同龢来。

《翁同龢日记》：午后出城访晤高阳相国、若农侍郎，为中皿中额极费调停也。

二月十四日，缪荃孙来，不直。

《艺风老人日记》：谒顺德师，未见。

二月十八日，缪荃孙来。

《艺风老人日记》：谒顺德师，□行。

二月廿六日，江标等公请公于安徽馆。

《笘誃日记》：晨起至安徽馆，公请李芍农师。

二月三十日，赴李鸿藻召食河豚，同坐者许应骙、徐郙、张荫桓、汪鸣銮、翁同龢。看《郭天锡日记》。

《翁同龢日记》：小憩出城，赴高阳相国召，许筠庵、徐颂阁、李若农、张樵野、汪柳门同坐，食河豚，极鲜美。看郭天锡日记，虫损数处，此墨迹较鲍刻多三倍。

三月十九日，赴吏部考试翰林院孔目汉萨生阅卷，同事者翁同龢、汪鸣銮、本桂、刘心源、雷祖迪、李坦、英璲、钟禄。

《翁同龢日记》：吏部奏考试翰林院孔目汉荫生，奉朱笔圈出臣同龢、李文田、汪鸣銮、诣苑门领题匣，奏事官交。即偕李君至上谕馆，汪君亦来，御史本君桂来，遂点名散卷，时未至卯正也。御史刘君心源继至。终日危坐，幸两君谈锋好，尚不倦。酉正封卷讫散。

孔目题："合纵连横论"。荫生题："纲纪四方论"；"东北边防策"。

老孔目者恩、拔、副凡十三人，荫生六人。

御史本桂铁珊曾在缎匹库相识，刘心源幼丹曾分房。吏部司员雷祖迪、门生。李坦、英璲、钟禄。甚稳。

三月廿七日，得李慈铭书，复之。

《越缦堂日记》：作书致若农侍郎，约四月朔午饮，得复。

四月初一日，赴李慈铭宴集，袁昶、王继香、沈曾植、张荫桓、朱福诜、蔡右年在座。

《越缦堂日记》：作书致若农师催饮。午后，子献来，王蓺子来，子培来，爽秋来，若农师来，张樵野廷尉来，朱桂卿来，蔡松甫来。小坐朱霞精舍，设饮杏花香雪宅，晡后酒毕。

《袁昶日记》：筼老招集，出示为蔡千禾题《侣园堪书图叙》一首，文甚雅洁，且于二十年中北雍故事极有关系。筼老神清笔老，善谈名理，洵异人也。

四月十六日，派为本年乡试、考试应开列试差人员。

《德宗景皇帝实录》（四月十五日）：以本年乡试、考试应开列试差人员于保和殿。

《翁同龢日记》：考差阅卷，派十人。徐桐、麟书、李鸿藻、贵恒、祁世长、景善、李文田、许庚身、徐树铭、汪鸣銮。

六月十一日，江标来谈。

《笤谼日记》：出门，至李芍农师处一谈。

六月十八日，招江标饮。

《笤谼日记》：午若农师招饮，晚归。

七月初五日，江标来。

《笤谼日记》：晨起，至顺德师处，阅卷，薄暮始散。

七月初十日，翁同龢来。

《翁同龢日记》：访李若农，数语即行。入城至署，遇廖公，未刻归。连日广东人来，皆不见，惧其有所干请也。

七月廿九日，致函翁同龢。

《翁同龢日记》：薄暮访张樵野，粤人纷纷欲增人，欲扣换，一切拒之，即若农亦有书来也。

是月某日，袁昶来谒，论草隶源流。

《袁昶日记》：谒芍师，公论草隶源流，与阮文达《南北书派论》《北碑南帖论》合。又言，颜平原书源出穆子容《太公望碑》。

八月朔，提督顺天学政。

《清代七百名人传》：十七年。提督顺天学政。

《德宗景皇帝实录》：命礼部右侍郎李文田提督顺天学政。

《吏部覆李文田、马丕瑶出身履历片文》：十七年八月初一日奉上谕："本年值更换学政之期，顺天学政着李文田去，钦此。"是月初八日接印视事。

《翁同龢日记》：各省学政：顺：李文田；江南：

傅良；……

《艺风老人日记》：得顺德师简直隶学政信。

《行状》：十八年辛卯督学顺天。

《笤谚日记》：贺李芍农师喜，以新简直隶学政也。

骛哲按：《行状》所记有误，辛卯系光绪十七年，非十八年。

八月初二日，晤缪荃孙。

《艺风老人日记》：晤顺德师。

八月初三日，晤翁同龢、张荫桓。

《翁同龢日记》：晨在朝房晤李若农、张樵野，与商遗才，有额五名应补与否，两君亦称不能补，遂议不补，时京尹胡君、成均萨君皆在座也。

八月初四日，翁同龢来。

《翁同龢日记》：晨出城拜客，晤李若农、陈弼宸。

得李慈铭书，复之。为江苏学政商聘幕友事。

《越缦堂日记》：得李侍郎书，即复。……再得若农师书皆为江苏学政商聘幕友也。

八月初八日，御赐公《世祖章皇帝御制劝善要言》一部。

《德宗景皇帝实录》：谕内阁：朕恭读世祖章皇帝《御制劝善要言》一书，仰体天心，特垂明训，精详切实，俾斯世迁善改过，一道同风，实足变浇俗而臻盛化。惟原编只有清文，特令翻书房加译汉文，发交武英殿刊刻成书。兹据奏刷印完竣，装潢呈览。着每省颁发一部，交各该将军督抚，照式刊发各属学官。每月朔望，同《圣谕广训》一体敬谨宣讲，用示朕钦承祖训辅教牖民之至意。并着赏给军机大臣世铎、额勒和布、张之万、许庚身、孙毓汶、御前大臣伯彦讷谟祜、晋祺、奕劻、毓庆宫行走翁同龢、孙家鼐、松溎、上书房行走徐桐、徐会沣、王文锦、李培元、张仁黼、高赓恩、南书房行走徐郙、李文田、陆润庠、大学士直隶总督李鸿章各一部。

《翁同龢日记》：读上谕，蒙赏世祖章皇帝《劝善要言》一本，请孙兄撰折。

八月十五日，获《广记》。

《艺风老人日记》：顺德师□冬日席获广记二百册九□四十七。

《张佩纶日记》：闻仲约前辈视顺天学。

八月十九日，招龙凤镳，梁世经、缪荃孙、黎荣翰等人食鱼生。

《艺风老人日记》：顺德师、黎笔侯约吃鱼生，龙伯銮、文琪甫、梁荔樵世经仝席。

八月廿日，李慈铭来拜寿。

《越缦堂日记》：晡诣绳匠胡同拜李若农师生日。

八月廿一日，缪荃孙来，还、借书籍。

《艺风老人日记》：谒若农师，还《红雨楼书目》，又假《醉隐集》一册回。

八月廿四日，招王彦威、杨宜治、龙凤镳、李宗颖、缪荃孙等人食鱼生。

《艺风老人日记》：顺德师招饮吃鱼生，王弢夫、杨萸裳、龙伯銮、李寄训仝座……还《醉隐集》于顺德师。

八月廿七日，翁同龢来。

《翁同龢日记》：出城拜客，晡许筠庵，遇溥玉岑，访李若农晤。

八月廿八日，赴翁同龢为公及陈彝践行，同坐者祁世长、谭钟麟、钱应溥、徐用仪同坐。

　　《翁同龢日记》：为六舟、若农饯行，邀子禾、文卿、子密、小云作陪，若农早来，文卿后至，乐饮至暮。

九月初三，缪荃孙来。

　　《艺风老人日记》：拜客，谒顺德师。

九月初九日，赴李慈铭召饮，邵友濂、杨崇伊、张预、袁昶、王颂蔚、徐琪同坐。

　　《越缦堂日记》：傍晚李若农师、邵筱邨中丞、杨莘伯、张子虞、袁爽秋、王苇卿、徐花农先后至。夜点镫设饮于杏花香雪斋，二更后始散。是日坐间筱邨谈马端敏被刺事甚详，言端敏有仆妇后佣于刘省三中丞铭传家，屡述颠末事，皆目见，其言可信。它日当记出之。若农师谈道光中南海吴荷屋中丞为湖南巡抚，误决一妇人杀夫狱，可为戒。暇当属刑部司官检得县名姓氏记之。今年正月间，云门言今年陕西误决一冤狱，亦相类，皆不可不记也。筱邨谈故陕甘总督熙忠勤熙麟，自言少年出西直门外过鬼及盗事甚可畏。忠勤谨厚长者，无妄言，此事亦当载之搜神，夷坚所不可废。付李侍郎驺从车饭钱八千，他客车饭钱十七千，厨人赏钱十八钱。

九月十二日，赴陈彝召饮，同坐者谭钟麟、王懿荣、翁同龢等人。

　　《翁同龢日记》：巳正赴陈六舟招，谈半晌，未初二始坐，未正先散。入署，事繁，薄暮归。月好。同坐者李若农、谭文卿、王莲生、陈冠生。

是月，袁昶来谒

　　《袁昶日记》：晚谒仲约师，云：同治甲子保送书房三人，御试题《拟潘岳秋兴赋》。诗题忘之，李第一、孙子授第二，张子腾第三。此次考书房，御试题《弓矢喻政赋》，出焦竑《养正图说》，本《贞观政要》，诗题《赋得登高能赋》七言八韵。《诗·定之方中》毛传。仲弢太史昨应召试，项往候之，尚俟诏除也。……邓石如篆分、李仲约楷隶、包安吴行草，皆用平颇、按提、环纡、使转之法制胜，一鼻孔出气。仲约自言：得法于《王基断碑》，不窥破八分方严遒劲之体势不能下笔，便有楷则到杀字甚安境界也。

十月初七日，翁同龢来。李之骐同坐。

《翁同龢日记》：小坐出城拜客，晤李若农及其犹子骐选之骐、陈伯双。

十月初七日，赴锡蜡胡同张荫桓招饮，王懿荣、袁昶、王咏霓、李慈铭同坐。

《越缦堂日记》：午后诣锡蜡胡同，赴张樵野副都招饮，坐有李若农侍郎及廉生、爽秋、子裳诸君，肴馔甚精。观所藏恽南田山水册，笔法精绝。坐右悬钱南园通政秋风归牧图立幅，皆以淡墨烘染，凡马十有二，精细绝伦。马之毛色蹄角各极其细致。树石苍郁钩皴工密中皆带篆籀法，南园风节峭荦，书法古劲，其画甚罕见，不谓工绝，乃珍也。款题戊戌六月十六、七、八日写。盖三日而成者。又有文休承山水龙舟小立幅，亦淡秀可喜。

十月十一日，翁同龢来，李之骐为其画像。

《翁同龢日记》：出城到若农处，其侄骐选为余写大像，用西法墨渲，不甚似也。

《翁同龢自订年谱》：李若农之侄骐选为余画大像。

《致翁叔平宫保》

叔平宫保阁下：舍侄之骐，项已到都，欲遣其奉诣，为佳士写真，不审何时清暇？幸示悉，俾趋谒也。肃布敬承起居不尽，侍文田顿首。邮厨饱饫，至今不忘。甚谢颂。

《致翁叔平宫保》

顷高轩辱过，得畅谈为快。喜容镜照之纸，乞交下，令舍侄之骙临之。再奉诣时于颊上添毫也。敬上叔平宫保阁下。

文田顿首。

十月十七日，翁同龢来送公，未晤。

《翁同龢日记》：出城送若农行，未晤；访陈伯双，亦未晤。

《艺风老人日记》：送顺德师楹帖于凤阶。

十月，邀梁济入顺天学政幕。

《桂林梁先生年谱》：十月顺德李仲约侍郎文田奉命典学畿辅，邀公入幕。随赴顺直各属校士阅文。

光绪十八年壬辰（1892年） 五十八岁

二月初二日，为所编《辛卯直省乡墨文程》作序。

《辛卯直省乡墨文程自叙》

浙东傅子筵先生所选历科乡会墨辄脍炙人口，辛卯冬月，子筵出守江西，以选事嘱余，自维谫陋，何足为先生后尘。顾念文章风气所趋，其端虽微而关乎士习人心者至大。

世庙御极初元，即谕衡文一道，专以理明、学正、典雅、纯洁为主。纯庙命儒臣方苞裒选有明以来制艺一编，颁布天下，俾多士奉为指南，拳服摹拟。始弛坊间选文之禁。

二十四年冬，谕各省厘正文体，次年复以士子习尚分歧，罔识行文正鹄，特严磨勘条例。嗣是列圣明谕频宣。二百年来登明选公均以清真雅正为范，自近年乡僻之士或以肤庸浅陋剽窃科名，矫其弊者乃间取训诂小学以觇才力，所以勉人读者，用意良厚，然恭读乾隆元年六月谕云：经义代圣贤立言，当循循矩蒦先民是程，非四子六经濂洛关闽之粹言不可阑入。五年九月因命士子究心经学，复谕谓：经学者，间援引汉唐笺疏之说，考据固不可废，而经术之精微，必得宋儒参考阐发。朕愿诸臣研求宋儒之书，以上溯六经闳奥，将国家收端人正士之用。又谕云：学必为己，不能为己则糟粕陈言浮伪与时文等。九年八月大学士等议覆舒赫德条奏云：时艺流弊诚如所奏，然谓空言剽袭无适于此，正不责实之过耳。作文者必融会圣贤义理，范之规矩准绳，文武经济皆出其中，卓哉是言。累朝文武之盛，中兴文武之资，未有外此而矜奇炫博，诡道求胜者也。且士果根柢宏深、经义史学皆可于二三场见之。睿庙谕：衡文者必头场清真雅言合格，二三场自能鉴拔通才，意正在是。况古注皆集注所已删，非程朱所未见，谢南山所学何如而。乾隆六年，纯庙谕云：读书学道之人贵乎躬行实践，不在语言文字辨别异同，古人著述既多，岂无一、二可指摘之处。以后人议论前人，无论所见未必审当，既云当矣，于己身心何益哉？我圣祖将朱子升配十哲之列，天下士子莫不奉为准绳，而谢济世辈倡为异说，互相标榜，恐无知之人为其所惑，殊非一道同风之义，且足为人心学术之害。此事甚有关系，寄谕湖广总督，将所注显与程朱违悖抵牾，或标榜他人之处查明，即行销毁，毋得存留。大哉王言，万世遵守。乾隆中有用子书一二语及衣钵两字，特谕黜革者，至书写卦画篆体停试，不尊小注章旨者黜革。功令之严更无论。以余幸际盛朝累膺典试，而所取之士毋敢稍越准绳，以负朝廷简拔真才之至意。今岁阅各直省闱刻，鉴衡皆审，无美弗臻。不才无以为选，谨就平日服膺圣训及所闻诸师友者，自定为选文之格，稍乖此格者，虽前茅佳文，不敢滥选。明知迂陋，鲜当万一，惟愿风气日纯，士习人心日益端谨正大。则所以继历科墨辇，腼然操选者在此，即报我子纯先生者亦在此。脍炙与否弗计。幸当代君子深誉而鉴谅焉。

壬辰中和节顺德李文田芍农氏识。

六月十七日，缪荃孙来。

《艺风老人日记》：谒顺德师。

六月廿六日，赴乾清宫，贺德宗万寿。

《德宗景皇帝实录》：万寿节前期……御乾清宫受贺。

《翁同龢日记》：万寿节。晨浓阴欲雨，卯正至九卿朝房。辰初三刻上御乾清宫，王公百官蟒袍补褂行礼，是时开霁，礼毕诣他达，有顷即入座，退脱褂，仍入，四刻许退。至他达邀徐、李、谭、李若农、孙兄吃点心饮酒，再入。午正退，至他达请南斋四君并谭文卿、李若农饭，而盘赏已下，急入叩头讫，仍下。申初徐荫轩、麟芝庵至他达，孙兄亦来同饭，天气炎热，菜尚未变，然亦仅矣。今年孙兄令他达搭一小蓬，坐蓬下有风甚爽，申酉间雨数点，酉正始散，戏单四十刻。

六月廿七日，翁同龢来。

《翁同龢日记》：出城拜客，晤李若农、李兰孙、祁子禾。

六月廿八日，过翁同龢，荐孙同康入其幕。并作书复翁同龢。

《翁同龢日记》：晚若农来，点心而去，荐同里孙君培同康入幕阅文。

《复翁常熟尚书宫保》

往年许、周两公皆守常法，以十金为限，故亦从其旧俗。自余有不能以常格拘者，或变通增送程仪，或缘会试之名，添送卷赀，遂亦不致改许、周旧规，而宾主之意亦得两便。畿辅棚规，本不如南中之丰腴，幕府于束脩之外，月中折席及贡誊改削，不过多一二两，自外无可调剂，大约岁入至百四十两止矣。寒士仰俯，或足敷衍；若跅弛之材及食指浩繁者，必不足也。孙君博雅之士，重以执事宏奖，恐非可以常格待之，惟候酌示行之，无不可者。如可行，当具舶敬二十金前来也。若用电，则请由尊处示下，即著小分电去何如？敬复常熟尚书宫保阁下。

文田谨上。

是月，与袁昶论林则徐禁烟事。

《袁昶日记》：李仲约少宗伯枉过。论道光中林侯村先生在广州烧烟御夷事。宗伯又述骆文忠公论林公不允法美两领事助我剿英，乃老谋长算。魏默深议其失机，乃不达夷情之论。左文襄在骆公幕日，追论往事，亦从魏说，及闻骆公湘人助湘、粤人助粤之论，亦心折而前言之失。

闰六月初三日，缪荃孙来。

《艺风老人日记》：谒仲芍师。

闰六月初五日，缪荃孙来。

《艺风老人日记》：谒顺德师。

闰六月十八日，与昆冈、李鸿藻、启秀、钱应溥、臣景善、张荫桓同奏《朝鲜与奥国定约折》。

　　《李鸿藻先生年谱》：公等奏报朝鲜与奥国定约折。原折云：

　　　　"礼部尚书臣宗室昆冈等跪奏：为据咨转奏事，准北洋大臣咨送朝鲜国王递寄臣部咨文一件，钞册一本，臣等公同阅看，系因该国与奥国订定条约，通商章程税则，并声明属国各节，咨请转奏等情。臣等查朝鲜与各国通商以来，所有议定条约章程，历经缮册备文咨请臣部代为转奏在案。今该国与奥国通商，将议定条约章程税则及照会等件，钞录咨请转奏。除钞册一本，应由臣部存案，并移咨总理各国事务衙门查照外，谨钞录该国王原咨恭呈御览。为此谨具奏闻。光绪十八年闰六月十八日礼部尚书臣宗室昆冈，尚书臣李鸿藻，左侍郎臣启秀，左侍郎臣钱应溥，右侍郎臣景善（值班），右侍郎臣李文田（学差），署右侍郎臣张荫桓。"

闰六月十八日于天宁寺招饮同人，李慈铭、黄绍箕、王懿荣、志锐、王颂蔚、蒯光典、冯煦、陈遹声、沈曾桐、沈曾植、刘岳云、费念慈、叶昌炽、刘世安、文廷式、李盛铎、江标、缪荃孙在座。

　　《艺风老人日记》：顺德师招饮天宁寺，黄仲弢、王莲生、志伯愚、王莼卿、蒯俊卿、冯梦华、陈蓉曙遹声、沈子培、子封、刘佛青、费屺怀、叶鞠裳、刘静阶、文芸阁、李木斋仝席。

　　《缘督庐日记》：仲约侍郎招天宁寺，偕蒿隐、佛青、梦花、礼卿、道希、建霞、西蠡、木斋、静阶、仲弢、子培、子封、艺风、柚岑。秋至甚酷。席散，徘徊至日昳始进城……天宁寺在彰仪门外，乔木千丈，浮屠百尺，幽旷之致，较龙泉、悯忠诸刹为胜。

《笤誃日记》：是日侍若农师天宁寺之饮。

闰六月廿日，翁同龢来。

《翁同龢日记》：出西长安门进前门拜客，晤若农谈片刻。

闰六月廿八日，缪荃孙来，借书。

《艺风老人日记》：借顺德师《职官分纪》，又借《不得已》一册去。

七月初二日，翁同龢来。

《翁同龢日记》：出长安门，出门拜客，晤祁子禾，气虚肿尽消。李若农告以孙君培须八月来。

七月初五日，赴四川丁卯同榜举人公宴。凌心坦、杨宜治、石渠、蔡茂轶、梁亨吉、缪荃孙同座。

《艺风老人日记》：四川丁卯同榜公宴顺德师，凌东普心坦、杨虞裳宜治、石书舫渠、□伯山清、蔡朕［联］裳茂轶、梁会亭亨吉七人集于陶然亭。

七月初十日，王咏霓、陈伯陶、缪佑孙、缪荃孙等同坐。

《艺风老人日记》：顺德师招吃鱼生，王子裳、陈子砺①、柚岑、麦晴峰、林国赓同坐。

七月廿一日，缪荃孙来。过缪荃孙。

《艺风老人日记》：诣顺德师，送行。……顺德师、屺怀来谈。

七月廿一日，翁同龢来，未见。

----

① 子砺，即陈伯陶，广东省广州府东莞县人，光绪十八年探花。

《翁同龢日记》：黎明起，出城送李若农行，未晤。

九月廿三日，江标得公书。

《笤谂日记》：得芍农师书。

十一月廿五日，缪荃孙来借书。

《艺风老人日记》：谒顺德师，借元周伯琦《近光集》
一册。

十一月廿六日，缪荃孙来。

《艺风老人日记》：检阁本《近光集》并《湖南志》呈
顺德师。

十一月廿七日，过缪荃孙。

《艺风老人日记》：顺德师还《近光集》来。

十二月初六日，过翁同龢看汉碑，见《定武兰亭》

《翁同龢日记》：李若农来看汉碑，云不佳。见《定武
兰亭》。

十二月初九日，赴翁同龢召饮，同坐者陈存懋、徐桐、李鸿
藻、豫师、麟书、汪鸣銮。

《翁同龢日记》：归邀友人饮，借得杨凤阿宫僚雅集杯
欲一试之，而陈竹香存懋期而不至，申初坐，酉初三散。

徐荫轩、李兰孙、豫锡之、麟芝庵、李若农、汪柳门。
后添。

十二月十二日，与江标等饮。

《笤谂日记》：午与我山公请芍农师。薄暮始散。

十二月十五日，张荫桓、智锐、江标等公请公。

《笤谂日记》：午公请芍农师，有樵野侍郎、伯愚
詹事。

十二月十七日，于内右门外叩谢赐春帖。

《翁同龢日记》：晨偕福相、燮兄及南斋诸君于内右门外西向叩头谢春帖。李若农谢福字，亦在波，其实当东向始合。

十二月十九日，缪荃孙来。

《艺风老人日记》：谒顺德师。

十二月廿一日，赴严崇德江苏馆约，同席者杨宜治、蒯光藻、冯煦、缪佑孙、缪荃孙。

《艺风老人日记》：严隽云约至江苏馆陪顺德师，杨虞裳、蒯翰卿、冯梦华、柚岑同席。

十二月廿三日，缪荃孙代公补《元名臣事略》。

《艺风老人日记》：代李师补《元名臣事略》。

十二月廿五日，缪荃孙代公补清《职官分纪》。

《艺风老人日记》：代顺德师清《职官分纪》。

作书致李慈铭，馈银十六两。

《越缦堂日记》：李若农师馈岁十六金，作书复谢。

十二月廿六日，缪荃孙来还书。

《艺风老人日记》：谒李顺德师，还《职官分纪》、《元名臣事略》。

十二月廿七日，缪荃孙来，借、还书籍。

《艺风老人日记》：假顺德师郑师小、揭文安二集归，送《秦边纪略》去。

十二月廿八日，缪荃孙来还书。

《艺风老人日记》：还《皇明文苑》于顺德师。

光绪十九年癸巳（1893年）　五十九岁

元月初二日，赴王颂蔚招饮江苏馆，文廷式、李盛铎、蒯光典、陆宗潍、叶昌炽、费念慈同坐。

《艺风老人日记》：王莱卿招饮江苏馆，李仲约师、文芸阁、李木斋、蒯礼卿、陆蔚亭、叶鞠裳、费屺怀同席。

元月四日，于粤东馆招饮同人，张荫桓、袁昶、王颂蔚、沈曾植、沈曾桐、冯煦、刘岳云、黄绍箕、蒯光典、王懿荣、江标、李盛铎、缪佑孙、缪荃孙、叶昌炽、费念慈同坐。

《艺风老人日记》：顺德师招饮，张樵也、袁碌秋、王莱卿、沈子培、子封、冯梦华、刘佛青、黄仲弢、蒯礼卿、王廉生、江建霞、李木斋、柚岑同席。

《缘督庐日记》：晴，仲约前辈招粤东馆。同爽秋、蒿隐、子培昆仲、梦花、礼卿、佛青、筱珊、木斋、柚岑、仲弢、屺怀、建霞。

《袁昶日记》：仲约师招饭。

元月十七日，缪荃孙来。

《艺风老人日记》：谒顺德师。

元月十九日，翁同龢来送。

《翁同龢日记》：乘车拜城外客，送李若农晗之。

春，嘱沈曾植考订《中亚俄属游记》

《译刻中亚俄属游记跋》略云：曾植始于癸巳春见此书于顺德李侍郎斋中，侍郎以批本见示，属为详考，因笺记数事于卷中，未能尽意也。

六月初六日，缪荃孙来。

《艺风老人日记》：谒仲若师。

六月初十日，过李鸿藻，长谈。

《李鸿藻先生年谱》：未刻李若农来长谈，谈次大雨滂沱，院中水皆满，若农由号门登车而去，雨二刻许即晴。

六月廿三日，缪荃孙来。

《艺风老人日记》：谒顺德师。

六月廿四日，李鸿藻来。

《李鸿藻先生年谱》：辰刻进城至翁叔平处晤谈良久，归途答拜乔小鹤（联宝）、黄潭口（毓恩）、杏樵（世煦）、林（启）、李若农，回寓已午初后矣。

六月廿七日，赴安徽馆雅集，杨士骧、蒯光典、冯煦、志锐、寿耆、费念慈、叶昌炽、李盛铎、江标、刘世安、沈曾桐、黄绍箕、刘岳云同坐。

《艺风老人日记》：杨廉甫、蒯礼卿、冯梦华、招饮安徽馆，李仲芍师、志伯愚、寿子年、费屺怀、叶鞠裳、李木斋、江剑霞、费屺怀、刘静皆、沈子封、黄仲弢、刘佛青全席。

骜哲按：费屺怀原文即重复两次。

六月三十日，晤翁同龢。

《翁同龢日记》：晤李若农，始知与孙师郑宾主不欢。

骜哲按：孙师郑即孙雄。原名同康，字师郑。清光绪二十年进士，江苏苏州府常熟县人。

七月三日，会缪全孙、江标等于江苏馆。

《艺风老人日记》：请顺德师于江苏馆。西院□毕雨止，空小澄鲜，方庭如□，秋花红艳……顺德师还。

《笤谚日记》：公请李仲约师，薄暮归。

七月十六日，缪荃孙来。

《艺风老人日记》：谒顺德师，呈《破邪集》。

七月廿六日，缪荃孙为公撰《寿序》。

《艺风老人日记》：撰顺德夫子寿序。

七月廿七日，缪荃孙为公撰《寿序》。

　　《艺风老人日记》：晚撰寿序。

七月廿八日，缪荃孙为公撰《寿序》。

　　《艺风老人日记》：晚撰寿序。

七月廿九日，缪荃孙为公撰《寿序》毕。

　　《艺风老人日记》：撰寿序毕。

八月朔，翁同龢来，以碑字托之。

　　《翁同龢日记》：出城，晤李若农，以碑字托之。

八月初二日，缪荃孙改《寿序》。

　　《艺风老人日记》：改寿序。

八月初三日，缪荃孙送《寿序》于杨宜治。

　　《艺风老人日记》：送《寿序》与虞裳。

八月初十日，缪荃孙来，留晚饭。

　　《艺风老人日记》：谒若农师，留晚饭。

八月廿日，缪荃孙、叶昌炽祝公六十寿。

　　《艺风老人日记》：祝顺德师、黄淑文寿。

　　《缘督庐日记》：午后，祝仲约侍郎六十诞。

《顺德夫子六秩寿序》①

　　皇帝御宇之十有九年，奎璧胜芒，仪璘启曜，备中和之元气，应名世之昌期，是岁顺天学政、南书房行走、礼部右侍郎顺德夫子年六十矣。襟裾文学，绅笏大夫，莫不鞠脊腾舥，缋肇致语。

　　下士缪荃孙等执爵而进曰，自古曼寿斟元之世必生延禧建福之臣，亭阴嘘阳，虋菩黻纪，仰照难于宗匠，极光荣

────────────

①　《艺风堂文集》，《近代中国史料丛刊》第九十五辑。

于国考。而况经神学海贯串九流，义府儒宗皋牢百氏，荷天之宠，凤翮播其辉华，戴斗之称，龙门高其声誉，如夫子者真可谓彰德事之，更着声间之寿者矣。仰惟夫子荣广捷敏，郑君通深，负楗柢蠡没之才，励旭历锐银之志，尝谓秦坑既灰，孔壁斯振，萌檗于西京之始，恢张于东汉之季，唐宗南派而家法淆矣，宋尚理境而寔学荒矣，夫子通变假借，言之有物，典章制度，集夫大成，远则绍贾服苟蔡之传，近则守汪阮孔张之绪，是夫子之经学。

庚言未已，乙部犹精，夫子以为四史以降视若弁发，三唐而远弃同糠秕者，非通儒也。溯契塔特建国之初，及朱里真鏖兵之始，腾格里之睢天降神人，亦集乃之路地穷兵力。下逮胜朝尤多野史，或以语防触讳，遂闭箱筥，或以传乏通人，终薶尘壒。阐幽抉滞，补阙订讹，年经月纬，松纹之纸常翻，雪纂露钞，瓠庐之本亦出，是夫子之史学。

国朝四库所集，七阁所储，俪羽陵天禄之珍驾，文德华林而上，夫子名山别宝，海舶搜奇，螺损千九，羊秃万颖。刘略阮录，订其存佚之代。晁志陈书，证其完缺之数。丹函压地，彩帙熙天，汇典籍之巨观，极编摩之能事，将以上之中秘播于艺林，续宛委之别藏，启琅嬛之异境，是夫子目录之学。

而且憙胪同异，广拾丛残，坐拥缣缃，行提铅椠，条篇撮旨，略依歆向，之前规象形、谐声、旁通、任尹之杂技往往数行有缺，吴越传抄，一字未安，寝馈失度，后生末学陶铸良多，是夫子校勘之学。

大银之国崛起北方，王宋之所未详，陈薛之所不道，秘史晚出，颇具梗概，世次绵邈，稽孛端察儿之前事迹翔寔，胜脱卜赤颜之记，夫子广搜中文，旁采西学，一译再译，合音对音，天兴为合，不罕之纪年，爱曼为乃蛮歹之异字，辥灵歌水即唐书之仙娥阿勒台山，此地志之杭爱兀笔格赤，证亦心二字为分书曲雕，阿阑知库铁一山非两地寻源等，于蛛丝马迹，校错类于风叶，几尘为《秘史注》十六卷。元时疆域，西北最远，地理坩志，挂漏良多，《大典》存图方位亦失，夫子补旧牍，证以今名，建都于红城，耀武于白霫，虎图即阔朵之别体，龙居亦胪朐之同音，别失八里之地本北庭之故封。旺兀察都之宫乃兴和之旧境。据蒧里思之巖疆已邻裏海，建阿母河之行省寔恐铁门。一地有三字四字之殊，一名有番语、华语之别，莫不整齐异说。骑驿各书，绮壨繍壤，恍披站尺而周行，左图右书，如坐舌人而问讯，为《元史地名考》十卷、《西游录注》二卷。富贵城西，珍珠河北，和林故壤，三水所环，苾伽可汗之居，尚余遗址。怯寒叉寒之泽，特起新宫。金莲琼岛，间阘象夫天垣。芦淀草埚，松石韵于沙案。自昔纪载，颇为渺荒，近则茫茫瀚海，屹立特勒之巨碑，磊磊残垣，尚胜李唐之坏觱铜驼。卧雪石马嘶风，以及至顺去思之文，总管收粮之碣，碧苔剥蚀，野火未烧，翠墨陆离，遗文可读。夫子证以突厥之传、耶律之诗，当此济尔。玛台之源在今赛因诺颜之部，此则张何考索，不知城郭之犹存。程魏铺张，不知碑刻之足据。为《和林金石录》一卷。在昔，金匮之篇载于班志，青囊之法受之郭公，亥首巳首分八卦而辨阴阳，甲木乙木定三元以分休咎，惟筠松之传述，为振孙所录存，夫子发其大纲，通夫奥义，论山川之向背，形势各称；测沙水之性情，理气自足。固儒宗之绪余，亦非术者所企及也。为《疑龙》、《撼龙经注》各一卷，是皆通天人之奥，合古今之辙，泯华寔之辨，鉴得失之林，礼堂简册，万流仰为山渊，芸阁篇章，六际归其缥橐，伟哉绝业，莫与京已。

今夫官职与声名并重，词章与经术殊途。才如贾董，位不跻于萧张，文似班扬，学或惭于服郑。夫子盛名，兼擅硕福两隆，为当代之哲匠，极文人之疎遇。甫登上第，旋值内廷，东观袖书，南斋珥笔，陆贽未离翰苑，备极恩荣，高郢进拜秩宗，允孚誉望。职司礼闱，编石渠之论，议仪掌容台，习熙朝之典故，而且辐轩半天下衣钵，传五叶典试，乘吴越巴蜀之轺车，督学荏畿辅、豫章之省，方闻之士，咸入网罗大雅不群，投如针芥雷。焕然归而剑气敛，伯乐过而冀野空，心说诚服，徧寰区矣。昔夫子在学士之任，以养亲而归，高堂九艶载赓华柔之篇，养志十年，克尽莱衣之乐。关园种竹筑室，栽花佩骰相庄，芝兰特秀。况复回翔讲席，奖掖后贤，出则衣被无垠，处则著述不倦。楷法追郑文习、惠分，隶亦韩勒《史晨》，异域宝若球琳，尺楮视同金璧。兼及姑布、子卿之术，复习黄帝内经之书，漆园所谓博大真人，仲任所谓鸿儒金玉，夫子当之洵无愧色，而微窥意志，常若有不释然于怀者，则以非族逼处，邪教横流，诱我编氓，侵我属国，挠我政体，夺我利权。况境宇之昆连，顾杆揿之弗备，虽萨宝符之官，已见《通典》，而末摩尼之教终属异端，夫子怀通权达变之才，抱长驾远驭之略，营平上策，常怀过敌之心，骠骑忘家，誓有灭胡之志。防巧取则分疆划界，留后途则册海梯山。先为自强之谋，庶免议和之辱。往者西戣吠日，东鲽跳波。夫子奉朝命，备边垂，转饢糈，卫乡里。天狼十丈，风鹤四惊，值桂抚之燏师，弃雄关而委敌，乃埤蹶张之士卒，重起大树之将军。白羽挥风，朱旗耀日。遂乃掷锟应手犀角之渠，仆地投炬，灌尾雄膏之光烛天，克敌复仇武功弟［第］一，于是金城息鼓，玉敦寻盟。人弟见奔走御侮，将帅之力居多，而不知发踪指示帷幄之功独伟。非夫子久筹战略，身悉敌情，深权彼我强弱，兼策战士利钝之实，何以能成，师一出程，效若此也。荃孙等久依函丈，备荷陶钧，忝随编录之班，幸遇校雠之末，识稽古论思之旨道，在，则尊窥经文纬武之心德成者，上登堂祝暇吮笔，摛词义不取谀言。皆征实此日，金屏九叠，聊佐锦筵介寿之觞。他年银管千枝，更记紫阁调元之绩。

八月廿一日，过缪荃孙，借书。

《艺风老人日记》：芍师还《客舍偶闻》，假西域地理书去。

八月廿三日，洪钧卒，年五十四。

费念慈《清故光禄大夫兵部左侍郎洪公墓志铭》：光绪十九年八月二十三日，以疾卒于位，年五十有五。

《越缦堂日记》（八月二十五日）云：《邸钞》：兵部左侍郎洪钧卒。

《缘督庐日记》（八月二十四日）：闻洪钧前辈讣，吾郡又弱一个矣。

九月初六日，缪荃孙来，借书。

《艺风老人日记》：谒顺德师，借《新政纪略》一册回。

九月十四日，以写碑谢许应骙。

《翁同龢日记》：晨出城拜客，晤许筠安，其子中式。李若农谢其写碑。万寿寺。

九月十七日，缪荃孙来，还、借书籍。

《艺风老人日记》：检《俄国程途》一册送顺德师，又假《淮阳集》《桂隐文集》归。

九月廿日，赴徐树铭召看字画，同坐者李鸿藻、钱应溥、陈学棻、翁同龢。

《翁同龢日记》：午出城拜客，诣徐寿蘅师看字画，应其招，李兰孙、钱子密、李若农、陈桂生同坐。在小园赏菊，归已曛黑矣。

九月廿一日，缪荃孙代公抄毕《南烬纪闻》，交来。

《艺风老人日记》：代顺德师钞《南烬纪闻》毕，交去。

九月廿二日，缪荃孙来，借书。

《艺风老人日记》：谒顺德师，留早饭，借《破梦闲谈》归。

九月廿三日，过缪荃孙、李慈铭。

《艺风老人日记》：李仲芍师，宋芸子，王湘滕秉必来。

《越缦堂日记》：李若农师来。

九月廿四日，晤翁同龢。顺天举人复试，复试题："岁十一月徒杠成"二句；"南极一星朝北斗"。得朝字。

《翁同龢日记》：晤李若农。过山西云山别墅，登楼看山，薄暮归。两生归留住。是日顺天举人复试，一百十余人。

复试题："岁十一月徒杠成"二句；"南极一星朝北斗"。得朝字。

九月廿八日，四川丁卯榜举人公请孙毓汶及公，张荫桓作陪。

《艺风老人日记》：四川丁卯榜公请济宁、顺德两师，张樵野作陪。

十月初三日，翁同龢来，请公饮于西爽阁，同坐者李慈铭、缪荃孙、刘世安、刘树屏、吴士监。

《翁同龢日记》：至山西云山别墅请李若农，午正多集，傍晚散。四顾渺然，颇有野趣，惜微阴，高处略寒耳。腿痛又作，或早间坐船吹风耶？

李若农、李莼客、缪小山、刘静皆、刘葆良、吴绸斋。

《艺风老人日记》：翁叔平师招饮西爽阁，顺德师、莼客、静阶、宝梁、纲斋同席。

《越缦堂日记》：午后诣下斜街三晋西馆，赴翁尚书师招饮。馆为去年祁文恪率资新修。题曰云山别墅，后有高楼峭坡直上，楼为舫形，四面虚窗，可见西北诸山。坐有李若农侍郎师、缪筱珊、刘静皆、葆良、纲斋。肴馔甚精，日暮始散。

十月十二日，赴全浙馆雅集，王仁东、黄绍箕、沈曾植、沈曾桐、柯逢时、王颂蔚、叶昌炽、李慈铭、缪荃孙同坐。

《艺风老人日记》：王旭庄、黄仲弢、沈子培、子封招饮全浙馆，陪顺德师。柯逊庵、王萚卿、叶鞠裳仝席。

《缘督庐日记》：晴，子培昆仲、仲弢、旭庄、招全浙馆。先访巽庵、渭渔略谈，而后赴之。巽庵亦同局，并见芍农前辈，莼客侍御、蒿隐、艺风。

十月十六日缪荃孙来送行。

《艺风老人日记》：与顺德师送行，并还《张淮阳诗》《新政纪略》《破梦闲谈》各一册。顺德师赠《双溪集》一部。

十二月三十日缪荃孙来叩年喜。

《艺风老人日记》：诣李师、杨师叩年喜。

是年为温毓铭书墓志铭。

《清故荣禄大夫三品衔补用道温公墓铭》

公讳毓铭，字钟培，号侣珊，顺德县人。其先居河南洛阳，宋南渡后，其始祖东升迁南雄州，纨裤子弟思舜始迁南海之龙山，明析置顺德，故为县人。曾祖汝枢，乾隆己亥科举人，刑部山西司员外郎，记名御史。祖若坤，翰林院待诏。父以觉，两浙盐运使司副使。公幼而岐嶷，长孝友。咸丰四年，佛山镇贼起，蔓延及顺德，公父奉大府檄，办本邑团练，既而以积劳疾卒。公居忧时，即毁家捐馕，得议叙，奉旨以郎中归部选，并赏戴花翎。既而贼平，以收复本县城池，保举以道员用。是时芳强仕咸劝公入都，引见得分发，公方戒涂，是年疆事又起，英法寇省城，其时罗文恪公读礼在籍，奉寄谕办本省团练，与龙太常元僖、苏给事廷魁规复省会，以公助理筹饷及防海事。事定，奉旨赏三品衔。当是时，戚党皆以公才可历官，劝公出，而公以母黎太夫人老，遂不复求仕进矣。性喜蓄书，嗜金石，所居又与南海邻，南海曾学博钊，为阮文达公高弟，晚岁举所藏书十万卷尽以饷公，谓书归公众，庶得所也。暇则考觏碑版，室中皆法书名画，性复喜客，客至辄不欲去。公有四子：鸿中，同治庚午举人，刑部山东司郎中；澍榛，员外郎，出后公弟；澍桐、澍梁，并郎中。孙纶铠、纶鉴、纶铎、纶口、桂根，皆能读书。独长子鸿，先公而卒。公以光绪八年三月十六日以微疾逝，寿六十。粤以光绪十六年八月十七日葬于省城白云山滴水岩之原，礼也。文田获交公之哲嗣，尝登堂拜公，公谓文田："他日当得葬君所择地，并得君铭墓，而无恨焉。"今果如所云。铭曰：

系白云之阡，而公安焉；是殆有数存，夫岂偶然。

临时戏笑兮，唯公有言；遇事沃醻兮，公其鉴旃。

讵朝穴暮荣，庶无下泉；后有达人，将期诸百年。

为公铭碣，勖公后贤。

光绪二十年甲午（1894年） 六十岁

正月初一日，以太后六旬万寿，赏戴花翎。荫子渊硕入监读书。

《德宗毅皇帝实录》：懿旨。本年予六旬庆辰。推恩懋赏。在廷臣工。克勤厥职。宣力有年。自应一体加恩。以光盛典。协办大学士吏部尚书麟书着交部从优议叙。协办大学士吏部尚书徐桐、着赏戴双眼花翎。……礼部右侍郎李文田、着赏戴花翎。

《吏部覆李文田、马丕瑶出身履历片文》：二十年正月初一日奉上谕："朕钦奉慈禧端佑康颐照豫庄诚寿恭钦献皇太后懿旨：'本年六旬庆辰，推恩懋赏，在廷工臣克勤职，宣力有年，自应一体加恩以光盛典。礼部右侍郎李文田着赏戴花翎，钦此。'"

《行状》：恭逢慈禧皇太后万寿，正月赏戴花翎，荫子渊硕入监读书。

正月廿五日，张荫桓为公订谢折。

《张荫桓日记》：若农谢折为增订一分，虞裳饬供事缮交来差呈递。

二月廿三日，朝鲜东学党举义。

四月廿九日，日本出兵朝鲜。

五月初一日，清政府出兵朝鲜。

五月初三日，晤张佩纶。

《张佩纶日记》：午刻，若农侍郎试毕过谈，申初始去。

五月八日，缪荃孙来。

《艺风老人日记》：谒顺德师、留晚饭。

五月十三日，李鸿藻来。

《李鸿藻先生年谱》：赴署，散后顺拜恽毓鼎、刘大人树堂、李文田、萧允文。

五月十六日，翁同龢来。

《翁同龢日记》：晨出城拜客，晤李兰翁、许筠庵、李若农。

六月廿日，过翁同龢，谈时事。

《翁同龢日记》：李若农来谈时事，不骇，饭而去。

七月初一日，中日宣战。

七月初三日，过张荫桓。

《张荫桓日记》：卯正反寓，仲约适来，谈至巳初去。

七月初五日，赴江苏馆己丑科江南乡试门生公请。

《蔡元培日记》：到江苏馆，己丑同年公请李仲约夫子。

七月，雅集于浙江馆黄绍箕、沈曾植、沈曾桐、文廷式同坐。

《文廷式集》：若农侍郎术数之学颇多奇验，余别记之。惟其任顺天学政时，甲午七月考八旗科试毕，余与黄仲弢、沈子培、子封昆弟宴之于浙江馆，酒半，忽言曰：予近相安小峰御史（维峻）不出百日必有风波。余曰：大约以言事革职耳。侍郎曰：尚不止此。乃冬间，而安御史以忤旨谴戌，如侍郎言。盖试八旗时安为监试，侍郎相之特详审也。又，壬辰春间，志伯愚詹事（志锐）有奉使外洋之信，中外皆谓必得，而侍郎以相法决其不然，卒亦竟如所说。惟相余则屡易其说而皆不验，此不可解者也。

七月，顺天学政差竣。

《行状》：七月差竣回京，仍直南书房。

八月初二日，署工部右侍郎兼管钱法堂事务。

《清代七百名人传》：二十年八月。署工部右侍郎。兼管钱法堂事务。

《德宗毅皇帝实录》：以礼部右侍郎李文田兼署工部右侍郎，管钱法堂事务。工部左侍郎汪鸣銮兼署刑部右侍郎。现月命礼部右侍郎李文田仍在南书房行走。

《吏部覆李文田、马丕瑶出身履历片文》：二十年八月初二日奉上谕："徐会沣现在出差，工部右侍郎兼管钱法堂事务，着李文田兼署，钦此。"二十年八月初二日奉上谕："礼部右侍郎即李文田仍在南书房行走，钦此。"

八月初六日，翁同龢来。

《翁同龢日记》：出城拜客，晤李若农、龙芝生学使、马玉山中丞。

八月十六日，平壤之战。

八月十八日，黄海海战。

八月廿日，张荫桓、蔡元培等来拜寿。

《张荫桓日记》：总署事竣，出城为仲约寿，晤谈逾刻。

《蔡元培日记》：拜李侍郎师生日。

骘哲按：张荫桓日记原稿记此日干支甲子，确为李文田生日。上海书店出版社2004年版《张荫桓日记》误改作七月二十日，与事实不符。另，此书中甲午年自七月初四日以下至二十五日皆为八月事，干支亦相符。当一律改从原残稿。

八月廿七日，与陆宝忠、曹鸿勋、张百熙谋划疏请起用恭亲王奕訢。

《行状》：公念四方多故，非得贤亲大臣树勋绩，负重望者，执持国柄，不足以建威厌难。八月二十七日，于是，有奏请起用恭忠亲王之疏。

《陆文慎公年谱》：自甲申更换枢臣，十年来专以恒舞酣歌为事，强邻虎视，主人翁熟寐不知。春、夏间，以朝鲜事与日本龃龉，激而开衅，仓卒征兵，漫无节制。中秋后警报叠来，予与垫秋入直后，互论国事，以为欲挽艰危，非亟召亲贤不可，顾以资浅言微，恐不足以动听，踌躇数日。八月二十七日清晨，至万喜侧直庐，与曹竹铭同年、垫秋往复相酌，谋诸李若农前辈文田，若老忠义奋发，愿不避谴责，联衔入告。即与同志诸人到若老宅，由伊定稿，即日缮写，傍晚封口，明晨呈递。列名者为李文田、陆宝忠、张百熙、张仁黼、曹鸿勋、高庆恩。二十八日入直，宝忠独蒙召对，所宣示者不敢缕记。临出，上谓吾今日掬心告汝，汝其好为之！退至直庐，即往谒徐荫老，荫老约同志拟折，列名只数人。翰林科道皆有公折，翌日同上。又次日，上召诘南、上两斋之未列名者令其补递。于是传知宗人府，令恭亲王预备召见。

八月廿八日，与张百熙、吴树梅、陆润庠等同疏请起用恭亲王奕訢。

军机处《洋务档》光绪二十年八月二十八日记军机处奏片："本日李文田等联衔封奏，请饬派恭亲王出而任事一折。奉旨：原折留中，仍谕令臣等公同商酌。臣等窃维恭亲王勋望素隆，曾膺巨任。前经获咎，恩准养疴，际此军情日急，大局可忧，恭亲王以懿亲重臣，岂得置身事外？李文田等折内所称各节，不为无见。谨合词吁恳天恩，可否恭请懿旨，将恭亲王量予任用之处，伏候圣裁。"

《请起用恭亲王折》：

奏为时艰日亟，倭寇方张，拟请特旨起用亲旧公忠，以际阽危，而支大局。恭折仰祈圣鉴事。窃惟倭人启衅，侵轶外藩，宵旰焦劳，凡在臣民，皆当仰体宸怀，亟图补救。事在今日，犹瞻顾惧罪，不敢质言，国家养士之报安在。况臣等内廷徼直，身受厚恩者乎。夫倭患之贻误于前日者，不足言矣。此际前茅失利，藩篱全溃。疆臣无囊底之智，当轴穷发踪之方。上无以酬浩荡之施，外无以塞台谏之劾。推原其故，毋亦当国者处疏远之地，而怀疑畏之罪也。夫同一李鸿章，何以前时所向有功，今日一筹莫展；同一倭国，何以往时犯台湾而不利，今日窥朝鲜而有功。外朝诸臣，皆病政府非才。不知以今日之势揆之，固然其无足怪也。夫以礼亲王世铎之才思平庸，其不足以驱驾李鸿章亦明矣。领袖如此，余人之退听者可知。政府之执政权者如此，总署之禀承政府者又可知。一旦事会艰危，计惟仰禀宸谟。规避担荷，救过不暇，何论立功。此次军务遂至仰烦宸廑，添派大臣会议。夫既增派，则政府安用。政府尚不足恃，会议又安有权。无惑乎其无功也。疆臣视政府为避趋，政府又听疆臣为进退，两相推诿，即互相贻误。究其用意，避处分焉而已。一归宸断，庶隐然自立于无过之地，纵有降谪，为罪亦轻，此其为计甚工，而不知国家已阴受其病也。然而势使之然也。夫事势至今日，无人不知恭亲王之当弃瑕录用矣，然而政府不敢言，前日不言而今日言，是自求祸也。外廷不敢言，以为言之未必用，且罪在不测也。夫时事至艰危，而犹避不测之罪，是国家养士，终无食报之日也，养士又安用哉。

夫恭亲王之过失，自在皇太后皇上洞鉴之中，臣等亦无劳多渎矣，特念咸丰末年，时事之难，有逾今日。计其才具，在当日实收指臂之助。揆以当日之成效，责以今日之时艰，或冀一番振作。若其不堪任使，再有负乖，则以皇太后之圣明，臣知其不敢再负圣恩，自速官谤。臣愚以为今日者，允宜开张圣听，豁除瑕类，庶收其识途之效，以赎其往日之愆，如得请于皇太后，则国家之福，实式凭之。语曰：君子不施其亲。又曰：故旧无大故，则不弃。其于今日，事理若合符节，《诗》曰：发言盈庭，谁敢执其咎。今枢庭无执咎之人，而筑室有道谋之患。岂发言盈庭，无一人能决是非，足以启圣心而赞庙谟者？臣实耻之，臣实痛之，计皇太后皇上圣虑崇厚，未必不曾纡宸眷，但愿早收一日之用，或早成一日之功。宇内生灵，免于涂炭。其有系于亿万年丕基之远者，实非浅鲜，迟久后用，无论挽回匪易，一经败坏，方识拯救，纵使及事，所伤实多。臣等受恩深重，不揆狂瞽，谬所谓狂夫之言，圣人择焉，臣无任战兢待命之至。

《行状》：八月二十七日于是有奏请起用恭忠亲王之疏。南斋同寅张百熙、吴树梅、陆润庠皆请同列衔名……疏且上，公虑天威不测，愿独任其咎。折末有臣文田主稿语，张吴诸公固不许，乃删之。书御称旨，由是廷僚交章奏请者踵相接。

《翁同龢日记》：具销假折二分，卯初诣苑门，入至仪鸾门内，上还时跪安讫到书房，以枢臣辞差折，昨日递，不准行。及李文田等连衔请饬恭亲王销假折命看。看毕即赴枢曹会商，看数日折件、电报，多不可记矣。瑞洵参枢臣折，未见。又有人专参南皮者，亦未见。拟奏片二：一准吴大澂共募湘军廿营，连魏光焘六营、刘树元六营、并余虎恩八营。一云臣等伏思恭亲王勋望凤隆，曾膺巨任，前经获咎，恩准养病，际此军务日急，大局可忧，恭亲王懿亲重臣，岂得置身事外，李文田等所奏各节，不为无见，谨合词吁恳天恩，可否恭请懿旨将恭亲王量予任用之处，伏候圣裁。递上，已未初三刻，越四刻下，传庆亲王、军机、翁某、李某凡三起，在颐年殿东暖阁见起，遂至河沿朝房敬俟。申初庆邸入，二刻。军机一刻，会李公同入。皇太后、皇上同坐，跪安毕。

《李鸿藻先生年谱》（八月廿八日）：公与翁同龢请起用恭亲王，并与太后议和事。

《蕉廊脞录》：顺德李文诚公于光绪二十年七月顺天学政任满还直南斋。时边事日亟，公与同直陆公润庠、张公百熙、陆公宝忠，联衔奏请起用恭忠亲王……疏且上，公虑天威不测，愿独受其咎，折末有"臣文田主稿"语。陆、张诸公固不许，乃删之。

书御称旨，由是廷僚交章奏请者踵相接。九月初一日，恭亲王遂以管理海军大臣督办军务，节制前敌诸将帅。逾月，复入军机。

《文廷式集》：至甲午之役，倭人由辽渐迫，太后恒令顺天府备车两千辆，骡八百头，然始终不行。张孝达制军、李约农侍郎，皆主西狩之议。余亦以为不顾恋京师，则倭人无所挟制。俄王保罗之败法主那拿破仑第一，空都城以予之，是良法也。沈子培员外、蒯礼卿检讨，则主暂避襄阳。而内城旗人汹惧；尚书孙燮臣师致书李约农云：勿奏请迁都，若倡迁议，必有奇祸。盖李是时方考历代迁避之得失，欲有所论也，得是函而止。既而寇愈迫，翁尚书亦主迁，孙尚书（毓汶）则主乞和，两人争于传心殿。孙之言曰：岂有弃宗庙社稷之理？翁亦不敢尽其辞；然密遣人询李所考历代得失，盖讲幄之间当偶及之。而是时所传上谕，慈圣暂避、朕当亲征云云，则实无其事。（近时《中东战纪本末》《中东战辑》所载，多属于讹传，故附订之。）余乃疏言，此时战既不足恃，和更不宜言，惟有预筹持久以敝敌之法。同时黄仲弢、沈子封数前辈联衔所奏四条，亦兼及迁都之计。夫倭人用兵以来，陆兵固未敢深入。我军屡屦，然密布山海关内外者已二十馀万，倭兵不及五万，纵每战皆捷，何能径入神京？王翦破楚尚需六十万人。彼节节留守，则前进力单；彼悉索前驱，则后路可断。使朝廷深知兵法，及此时明赏罚、作士力，择将而用之，谋定于内而不摇，虽不出走可也。不然，则空都城而予之，彼必不敢来。即来，亦易于围攻。即不能围攻而出于和，亦不过咸丰庚申之役，而不敢过于诛索。乃一误再误，终于不可收拾者，将骄而惰，士窳而残，宫府疑忌，天水违行，宁使敌人得志，而不使上得行其志者，其成谋固结，非一朝夕之故也。

鹜哲按：李文田疏请启用恭亲王事在八月二十八日，《行状》所载八月二十七日似为拟稿时间。

八月，兼署工部侍郎。

《行状》：八月兼署工部右侍郎，兼管钱法堂事务，剔除中饱，查察弊端，部务肃然。

九月初一日，启用恭亲王。

《德宗毅皇帝实录》（八月三十日）：谕军机大臣等钦奉慈禧端佑康颐昭豫庄诚寿恭钦献崇熙皇太后懿旨。恭亲王奕訢着于九月初一日豫备召见。

《德宗毅皇帝实录》：皇太后懿旨：恭亲王奕訢着在内廷行走。现月又谕：钦奉懿旨：本日召见恭亲王奕訢，见其病体虽未痊愈，精神尚未见衰，着管理总理各国事务衙门事务，并添派总理海军事务，会同办理军务。

《文廷式集》：恭邸复用之后，惟设督办军务处、授宋庆帮办军务，余无所建白。李约农言，在书房闻太监语，恭亲王启用之日，李莲英帅同党诸人跽哭于太后前曰：恭邸得政，奴辈必死，愿乞命于老佛爷（宫中称太后如此）。太后慰之。莲英固惩同治间山东戮太监小安事。恭邸至冬间乃直军机，年已老，又迭经废置，且一时在事将相多非所习，遂因循焉。上始向之殷，久之乃竟不足恃，天下之望亦愈孤。惟翰林中不及十人，苦以正义公论，力相楮柱；台中亦偶有应之者。

《行状》：九月初一日，恭亲王遂以管理海军大臣督办军务，节制前敌诸将帅。逾月复入军机，受事之始，增粮台，申军律，易号令，诛偾将之闻风而靡者。当是时国势一振。无何朝廷不忍斗两国之民，纡尊议款，兵事旋解。

九月初五日，梁济言及公移家南走事。

《桂林梁先生年谱》：九月初五日记云："日本兵尚在

高丽境内，中国全境晏然。而京官挈眷迁徙出京早避者，至一二百家。旬日之间，各省京官聚其所亲商议行走，江浙广楚汴之人尤多。或将衣箱书籍等物先运回南，或仓皇逃走，弃官不要，轻举妄动种种不一。足见其心中之不深沉凝重，并不知真正情形，妄为测度。竟说出传檄而定，此国必亡，浮浅嚣动至于此极。温州黄负一代伟人之名，而早早命其眷属逃难。顺德李为满朝文人所崇拜，而虑及随扈，又虑及书籍遭楚人之炬，似此胆小无识，唯知全身家保妻子。国家要此负重名之大臣究有何毫末之益耶？……"

九月初八日，蔡元培来。

《蔡元培日记》：谒李侍郎师。

九月十四日，奏请停点景。

《翁同龢日记》：五更小雨，竟日或阴或晴。照常入，来时早，入数语而退。以李文田等南、上两斋折令看，盖请停点景也，意防倭奸，持论极正，上云请懿旨办。

翁同龢《甲午日记》：李文田等折。请停点景。此件在上前见过，请懿旨，故有军机起。次日，礼王传一切景点均停办，彩绸灯只均收好，俟补祝时用，每段四万仍领。

《请停点景折》

奏为讹言可虑，吁请暂停点景，但行朝贺。以静肘腋，而弭不虞，恭折仰祈圣鉴事。窃臣等伏读八月二十六日上谕："朕钦奉慈禧端佑康颐昭豫庄诚寿恭钦献崇熙皇太后懿旨：'本年十月予六旬庆辰典礼，着仍在宫中举行等因，钦此。'"仰见思患预防，明见万里，曷胜钦佩，第念耳目之观，非圣怀所役，而台莱之祝，实臣下同殷。一旦撤停，在瞻仰盛典者，岂乏向隅之望。以故承办诸臣，于裁减之中，仍寓铺张之意，臣等欢忻下悃，何独不然。惟伏闻倭人今日行踪诡秘，津沽内外，不少汉奸，日来都城多有面生可疑之人，以瞻仰点景为名，形状凶恶，行踪靡定。民情惊骇，竟有置盛典而不观，反思向乡村遁逃，为避患计者。连日洋人，纷纷出京。各处教堂，种种聚谈不一。若点景依然热闹，止系稍移地段，万一偶然小警，匪徒乘机窃发。臣等备员差使，纵有意外，不足可惜。而变生肘腋，恐非六班及周庐直宿诸大臣，一时所能猝办。应如何防患未然之处，用敢[吁]请圣明深维事理，况皇太后膺天钟庆，福冠古今，转盼七旬万寿，近在十年，且期颐亿龄，非可数计。将来红旗报捷，随时补行，何时非万寿之时，何日非祝厘之日。此时安危所系，实在呼吸之间，必区区于一半月之内，汲汲铺张，诸臣所见诚未为广。臣等忝同儤直，既有闻见，不敢不具折密陈。伏祈皇太后皇上圣鉴。

《行状》：十月皇太后六旬万寿，薄海胪欢，承办庆典诸大臣未免铺张其事，公又奏讹言可虑，吁请暂停点景。

骘哲按：此事在九月十四日，行状所记时间有误。

九月十四日，过缪荃孙。缪荃孙来。

《艺风老人日记》：李芍师、况夔生来……谒芍师。

九月十五日，缪荃孙来。

《艺风老人日记》：谒李芍师。

九月十七日，钟德祥劾公移家南走。

翁同龢《甲午日记》：钟德祥折……劾李文田、陈学棻移家南走……

李渊硕《五十初度二百十韵》：甲午，文诚公为团防大臣，无械无兵。公曰："倭夷若破京师，则以死殉，殉其职也。儿可遵陆南归，以避海浪，儿可畀死，以传后嗣。"先布素避难易州，为御史裴维侒、钟德祥弹参"妻子远避摇动人心"，圣上不交部议。乙未春和议成，遂回京不南归。吾三兄两弟无一存者，吾既为父后，文诚公当日为保全后嗣免被倭夷屠戮，几至被议。祖宗血食，责任在我躬，余能不念兹在兹哉？

九月十八日，安维峻劾公移家。

《翁同龢日记》：辰正入、至枢直，看折二件，安维峻劾移家之李文田、顾璜、陆宝忠，置之。

翁同龢《甲午日记》：安维峻折。劾李文田、顾璜、陆宝忠移家，丑诋之，有腼然人面语，不报。

安维峻《请改派团防大臣片》：再，侍郎李文田等，首先遣眷逃避，摇动人心，致各部院京官，有所借口，纷纷迁徙，至今未已。以内廷行走之近臣，而辜恩辱国若此，何以肃官常？

臣前专折参奏，未蒙降旨惩儆。项闻李文田奉派办理团防，此等不知大体之员，既难望实心任事，且怒众望不孚，诸多窒碍。可否改派之处，伏候圣裁。谨奏。

九月廿三日，充新举人复试读卷。

《翁同龢日记》：闻派阅举人复试卷。入至万善殿，诸公先集，共一百廿五本，余分十六本，数刻毕。定名次交徐公……

复试题："或问禘之说"；"疏篱带晚花"秋。

阅卷：张之万、福锟、徐桐、翁同龢、陈学芬、志锐、李文田、阿克丹

一等卅二，二等四十八，三等四十二，无四等。

十月初五日，与敬信、怀塔布、汪鸣銮会同五城御史办理团防事宜。

《德宗毅皇帝实录》：谕军机大臣等，着派恭亲王、庆亲王奕劻、户部尚书翁同龢、礼部尚书李鸿藻、步军统领荣禄、右翼总兵礼部左侍郎长麟，办理巡防事宜。洋务又谕，着派兵部尚书敬信、工部尚书怀塔布、礼部右侍郎李文田、工部左侍郎汪鸣銮、会同五城御史办理团防事宜。

《行状》：甲午冬，钦派团防大臣、守卫京师与都御史数人共事，咸云。械少兵单，难言战守，公独慷慨言曰："臣子扞卫社稷，义不逃难，万一倭兵侵及畿辅，南海子节桥边即吾殉节之所，退直则自甘饮刃而已"，与福山王文敏公懿荣同直南斋，常指其地而屡言之。及后王文敏接任团防大臣，庚子之变，王君殉于井中，亦犹公志也。

《李鸿藻先生年谱》：又派兵部尚书敬信，工部尚书怀塔布，礼部右侍郎李文田，工部左侍郎王鸣鸾会同五城御史办理团防事宜。

《翁同龢日记》：是日奉旨，恭亲王督办军务，各路统兵大员均归节制，如有不遵号令者，即以军法从事；庆亲王奕劻着帮办军务，翁同龢、李鸿藻、荣禄、长麟着会商办理。又奉旨，设立巡防处，派员即前六人也，系交旨。又旨办理团防，派敬信、怀塔布、李文田、汪鸣銮，亦系交旨。

十月十五日，奏查估西直等门城墙工程。

《德宗毅皇帝实录》：礼部右侍郎李文田奏，查估西直等门城墙工程。依议行。

是月，进《万寿赋颂序》。

《袁昶日记》（光绪二十一年六月）：上年十月李仲约

侍郎恭进《万寿赋颂序》，静山代拟词，甚典丽。

十一月廿四日，李慈铭病逝，年六十六。

步青云《李君莼客传》：今年夏，倭夷犯边，败问日至。君戍削善病，至是独居深念，感愤扼掔，喀血益剧，遂于十一月二十四日竟卒。

十二月初六日，张荫桓来，不值。

《张荫桓日记》：访仲约、蓉浦，均不值。

十二月廿五日，署经筵讲官，领阁事。

《清代七百名人传》：十二月。署经筵讲官领阁事。

《吏部覆李文田、马丕瑶出身履历片文》：二十年十二月二十五日，具奏请充署汉经筵讲官一折，奉旨："派出礼部右侍郎李文田充署汉经筵讲官，钦此。"

《行状》：光绪甲午冬授经筵讲官领阁事，恩眷有加。

光绪二十一年乙未（1895年）　六十一岁

正月初五日，为翁同龢处方。

《翁同龢日记》：腹疾渐止，若农方，柿饼、苡米、通草并服。

正月初七日，王文韶来，公为其相面。

《王文韶日记》：访李石农少宗伯文田久谈，向未识面而倾慕已久，初次接教深惬素怀。石农精相法，谓余一生平稳无风波，后嗣必有以科甲起家者，自维德薄不敢作妄想也。

《花随圣人庵摭忆》：若农相杨莲府（士骧）必至一品，相王文勤（文韶）拜直督，后必入枢，且生还乡，皆奇验。

正月十八日，北洋水师覆灭。

正月晦日，翁同龢来。

《翁同龢日记》：出城访若农未值，乃至筠庵处小坐，知若农归，乃造之，数语即退。

三月初六日，充会试副考官。

《清代七百名人传》：二十一年三月。充会试副考官。

《德宗毅皇帝实录》：以协办大学士吏部尚书徐桐为会试正考官。理藩院尚书启秀、礼部右侍郎李文田、内阁学士唐景崇、为副考官。

《翁同龢日记》：总裁：徐桐、启秀、李文田、唐景崇。

同考：恽毓鼎、杨晨、余诚格、周先宽、宝丰、韩培森、陈曾佑、吴嘉瑞、于齐庆、王式文、彭述、周树谟，吴荫培、刘玉珂、彭青藜、陈荣昌、钟广、许普祁。

《皮锡瑞日记》（三月初十日）：见电报，会试已举行，大总裁为徐荫轩师，副以启秀、李文田、唐景崇，分房同乡为四人：周克宽、彭述、吴嘉瑞、彭青藜。

《行状》：二十一年乙未三月充会试副总裁官。

《乙未会试录后序》：光绪二十一年三月，臣部以会试大典疏请钦派考官，蒙恩派臣徐桐为正考官，而以臣启秀、臣李文田、臣唐景崇副之。臣文田等斋被入闱，将事取士，如额例得，附序简末。窃惟取士之法，自唐虞以来，皆就天下所荐举而加之明试。自时厥后，若周官大比汉代孝廉，虽制各不同，然试以文理，而储为他日之用，其用意则一也。隋唐以还，大率试以策论诗赋，而宋人每以经语为论题，故宋人集中往往有以论语六经之题为文者，此即八比之滥觞。而破题原题诸法，则又沿唐赋之成法，而稍变其模范。故在唐为八韵之赋，而至明成八比之文，其流别可考也。

国家沿前明之旧，以八比取士二百余年间，名臣林立而议者，或谓不如汉人试策、唐人试赋，岂通论哉？就文论之体，有流别而同归于通考。国朝康熙中尝改试策论，而卒归于复旧制试八比，嗣后亦无议八比为非计者。盖通人必不难于八比，故往往发之于经济，事业隐然为一时名臣，则固非无明效大验之可观也。自顷四郊多垒，我皇上昕宵惕励，议兵食筹防，剿方多士，棘院构思之时，无非戒行申警之时也。世之论时务者，往往迂阔乎？儒术因而以文章取士为诟病，夫试士而取其通，此百王不易之成法，而又何流弊之可议继。自今其必有通儒术而知治体者，得以发掘其蕴蓄，当长驾远驭，足以恢禅海而括四瀛，岂惟中邦文教渐被全寰。直将使僬侥兜离之俦舐铅椠，而效飓拜，臣将拭目而俟之，而向之。疑儒术而诟病时文者，又将欢忻鼓舞而信。百王之法，之所不能废，是则臣区区文章报国之心云尔。

经筵讲官、礼部右侍郎署工部右侍郎兼管钱法堂事务、南书房翰林臣李文田谨序

三月初九日，会试第一场

《退想斋日记》：光绪二十一年乙未科会试题目：第一场，钦定四书诗题，主忠信（上《论语》）；优优大哉，礼仪三百；居天下之广，居立天下之大位，行天下之大道，得志与民由之。赋得褒德录贤，得廉字五言八韵。

会试读卷时，公极赏梁启超卷，未能拔，于卷末题"还君明珠双泪垂"之句。

　　《一士类稿》：梁启超乙未（光绪二十一年）会试，副考官李文田极赏其卷，已议取中矣，卒为正考官徐桐所厄，以致摈弃，李氏于落卷批"还君明珠双泪垂"之句，以志慨惜，传为文字因缘之佳话。胡思敬《国闻备乘》纪其事云："科场会试，四总裁按中额多寡，平均其数，各定取舍，畸零则定为公额，数百年相沿，遂成故事。乙未会试，徐桐为正总裁，启秀、李文田、唐景崇副之。文田讲西北舆地学，刺取自注《西游记》中语发策，举场莫知所自出，惟梁启超条对甚详。文田得启超卷，不知谁何，欲拔之而额已满，乃邀景崇共诣桐，求以公额处之。桐阅经艺，谨守御纂，凡牵引古义者皆摈黜不录，启超二场书经艺发明孔注，多异说，桐恶之，遂靳公额不予。文田不敢争，景崇因自请撤去一卷，以启超补之，议已成矣。五鼓漏尽，桐致书景崇，言顷所见粤东卷，文字甚背绳尺，必非佳士，不可取，且文田袒庇同乡，不避嫌，词甚厉。景崇以书示文田，文田默然，遂取启超卷批其尾云：'还君明珠双泪垂，恨不相逢未嫁时。'启超后创设《时务报》，乃痛诋科举。是科康有为卷亦文田所拔，廷试后不得馆选，渐萌异志。"据余所闻，李批梁卷，仅"还君明珠双泪垂"七字，未引下句也。梁领得落卷后，见李批而感知己，谒之。李闻其议论，乃大不喜。语人以此人必乱天下。梁主本师康有为（时名祖诒）之学说，宜不相投。又相传徐桐之坚持摈梁，系误以为康氏卷。梁代师被抑，而康竟掇高魁焉（中第五名）。时康名已著，其文字议论为旧派人物所恶，斥以狂妄。（胡谓康"萌异志"者，系指戊戌之事，所撰《壬戌履霜录》诋为谋逆也）。左谓在壬辰湘试同举中齿最少，时年二十一也。梁则十七岁即中举,更为早发,适与左子孝威中举之年龄同(孝威为同治元年壬戌举人。后亦未成进士)。

《曼殊室戊辰笔记》:二十三岁乙未春入京。自此次出万木草堂之后,未尝再入住,学生生活可以谓之止于是岁。盖见国事日非,已渐有慷慨激昂之态矣。是岁春闱,乃顺德李若农典试,误以伯兄之试卷为南海之作,故抑而不录,批曰:"还君明珠双泪垂,惜哉惜哉。"盖当日之南海为众人所不喜也。

《任公先生大事记》:乙未会试,副总裁李文田,得先生卷大赏之,其后以额满落第。或曰正总裁徐桐疑为康南海卷,故抑之,不知确否。李题其卷末曰:"还君明珠双泪垂,恨不相逢未嫁时。"先生极感之。望年李归道山,先生挽之。

陈叔通《从戊戌政变至云南起义之政治轶闻》:任公为己丑举人,乙未与康有为(时名祖诒)同进京会试。徐桐为总裁,予戒粤省卷有才气者必为康祖诒,即勿取,适遇任公卷,以为即康有为,遂弃置。发榜前五名向例后填,填榜已竟,只剩五名未填,徐夸示弃置者必有康祖诒卷。翁同龢亦为总裁之一,笑语徐尚有五名,安知无康祖诒?及填前五名,康果在其中。徐既怒且惭,归语门者,康如来谒,拒不纳。

三月廿三日,中日《马关条约》签字。

四月初六日,公车上书。

四月十二日,新贡士发榜,康有为中第五名。

《康南海自订年谱》:越日发榜,中进士第八名,本拟会元,总裁徐桐以次篇优优大哉,礼仪三千,题文分天地人鬼四比，恶其大奇，降第五云。

四月十六日，新贡士复试，康有为列三等第四名。

《上谕档》（四月十七日）：奏蒙发下贡士覆试卷二百七十九本，臣等公同详阅，分别等第名次。拟一等五十五名，二等一百名，三等一百二十四名。于卷面粘签恭呈御览，伏后钦定，俟发下后再行拆阅弥缝，另缮名单进呈。谨奏。

再臣等查封另页诗句人名，并将中式各原卷磨对笔迹均属相符。谨奏。

一等五十五名：萧荣爵……三等一百二十四名：张庚铭，黄瑞兰、陈枬、康祖诒……

《德宗毅皇帝实录》（四月十八日）：谕内阁。此次新贡士覆试列入一等之萧荣爵等五十五名二等之周之麟等一百名。三等之张庚铭等一百二十四名。俱着准其一体殿试。

骛哲按：另参见《上谕档》光绪二十一年四月十六日，及《翁同龢日记》光绪二十一年四月十七日。

四月廿日，充殿试读卷官。

《德宗毅皇帝实录》：派协办大学士吏部尚书徐桐、刑部尚书薛允升、吏部右侍郎廖寿恒、户部右侍郎陈学棻、礼部右侍郎李文田、兵部右侍郎徐树铭、工部左侍郎汪鸣銮、内阁学士兼礼部侍郎衔寿耆为殿试读卷官。

四月廿一日，殿试。

《德宗毅皇帝实录》：策试天下贡士景燨等二百八十二人于保和殿。制曰：朕寅绍丕基，俯临寰宇，仰荷昊穹垂佑，列圣诒谋，夙夜孜孜，于今二十有一年矣。惟是时事多艰，人才孔亟，期与海内贤能，力矢自强，殚心图治。上无负慈闱之训迪，下克措四海于乂安，若涉渊冰，实深祗惧。兹当临轩策问，用集多士，冀获嘉谟。兵所以威天下，亦所以安天下，然非勤加训练，则无以制胜。汉法曰都肄，唐法曰讲武，宋法曰大阅，果不失蒐苗狝狩遗意欤？孙子练士，吴子治军，李靖之问对，所详手法足法，明王骥、戚继光所论练兵之法，其目有五有六，能备举之欤？至于究极精微，谙求韬略，若《淮南子·兵略训》，杜牧《战论》，苏轼《训兵旅策》，见诸施行，果能确有成效否？国用必有会计。禹巡狩会诸侯之计，其说何征？《周礼·小宰》：岁终会群吏致事。郑注：若今上计，司会逆群吏之治，听其会计。有引伸郑注，受而钩考，可知得失多少，见于何书？汉初专命一人，领郡国上计，赝选何人？武帝遣使诣京师，上计簿，帝都方岳，试悉数之。光武遣吏上计，但言属郡，不言远方。唐初犹上计。废于何时？宋时天下财赋，皆上三司。后选吏专磨文帐，议始何人？《会计录》前后凡几？明代《会计》，何人编录？自洪武以来，通为一书者何人，能计述欤？自古求治之主，每以躬行节俭为天下先。然核其心迹，诚伪不同。尧之土阶，舜之土簋，禹之恶衣，文之卑服，尚已。汉文帝衣绨履革，蒲席韦带，屏雕文之饰，成富庶之业。享世久长，治犹近古。后世人君，焚翟裘，毁筒布，却珠贡，甚至一冠三载，一衣屡浣，非不慎乃俭德，而究不能广声教于寰区，希治功于隆古。岂徒俭不足以为政欤？抑岂务其名而未求其实欤？夫国奢则示之俭，国俭则示之礼。今欲崇本抑末，易俗移风，士庶无踰制之嫌，闾阎有藏富之实，果何道以致之？民生以农事为本，农事之水利为先。周命遂人，齐立水官，秦治泾水，汉穿渭渠，经画详至，史册可征。自后或修芍陂、茹陂，或开利民、温润，或决三辅，或引溥沱，其经时久暂，因革异宜，试为条例。虞集请兴北方农田，自辽海以迄青齐，因何不行？托克托言京畿近水地利，可设农师佃种，其法若何？徐有贞所陈潞河等处水利，左光斗请复天津屯田，申用懋请疏滦河诸水，言皆切要，能详举之欤？凡此皆宰世之宏纲，济时之实政也。朕以藐躬，膺祖宗付托之重，宵旰忧勤，惟思仰慰慈怀，抚绥兆姓，天人合应，景运常新。尔多士来自田间，夙怀忠说，其各直言无隐，朕将亲览焉。

四月廿五日，传胪，康有为中二甲第四十六名进士。

《德宗毅皇帝实录》（四月二十四日）：上御乾清宫。召读卷官入。亲阅定进呈十卷甲第。

《德宗毅皇帝实录》：上御太和殿传胪。授一甲三人骆成骧为翰林院修撰，喻长霖、王龙文为编修，赐进士及第。二甲萧荣爵等一百人赐进士出身。三甲文同书等一百七十九人赐同进士出身。

《康南海自订年谱》：殿试朝考皆直言时事，读卷大臣李文田与先中丞宿嫌，又以吾不认座主，力相排。殿试徐寿蘅侍郎树铭本置第一，各阅卷大臣皆圈矣，惟李文田不圈，并加黄签焉，降至二甲四十八名。朝考翁常熟欲以拟元，卷在李文田处，乃于闳炼等字，加黄签力争之，遂降在二等。徐澄园、翁常熟告我，问与李嫌之故，故知之，先是殿试朝士皆以元相期，传胪时，诸王犹言之，是科会朝殿三者，皆失元，区区者不足道，虽王荆公未尝言之，然本朝科第无不奉座主为师者，无礼已甚。

张伯桢《南海康（有为）先生传》：先师殿试、朝考皆直言时事，读卷大臣李文田与先师有宿怨，排之。殿试时，徐侍郎寿蘅树铭欲置前十卷，各阅卷大臣皆圈之矣，惟李文田不圈，并加黄签乃降二甲第四十八名。

四月廿八日，朝考，康有为列二等。

《上谕档》（四月十五日）：奉旨，新进士着于本月二十八日在保和殿朝考。钦此。

《上谕档》（光绪二十四年四月二十六日）：……光绪二十一年乙未科新进士朝考论题疏题诗题：变则通通则久论；汰冗兵疏；赋得大厦须异材得贤字五言八韵。

四月廿九日，充朝考阅卷，置康有为二等，后授工部主事。

《上谕档》（四月二十九日）：奏蒙发下试卷二百九十六本，臣等公同校阅，除一甲三名外，谨拟一等六十名，二等一百八名，三等一百二十五名，黏贴黄签进呈，恭候钦定，俟发下后再行拆阅弥封，另缮名单呈览。谨奏。一等六十名：刘嘉琛……二等一百八名：……康有为（骛哲按：康氏排在二等一百零二名）……

《翁同龢日记》：晴，大风。晨入，知派朝考阅卷，看折毕至南书房分卷，极费力，阅数卷又至小屋同坐。见起二刻馀，电报三，封奏一。退后趋往南斋，余卷巳正二刻阅毕，诸公尚有未完者。午初定甲乙，午正一刻始递上，饭未毕已下并诗片，拆弥封，对诗片，颇迟，申初散。归后陈六舟来长谈。与小山侄语。

共二百九十六卷 鼎甲另束：一等六十名，二等一百八名，三等一百廿五名。

张之万、翁同龢、启秀、徐郙、廖寿恒、李文田、徐树铭、李端棻、凤鸣、汪鸣銮、唐景崇、杨颐。

《康南海自订年谱》：沈子培以吾不认座主为师，必累得元，力劝折节，至有"道之不行，国之兴废，命也"之语，元亦何与国事，而关系如此。子培以吾之虚望，欲藉以转移诸公也，然吾以子培力劝，已屈节见座主矣，而卒皆失元，是知一切有命，正可体验从自己阅历处受用最确，乃所谓"死生有命，富贵在天"，皆非人所能为也。枉己者徒自贬节而已。

张伯桢《南海康（有为）先生传》：朝考时翁同龢又拟置第一卷，适在李文田处，李吹求不得疵，乃于闷铼等字加黄签斥之，遂降二等。

陈伯陶《先师李文诚公传》：先生于是岁春典礼闱，南海康有为获售。康于座主不执弟子礼，惟独具门下士帖谒先生，冀得词馆。朝考先生抑置二等，授工部主事。康失望，乃为万言书，求堂官代奏，先生复抑之，使不得上，康遂南归。先生卒后三年，恭亲王薨，后十余日，康以徐致靖荐，得召对。于是有戊戌变政之事。世谓恭亲王在，必不令披猖至此。然使先生在，亦岂有此哉？

梁鼎芬《康有为事实》：康有为既中进士，欲得状元，日求户部左侍郎张荫桓，为之遍送关节于读卷大臣，皆以其无行斥之。不得状元，尚欲得翰林，又托张荫桓送关节于阅卷大臣李公文田。康有为以张与李系姻亲，己又与李同乡，谓必可入选。岂知李侍郎品学通正，深知其无行，不受张托，斥之尤力，遂不得入翰林。康有为恨之次骨，时与其党诋李侍郎甚至，端人皆恶之。

康有为中进士后，将殿试卷、朝考卷刻印，致（诸）处分送。向来馆、阁故事，得新鼎甲者，方刻殿试卷。入翰林者，方刻朝考卷。皆因名第在前，以见曾蒙御赏之意。康有为以部属创刻朝、殿两卷送人，专为牟利，不独士林蚩鄙，并为市贾诧怪，虽送以两元亦受之不辞。

《皮锡瑞日记》（五月初六日）：至黄鹤云处。伊云康祖诒去年为安御史纠参，其所作《新学伪经考》交广雅诸生查覆，皆前人说过，事遂已；今年为李仲约所取中，大约知其人。李于江西李央等卷具打落，且云："不意江西文风一变至此，岂以五家为不足法耶？"不意此公乃为此言，江西何必法五家也？

《皮锡瑞日记》（五月廿五日）：贺尔翊为湖北人荐批，首篇用《公羊》，次用三《礼》云云，将二百字，为李若农打落。今年名士为此人所厄甚众。彼欲阿徐公意，批有云："此等卷若中，必至两败俱伤，独不见厘正文体之疏耶？"语甚可鄙。近且有废八股之议，何厘正之有乎？

叶德辉《翼教丛编》：通籍后，朝考卷不列高等第者，卷为李约农侍郎签摘，同阅卷者或为请托，李持不可，后康有为刻朝考卷以辱李，李则举其在都钻营张荫桓之事，遍告于人，此湘粤京朝官所共知者。

徐勤《南海先生四上书记杂记》：先生今科朝、殿，皆直言时事之文。殿试卷，徐寿蘅侍郎拟置第一卷，李文田摘"冒"字下缺一字，谓不能置前列。朝考卷亦李所阅也，摘卷中"闷"字、"症"字、"炼"字，指为误笔，置二等末。区区之故，吾先生岂以是为轻重哉！二文索观甚众，皆以告君上之言，故并坿焉。

骘哲按：此事茅海建先生已有考证，可参见《从甲午到戊戌：康有为〈我史〉鉴注》。

五月初四日，过汪鸣鸾，晤翁同龢。

《翁同龢日记》：答汪柳门，晤若农于坐，谈半晌。

五月初四日，奏《请罢赏倭款》附片奏《裁撤防兵不宜偏重》。折留中，片交督办军务处。

军机大臣《奏为将本日李文田等奏事奉旨原折片恭呈慈览事》：本日李文田奏《披沥愚忱折》奉旨存，又奏《裁撤防兵不宜偏重片》奉旨交督办军务处阅看。……

骘哲按：此折第一历史档案馆命名为"奏为将本日李文田等奏事奉旨原折片恭呈慈览事"，似不妥。全折奏处置折、片共八件，恭呈慈览者仅最后三折而已。

陈伯陶《先师李文诚公传》：乙未合约成，赔款二万万，枢臣孙毓汶采英人赫德之说，谓中国四万万人，人赋一金，可得四万万金。先生以税民偿倭之非计，有五不可行之奏。又闻北洋裁撤防兵，专用淮军，先生有相淮并峙不宜偏重之奏。折皆留中，然事亦卒不行。

《请免偿倭款折》

奏为偿款一局，为谋国之主脑。谋国得失，系天朝之盛衰，用敢披沥愚忱，仰祈圣鉴事，光绪二十一午五月二十六奉谕旨："户部奏偿款太巨，请饬通盘筹划一折。际此时事艰难，国用匮乏，中外臣工，各宜合力同心，共同匡济。着户部咨行大学士六部九卿，既直省将军督抚，各抒所见。如有可兴之利，可裁之费，能集巨款以应急需者，即行详晰陈奏，用备朝廷采择，钦此。"臣以迂拙之才，居疏远之地，凡时局之更变，皆事后而方知。况今日当轴之任，不尽素餐仰屋之筹。亦负时望，原当箝口结舌，坐候转机，亦何必预虑沦胥，妄增蒙议，顾就愚见所及，动辄寒心。以古今未有之亡征，行童竖皆知之拙，计圣明采菲，下及群僚，《洪范》所谓谋及卿士，谋及庶人，今之谓矣。夫中国千万之富，殆无其人，有之则李鸿章而已。百万者每省仅三数人，十万者仅数百人，此就濒海言之耳。潮汐不及之地，上户不过五万，中户一二万，号巨富矣。尽富户而查抄之，百万者抄二百家而可，十万者抄二十家而后可，此剜肉医疮之计也，不可行者，一也。

颇闻孙毓汶采赫德之论，谓中国有四万万人，赋银一两可得四万万两。臣谨考之：康熙间圣祖令天下举报户口丰歉之数，然止得大概。有因贫讳匿者，有铺张鸣盛者，四万万乃悬揣之辞。实则南多北少，南人多往南洋各岛觅食。近且迁流各国，断难遍税，即税亦外国抽收之耳。中国州县大较千五百余，其一县至三五十万人者，大率都会聚萃之地，非县县如此。外国人少，能以机器致富，故人可岁赋数十圆至三五圆不等。又所抽商贾辐辏，寸金寸二之民，每人岁入自万千至数百圆不等。名为税入，实则商贾捐赀，养兵自卫，与中国市镇办团保甲等，今中国无议院之合谋，无廓充之口岸，无护商之实政，但知抽人税而已，赀极则难剥，怨甚则变生，此缘木求鱼之计也，不可行者，二也。

自捐纳保举法行，州县官十九皆捐班军功，其性皆虎狼蛇蝎，民无所遁，大率以入教为护符，村乡富户半皆教民，甚至有教生教绅之目。沿海富户则并不入教，每被州县讹索，亦能假洋人文书自卫，必欲尽法抽收。则旬日之内，皆异言左衽，此为丛驱爵之计也。不可行者，三也。

夫中土非无人税，但沿前明一条鞭法，寓丁于地，故曰地丁耳。宋行青苗免役钱，致靖康之祸。明增辽饷练饷，而闯献一乱，明社遂屋。今岂有可抽之人税，其可抽者，大率中土之良民，虽杀不入教，虽死不犯法，虽冤不叛上者也。则安忍合无数骫法之民，而专虐之哉。若谓舍此无可抽，则饮鸩止渴之计也。不可行者，四也。

且今日取诸民者，殆无孔不搜，无术不尽矣。又复名不正，言不顺，曰以事倭寇，又复不患贫，不患寡。曰二万万夫，百姓纳官者一，而耗于纳者由一二倍至十倍不等。如漕米多至七八倍，地丁多至三四倍，其大较也。今取之民者二万万，则民之奉上者四万万。民无二万万之出息，而有四万万之追呼，业已一穷于生齿之繁，再穷于利权之失，三穷于机器之夺，今又四穷于兵饷之赔。既不知恤，又从而虐之，臣不知患之所终极也，此投身饲虎之计也。不可行者，五也。

明社之屋，亡于内乱，不亡于外侮。似闻李鸿章之论，谓民不能乱，乱则淮军剿之。今乱民投倭者，闻其败淮军矣，未闻淮众败乱民也，万数千之乱民，假倭人旗帜，足败淮军，安见淮军能止乱哉？孟子有言，盖亦反其本矣，方今虽极屯剥，然天无绝人之路，转机所在，当轴诸臣，亟宜知所变计，顾皆默默不敢改图，殆误于连衡之计耳。夫就今日大势而论，俄拊蒙古之背，壤地相接，我果远交近攻，则连英倭以拒俄，何莫非策。奈我成积弱，倭乃新雠，乃李鸿章欲结一助倭攻我之英，而怒一欲我合从之俄。此如韩魏连燕中山以攻秦，秦近攻而燕不能救也。况又竭韩魏之物力以事中山，而忘虎狼秦之在肘腋也，不亦愚哉。李鸿章虑中国不连衡于英，故置淮军于败地，穷中国以赔款，意谓俯首帖耳，惟英倭是听。于是英倭得以中国二万万巨款以战俄人，如此则中国一穷于英倭，再穷于强俄，一举而残吾地矣。不知李鸿章身家性命安在，而暇助英倭哉。此诚所谓老悖不念子孙者也。若之何皇太后皇上不熟察之也。语曰：苟无民何有君？今若竭百姓之余喘，而取二万万之款以弥倭而结英，此李鸿章、孙毓汶之丧心昧良，胆大敢为，至百姓相率而变教民、投外国，禀他人之号令，而不知亲上死长，此孙毓汶、李鸿章所不能禁也。然则今日在乎收人心而已，收人心，然后能图存，图存然后能立国，能御侮，能筹款，又然后论赔款，否则款既无所出，赔亦无已时。计旬日之间，言利之臣必纷纷继进，然必务财用之小人，止能灾害并至，决无补于万一。自来如汉桑宏羊、唐刘晏、元之阿合马、卢世荣、桑哥皆以取百姓之财，不得其死，上下五千年，纵横七万里，未闻取民二万万之策。倭人而索我此数，彼亦自绝于天，臣不知恭亲王、翁同龢、李鸿藻众望具瞻，何以随声附和，绝无救正。何以不面折廷诤，涕泣以争，岂此事既行，犹可立国，抑谓处无可挽回之日，吁嗟袖手而莫敢救也。此臣所为泪尽继血，而莫可解者也。臣亦知孙毓汶、李鸿章既误以二万万许人，驷马之追，原非三二大臣所敢以为己任，然三空四尽之后，不谋防守则极危，再谋防守又□何法。隐忧方大，流弊无穷。臣愚以为虽孙吴复生，只有竭二万万为守国之谋，断无索二万万为弥敌之策。儒生见地，岂免迂拘，体国大臣，或有奇计。臣无任激切屏营悚惶待命之至。

《裁撤防兵不宜偏重片》

再风闻北洋有裁撤防兵之议，意欲专用淮人，臣益增疑揣，方今辽南未还，又增倭队。彼方添灶，我遽归师，即谓饷糈艰难，量加裁撤，亦当视强弱为取舍，岂宜以楚皖为去留。疆臣专汰自用，各军啧有烦言，事体安危，判于呼吸。以兵家古事言之，明季剿饷练饷，倾天下力以豢辽兵，其后偾事者，自李如松以至耿孔，皆辽将也。宋季经制钱总制钱，倾天下力以养荆湖兵，其后误国者吕文焕、夏贵皆荆湖将也。兵柄忌一家，骄军难独任，湘淮并峙，朝廷不宜有所偏重，致灰海内忠愤之气，以启奸雄轻侮之心。愿皇上与亲贤大臣密议力持。天下幸甚。

《行状》：四月马关和议成，赔款二万万，时有欲税诸民间者，公为税民偿倭之非计。……公竭诚尽谏，不畏强御，疏既上，亲故知之者咸为公危，公曰：处此国家多难之秋，为一己功名计而不进言吾不为也，由是频蒙召对，有所陈奏，外人不得而知也。

鹜哲按：此折日期尚不明确，折中提及户部五月二十六日奏，故该折当在此后不久。

闰五月，康有为上《上清帝第四书》，公阻止之。

《行状》：光绪甲午冬授经筵讲官领阁事。恩眷有加，方期大用，自以遭遇圣明，直言不讳。感恩图报，勤于任事，早则入直南书房，自供奉以来，无间寒暑绝少请假，日中则到两部视事，如司马温公躬亲庶务不舍昼夜，神疲体愈不自知，苦为政务持大体。不尚更张，当乙未春进士康有为签分工曹，到部旬日献万言策倡行新政，呈请堂官代奏。公云：国家自有祖制不宜纷更，格不为上。逮戊戌秋，恭忠亲王薨，薨后十余日，康乃以前书呈请总理衙门代奏，朝政因之一改，而时变遂日亟矣。

《康南海自订年谱》：五月迁出南海馆，再草一书，言变法次第曲折之故，凡万余言，尤详尽矣。至察院递之，都御使徐郙使人告以吾已有衙门，例不得收，令还本衙门代递。时孙家鼐掌工部，颇相慕，友人多劝到工部递，乃于五月十一日到工部递之，孙家鼐面为称道之词，许为代递，五堂皆画押矣，李文田适署工部，独挟前嫌，不肯画押。孙家鼐碍于情面，累书并面责之，卒不递。再与卓如、孺博联名递察院，不肯收，又交袁世凯递督办处，荣禄亦不收，遂决意归。

张伯桢《南海康（有为）先生传》：五月，先师再草一书，大旨言立科以厉智学、设议院以通下情，更推言下诏求言、开门集议、辟馆顾问、设报达聪、开府辟士云云。次第曲折之故凡万余言，尤详尽。递都察院，都御使徐郙使人告先师曰："凡通籍有衙门者，都察院例不得收，须交本衙门代递。"时孙家鼐长工部，乃于五月十一日到工部递之。孙面允代递，五堂皆画押矣，适署工部侍郎者为李文田，不肯画押。又托袁世凯代递，京营督办处荣禄亦不肯收。

《皮锡瑞日记》（光绪二十三年七月廿七日）：李若农力阻康君，殊不可解；前年会总，持五家派之谬论，打落江西名士，亦不可解，岂死期将至欤？

闰五月廿八日，考汉荫生，充阅卷官。

《王文韶日记》：晴，亥刻阵雨……恭阅邸抄，二十八日考汉荫生，阅卷派出长萃、汪鸣銮、李文田，此次同考者八人，一等四名，二等四名。

六月十一日，保举前广东布政使游智开重与录用。

《奏保智开重请录用由》

臣李文田跪。

　　奏为敬举人才以酬明诏事。光绪二十一年五月十三日奉上谕：为政之要首在得人等因，钦此。窃维需才孔亟者，圣主之圣心。以人事君者，人臣之职分。顾今日求才，先求忠说切实之才，然后一切奇才、异能、算法、格致之类始能收其实用。若必远求域外而近遗目前，似无当也。窃见前广东布政使游智开，在护理广东巡抚任内缘参劾属员不得其职，郁郁移疾而去。寻其所劾，什九劣员，自该藩司去任后所经参劾者固早经开复，此后吏治益难。如南海知县潘泰谦、香山知县杨文骏等皆异常贪酷，罄竹难书。自非皇上圣明，简放马丕瑶、谭钟麟先后到粤，将劣员等重与参革，则粤民几无苏息之望矣。臣查该藩司所参各员，止有孙楫一员当时尚云未当，厥后孙楫升授府尹，蒙皇上烛其不胜剧任，开缺另放。则该藩司护抚之时，谓其未尝辜负天恩可矣。夫参劾劣员，百姓至欢声载道，可谓极公，乃当时事既不行，反被属员嘲笑，倘由护抚再回藩司本任，亦何颜复见属员，其不得不移疾去官者也。臣窃念今日最要在得民心，得民心在澄吏治，顾守正不阿之信，或歉于循良，爱民如子之诚，或短于刚劲。该藩司政声极著，风力亦道。前在直隶永平府等任，遗爱在民，及升任四川藩司护理川督之时，办理重庆教案尤得蜀民爱戴。不但封疆之著绩，亦见交涉之专长。臣虽不识其人，惟数年来校试三辅，知其政绩，以为今人人才似此良非易得，应否重与录用以储边才，出自皇上圣鉴施行。臣无任惶恐之至。谨奏。

　　光绪二十一年六月十一日。

　　《行状》：是年八月，公又奏前广东布政使游智开廉介，恳恩起用。即召任桂藩。其时风传有谓将召公秉枢轴者，公知时不可为，频欲归耕垄亩，而迹近趋避，迟迟不敢请，日夕焦忧须发俱白，揽镜自照曰："吾容貌改易，今岁不罢官则必死。"

骛哲按：此折据军机处奏折录副抄出，《行状》所言八月不实。

七月廿二日，招饮恽毓鼎。

《恽毓鼎澄斋日记》：午刻赴李苕农年伯之召。

八月初八日，恽毓鼎来，送润笔五十金。

《恽毓鼎澄斋日记》：午后谒苕农年丈，代大兄敬致墓志润笔五十金。

九月廿九日，派管理户部三库事务。

陈伯陶《先师李文诚公传》：先生素精相术，既以前所陈奏屡拂皇太后意，局桓忧国，色常不怡。一日忽览镜诧叹语人曰："余容貌改易，今岁不革官，则必死。"九月二十九日派管理户部三库事务。十月先生查库，感寒疾。十七日阅邸报谕旨，称侍即汪鸣銮长霖上年召对，信口乱言，迹近离间，着革军职。先生遂不复治病，余往视疾，询所苦，亦默不一言，至二十夜遂卒。

《行状》：九月二十九日。命公管理户部三库事务。十月初天气严冷连日，查察三库，遂感寒疾，喘病大作。

十月初九日，赴皇太后大宴群臣。

《翁同龢日记》：东边：恭王照料。礼王、载滢、载澍、载濂；一间。载润、奕谟、溥伦、载澜、溥侗、载瀛、载津、载振、溥僎、溥伟、溥倬；一间。翁同龢、李鸿藻、刚毅、钱应溥；一间。李鸿章、张之万、麟书、崑冈、徐桐、熙敬；一间。敬信、荣禄、徐郙、启秀、照料。薛允升、孙家鼐、裕德、许应骙，一间。共三十六人。次日添醇王载沣，其兄载洵。

西边：庆王、照料。克勤郡王、那王、端王；一间。玛王、熙凌阿、那苏图、符珍、札拉丰阿、桂祥；一间。福森布、芬车、赓音布、明安、色楞额；一间。怀塔布、松溎、崇光、立山、照料。巴克坦布、文琳；一间。李文田、吴树梅、陆宝忠、张百熙、王懿荣、王文锦、曹鸿勋、高赓恩、张仁黼、胡聘之，山西巡抚。一间。共三十三人。

凡六十九人。

十月十七日，汪鸣銮、长麟被黜，公见邸钞遂不复饮药。

《行状》：殁之前三日，侍郎汪鸣銮、长麟被黜。旨称上年召对信口妄言迹近离间。公见邸钞咨嗟太息，不复语，不饮药，然梦中謇謇呓语，皆朝廷天下事也。

十月十九日，文廷式来探公病。

《文廷式集》：李仲约侍郎临终前一日，执余手言曰：合肥与李莲英日日相见，图变朝局，汝等当小心。既而曰：吾不能与常熟款语，然合肥、济宁各怀不逞，以吾亲家张荫桓为枢纽，二人一发千钧，皆在张一人，胡为至今不去也。忠诚之心，将死弥笃，乃至不避至亲，迄今思之，可为流涕。

《花随人圣庵摭忆》：文道希记其事云：李若农侍郎文田，学问赅治，晚节尤特立不苟，将死语不及私，惟谆谆以朝局为虑。见汪、长二侍郎被黜，时病已笃矣，犹喘息言曰："吾病死不足惜，但某相国与某宦者朝夕聚集，密谋欲翻朝局，吾亲家某侍郎亦与其谋，可若何？"不越日卒。故余挽联以"鲁连蹈海，杞妇崩城"拟之，沈子培邢部联以

"威公泪尽，芃叔心孤"拟之，皆所谓知其深者也。按汪、长两侍郎被黜事，指已未长麟、汪鸣銮召见言及宫闱，立即革职一案也。

《上谕档》：应调汉侍郎名单：……李文田现兼署工部右侍郎，现在请假。

十月廿日，公于戌时病逝。

《行状》：十月二十日，戌时病终官舍，年六十有二。

《翁同龢日记》（十月廿一日）：方饭，闻李若农于昨夕戌刻长逝，为之哽塞。本拟出城，腹痛数日不下，始下，气衰矣，因偃卧良久。

《翁同龢日记》：闻若农喘甚。

《松禅自定义年谱》：余友李若农文田卒于任，不第文字之交，为之一恸。

《艺风老人日记》：接李顺德师讣。

《王文韶日记》（十月廿三日）：阅电抄，李若农侍郎病故，文星遽陨，可惜也。

《王懿荣致某人》：约老受凉在缎匹库，与潘文勤在火药局情事相同。十五日曾戏语同人云："此处如满六人，定有一人外出，看来今年诸公未必便能补放学差，想是我身要死。"大家亦以戏言听之，竟成谶矣！常熟、寿州两公皆与之有金兰之雅，应不殁死友，或可为之进言于上乎？噫！名顿首

《文廷式集》：李若农侍郎（文田）学问赅洽，晚节尤特立不苟。将死，语不及私，惟谆谆以朝局为虑。见汪、长二侍郎被黜时，病已笃矣，犹喘息言曰：吾病死不足惜。但某相国与某宦者，朝夕聚集，密谋欲翻朝局；吾亲家某侍郎

亦与其谋。可若何！不越日卒。故余挽联以"鲁连蹈海，杞妇崩城"拟之，沈子培刑部挽联以"威公泪尽，苌叔心孤"拟之，皆所谓知其深者也。

文廷式《挽李仲约侍郎师》

　　鲁连蹈海、杞妇崩城，其志节精诚、当世殆无与匹；

　　任昉美名、谢安高韵，即文章志节、后人犹或知归。

孙雄《挽李文田》

　　使车驰万里，历吴越豫章巴江畿辅，朗照文星，刘蕡下第，心感试官，悔当年勤帛无心，方叔未登科，狠失孙洪老名士。

　　方技通九流，合医卜占候名相堪舆，都成绝学，供奉多才，声姚禁近，痛此日焚琴息响，钟期悲永逝，谁工燕许大文章。

十月廿二日，遗疏入，同人公祭于龙泉寺。

《奏为自报病危事》

　　经筵讲官、礼部右侍郎兼署工部右侍郎，管理户部三库事务，南书房行走臣李文田跪。

　　奏为微臣病势垂笃，伏枕哀鸣叩谢天恩，仰祈圣鉴事。窃臣少年通籍，渥荷圣恩，侍直南斋垂三十年。涓尘无补，迭蒙恩补授礼部右侍郎，兼工部右侍郎，兼管户部三库事务，派充经筵讲官。方期竭尽驽骀，稍图报称，值此时事多艰，九重宵旰，正人臣卧薪尝胆之时，虽捐糜顶踵不足酬万一。岂悟忧愤之余触发旧疾，蒙恩赏假调理多方，医治迄无成效，奄奄一息，势将不起，犬马微躯尽于今日。伏愿皇上励精图治，力戒因循，惩外患之方殷，求得人以为理。从此圣治日昌，海宇晏然。臣虽死之日犹生之年。所有微臣病势垂笃，口授遗折交臣子渊硕恭缮上陈。伏乞皇上圣鉴。谨奏。

光绪二十一年十月二十二日。

《上谕档》：内阁奉上谕，礼部右侍郎李文田由翰林入直南书房洊升卿贰，叠掌文衡，学问渊通，克勤厥职。兹闻溘逝，轸惜殊深。加恩着照侍郎例赐恤，任内一切处分悉予开复，应得恤典，该衙门察例具奏。伊子李渊硕着俟服阕后以员外郎分部学习行走。钦此。

《德宗毅皇帝实录》（十月廿八日）：予故礼部右侍郎李文田。恤典如例。子渊硕。服阕以员外郎分部学习行走。

《翁同龢日记》（十月廿二日）：晴，大风，寒甚……是日龙泉寺开吊，余竟不能去……若农恤典尚厚，子赏员外分部行走。

《翁同龢日记》（十月廿三日）：午初出诚，到龙泉寺视斌孙，尚好。昨客约三百余。哭李若农，为之摧绝，若农身后萧条，差囊尽买书矣，其子渊硕年十五，号踊如成人，可怜可怜。

《艺风老人日记》：检顺德师讣交刘炳卿世玮戊子。

《缘督庐日记》：闻李仲约前辈作古，虽未著弟子籍，雅有知己之感，即往哭之。

《袁昶日记》（光绪二十二年十一月）闻李仲约先生灵梓归顺德未葬，身后清贫，不名一钱，第有藏书三万轴。遗书多考求金元边地，如《元秘史注》、余为写刻，第非定本。《圣武亲征记李沈合注》《双溪醉隐集注》、龙氏知服斋刻。《移剌中令》《西游录注》《元史西北地附录考》《和林石刻考》。如《唐阙特勤碑》及《元碑》，许有壬撰文数首，皆从予处抄去。以上未刻。

陈宝箴《唁李文田》

仁兄世大人礼次：

顷阅邸抄，惊悉尊大人遽归道山，不胜愕悼。阁下天怀纯笃，至性肫诚，色笑遽违，哀痛何极！第念尊大人早登词馆，屡典文衡，泊晋贰乎秩宗，尤允孚乎清望，流芳自远，遗憾毫无。尚祈顺变节哀，以慰先灵，是所至祷。弟远睽湘浦，莫赴几筵，谨具菲仪，藉申刍奠。专肃奉唁素履，统祈良察，不备。

世愚弟〇〇〇顿首。

骛哲按：陈宝箴之《唁李文田》，系据舒斋藏摄片整理，为湘幕承书清稿。据考应为定稿。"〇"为原札旧有。详可见中华书局2005年版《陈宝箴集》。

十一月廿一日，御赐祭葬。

《行状》：谕赐祭葬，赐祭一坛，制曰：维光绪二十一年十一月二十一日。皇帝遣侍郎陈学棻，谕祭于原任礼部右侍郎李文田之灵，曰：鞠躬尽瘁臣子之芳踪，赐恤报勤国家之盛典尔，李文田性行纯良，才能称职，方冀遐龄。忽闻长逝，朕用悼焉。特颁祭葬以慰幽魂，呜呼，宠锡重垆，庶沐匪躬之报；名垂青史，聿昭不朽之荣尔，如有知尚克歆享。

《行状》：公廉俸，所入事蓄之外购求书籍，常述疏广之言，曰：贤而多财则捐其志，愚而多财则益其过。吾不为子孙谋家产，祇为子孙选书籍，使能读书者读吾书，足以自立矣。身后果不名一钱，籍赙财乃克归榇粤城。……初奉葬小北门外小西竺冈者一年，地近城垣，恐罹兵燹，岁癸丑改葬大北门外栖霞山，地小不合制度，己未仲春，下澣迁葬于象牙峯。

《翁同龢致某公》：若农后事非兄台无可嘱。晚始闻信，为之长恸，明早当检南斋旧事以进也。名顿首，廿一日。

宣统二年庚戌（1910年）

十一月初五日，南海陈氏封一品夫人卒。

《行状》：公娶南海陈氏，封一品夫人，以宣统二年十一月初五日后公卒，年七十五，合葬公墓，簉室陆氏祔焉。

民国三年甲寅（1914年）

八月廿二日，废帝追谥公"文诚"。

《行状》：越二十年，甲寅秋番禺梁节庵廉访鼎芬联名呈请内务府代奏，为公恩恩予谥。宣统六年八月二十二日钦奉谕旨：内务府代奏，据前湖北按察使梁鼎芬等呈称，请将已故侍郎李文田恩恩予谥一折。李文田前在南书房行走多年，品学素优。着加恩予谥文诚，以示笃念儒臣之至意，钦此。

附录一 《清史稿》卷四百四十一《李文田列传》

李文田，字芍农，广东顺德人。咸丰九年一甲三名进士，授编修。入直南书房，充日讲起居注官。同治五年，大考，晋中允。九年，督江西学政。累迁侍读学士。秩满，其母年已七十有七矣，将乞终养，会闻朝廷议修园籁，遂入都复命。既至，谒军机大臣宝鋆，告以东南事可危，李光昭奸猥无行，责其不能匡救。宝鋆曰："居南斋亦可言，奚必责枢府？"文田曰："正为是来耳！"疏上，不报。逾岁，上停止园工封事，略言："巴夏礼等焚毁圆明园，其人尚存。昔既焚之而不惧，安能禁其后之不复为？常人之家偶被盗劫，犹必固其门墙，慎其管钥，未闻有挥金夸富于盗前者。今彗星见，天象谴告，而犹忍而出此，此必内府诸臣及左右憸人导皇上以朘削穷民之举。使朘削而果无他患，则唐至元、明将至今存，大清何以有天下乎？皇上亦思圆明园之所以兴乎？其时高宗西北拓地数千里，东西诸国詟惮天威，府库充盈，物力丰盛，园工取之内帑而民不知，故皆乐园之成。今皆反是，圣明在上，此不待思而决者矣。"疏入，上为动容。俄乞假归。光绪八年，遭母忧。服竟，起故官，入直如故。数迁至礼部侍郎，充经筵讲官，领阁事。二十年，疏请起用恭亲王奕訢及前布政使游智开，依行。明年，卒，恤如制，谥文诚。

文田学识淹通，述作有体，尤谙究西北舆地。屡典试事，类能识拔绩学，士皆称之。

附录二　吴道镕：《礼部右侍郎李公神道碑铭》

　　光绪二十有一年十月丁亥，礼部右侍郎李公卒。事阅天子轸悼，谕以学问淹通，克勤厥职，照侍郎例赐恤。十一月丁巳礼部遵行谕祭礼，逾年丧至广州，权厝城北小西竺冈，茔域褊陕，不称体制。宣统二年十一月乙巳公配陈夫人卒，爰合葬栖霞山。六年八月今上笃念儒臣，追谥文诚。公之子渊硕乃别卜地城北象牙峰之原，以十一年二月己未奉公及陈夫人之柩合窆焉。既立祭葬碑如令式，而神道之左，属道镕为铭。

　　道镕以与弟子籍早，不敢辞，谨再拜而次其事曰：公讳文田，字若农，一字仲约。其先世自南宋宝祐宅居南海，明景泰中析其地置顺德，遂为顺德县人。曾祖社书，祖伟行，父吉和，皆不仕，诰赠光禄大夫。曾祖妣欧阳氏，祖妣欧阳氏，妣何氏，皆诰赠正一品夫人。所生母徐氏，诰封夫人，累赠正一品太夫人。公年二十二，举咸丰五年乡试，九年会试中式，赐一甲第三名进士及第，授翰林院编修。旋直南书房，点四川乡试，升左右春坊赞善，寻升侍讲，典浙江乡试，督江西学政。在督学任内，转侍读，升左庶子，侍讲学士，侍读学士，任满仍直南书房。同治十三年六月疏言臣母年七十余，京师道远，不便迎侍，乞解职归养。许之。光绪八年丁忧，十年服阕。十年入都，起原官，仍直南书房，典江南乡试，转少詹事，点浙江乡试，升内阁学士礼部右侍郎，督顺天学政，兼署工部右侍郎，充会试副总裁，经筵讲官，领文渊阁事。二十一年九月管理户部三库事务，以查库感寒疾卒，年六十二。

综计公通籍后，自乞养外，皆官京朝，久直内廷，娴习掌故，应奉文字，工敏无抗手。屡掌文衡，甄拔才俊，名流宿学，多出门下。书自唐贤上窥北魏，石墨榜题，映照海内，秦篆汉分，临摹精绝。其学自经史、诸子、小学、金石、舆地、历算既诸艺术，旁逮西人政学诸籍，博涉潜研，咸洞指要，翕然称一代通儒。惟蒿目中兴以后，孽牙隐患，当事后务为选？诿避，常思激发忠谠，一救世□，世之人顾以文字相推重，益与素心谬，若愀然别有深忧者。其乞养时，疏已具矣。闻方缮修圆明园。仍先疏请停修，略陈天灾人害，责内务府诸臣，及左右宵人荧惑圣听，导皇上以股削穷民，为自利之计。深论危害，详尽痛切。疏入，上为动容，逾月奉谕停止，自是公家居奉母者，垂十年。其再入都也，值安南之役，谅山告捷，朝野晏然，边备浸驰。光绪二十年，日人藉朝鲜东学党乱，与我开□。六月，我海军御之大东沟，群舰歼焉。惟时亲信执政无远略，枢臣疆臣互相诿饰贻误。公仍偕同直南书房诸臣，疏请起用恭忠亲王，略曰：礼亲王世铎才思平庸，无人不知，今日之恭亲王，当弃瑕录用，然而执政不敢言，恐罪在不测也。夫事至艰危，而犹避不测之罪，国家养士，其又安用。臣愚以为宜豁除瑕类，开张圣听，庶早收一日之用，即早成一日之功。若迟久后用，无论挽回匪易，即使及事，所伤实多。方草疏时，公惧干天威，愿独任咎，同直者不可，仍删疏末臣文田主稿语。疏入而迁臣联衔奏请者踵至，于是谕恭亲王会办军务，仍为军机大臣。恭亲王出，严军纪，徼功罪，庙筹既定，人心始安。十月，皇太后万寿，谕停受贺，承办庆典大臣犹请点景，公密疏言皇太后膺天钟庆，他日红旗报捷，何时非祝釐之时，必于此敌踪叵测，安危呼吸之时，汲汲铺张，诸臣之见，诚为未广。逾年，马关和议成，偿日兵费二万万。税务司赫德言中国四万万人，人赋一金得数巨倍。公奏其五不可，且言计旬日间言利诸臣，必纷纷继进，然皆务财用之小人，止能蓄害并至，决无补于万一。疏累数千言，词绝愤痛，皆人所难言者。自是以国事日非，遇要人虽故交多责备语，遇同志则流涕，数月之间头发皆白，病亟，闻侍郎汪鸣銮、长麟，因言前事获遗，浩然长叹，谢医拒药，遂以不起，身后饰终优渥。圣明固深眷公，公躬躬不自容，与平日谠论危言，蹈不测而不顾者，用情虽异，而同出于忧国之诚。其始终以文学结主知，始终不以文字掩大节，史传以淹雅称，未足概其生平也。初公乞养归，杜门奉母，刘忠诚公督粤，以故交延访，聘主应元书院讲席，奖植士类，如恐不及，道镕不才，亦其一也。粤水患，北石角围，西大路围皆要卫，公先后督修两围堤，审形势，排群议，堤成，积数十年，屹然为西北江保障。服阕，将入都，值中法役起，钦使彭刚直公，粤督张文襄公，奏留办防务，筹饷筹械，接济西师，力陈提督冯子材忠勇可倚任，使得行其志，卒奏谅山之捷。

此公在籍表见，荦荦大者，公志在经世，尤究心朔方地形，著有《元圣武亲征录注》一卷、《元秘史注》十五卷、《双溪醉集笺》六卷、《西游录注》一卷、《朔方备乘札记》一卷、《和林金石录》一卷、《和林诗》一卷、《撼龙经注》一卷，已刊行。《元圣武亲征录注》《元秘史注》尤精博，见称于时。别有《元史地名考》、《西使记注》、《塞北路程考》、《进四库全书表注》。诗文集、金石跋尾若干卷，稿藏于家。

子一渊硕，特赏员外郎，侧室陆淑人出，女三，皆适名族。

铭曰：北斗光移曜南粤，海内咸仰哲人哲，学贯九流道不诎，下视麈楦非祥物，独凭浩气耆儒术，青蒲屡伏腔丽血，汉贾唐陆风琼绝，得公而三鼎峙列，易名以诚鉴天阙，有崒象峰奠兆域，大节丰碑同屹屹。

附录三　孙雄：《李文诚公遗事》

　　顺德李仲约侍郎师文田，辛亥后追谥文诚。师平日尝与门弟子言，他日得谥文敏，与董香光、张得天并传足矣，今追谥文诚，非师初愿所及也。然师谋国之忠诚，交友爱士之诚恳，有非寻常朝贵所能及者，易名之典，当之无愧。师历典川江浙试事，又督学畿辅，所至均得士。戊子江南榜尤多鸿硕，题为可与共学两章，余主反经行权尽说合两章不一章，通篇均用散体，以古文为诗文。篇中有云：君臣者，天地之常经也，而读《鹰扬》之诗，有以臣伐君者矣；兄弟者，亦天地之常经也，而读《鸱鸮》之诗，有以弟杀兄矣，是何也？曰反经以行权也，盖经为已定之权，而权实未定之经，反经者非离乎经，乃正合物经耳。余卷由房考吴承志呈荐后，师击节欢赏，终因语近激烈，遂以额溢见遗。时越五载，邀余佐顺天学幕，剪烛谈艺，契洽无间，追述前事，引为大憾，引东坡失李万叔以自比。师熟精辽金元三史及金元碑版地理考证之学，以长春真人元秘史晚出，于蒙古立国疆域世系，颇具梗概，乃广搜纪载，兼采近世泰西译籍辨析订证，作注十六卷。又以《元史地理志》成于仓卒，挂漏颇多，经世文典所存之图，亦多沿为，更参稽旧版，验以今名，作《元史地名考》十卷、《耶律楚材西游录注》十卷。复采自唐以来，和林一地残碑断碣，录其原文，加以考释，成《和林金石录》一卷，附《和林金石诗》一卷。旁通堪舆，有《疑龙》《撼龙经注》和一卷，诗派于竹垞覃溪为近，惟疏散不自存稿。余于壬辰癸巳间，从辎车周历顺直所属各州郡，校艺余闲，时相赓唱，宣化道中尽多伦怀古诸作，均有和章。师有《咏万安宫遗址诗》云：阿尔台山白草肥，万安宫殿尽都几。当年突厥兼回鹘，两代牙庭化夕晖。又云：断瓦残当岁月深，沿河翁钟草萧森。碎碑满地无人拾，叹息圭堂许翰林。师于永平承德宣化道中，杂诗最多，今忆其二绝云：万口喧传土一□，东西青冢各千秋，豹房内传凋零尽，不□人疑缀白裘。说与凭谁更不疑，倒流山水绝难奇。元明两代衰行录，旧事无人解入诗。师待直南斋，资望最深，才思尤为敏绝，极荷慈安、慈禧二后及景庙鉴赏，凡题书诗词，及内廷春帖子，非师作不能称旨也。师每于进御诗词，因事纳规，余已于《东华梦影录》中别记之矣。

附录四　汪兆镛：《李文诚公遗书记略》

　　顺德李文诚公讲求西北舆地，盖有感于中俄议界纠纷，发愤著书，非徒为矜奇炫博也。咸丰、同治间，俄国乘我内乱，占据伊犁。及回部平，使臣崇厚前往勘界，订约多失权利。光绪初，湘乡曾惠敏公纪泽出使英法，诏命兼使俄，与俄外部反复辨论，十阅月而议始定。崇原约，仅得伊梨之半，严险属俄如故，惠敏争回南境之鸟宗岛、克斯川各要隘，然后伊梨诸诚，足以自守，且与喀什、噶尔、阿克苏等处，通行无阻，详见史稿本传。文诚因怃然于塞外山川形势险要，关系甚巨，而图籍多疏舛，乃萃二十年精力，考古论今，成书十余种，精博与何愿船秋涛、张石洲穆相埒。嘉兴沈子培中丞曾与文诚书，商权甚详。兆镛于哲嗣孔曼部郎斋头，见遗稿数十巨册，绳头细书，朱墨烂然，苦心孤诣，用意深远。诸稿有为门生故旧刊入丛书者，有成书未付梓者，有起草尚未写定者，岁久恐有散佚，因条列于左，亦何子贞编修为程春海待郎撰龙树寺检书图记之意也。

　　《元圣武亲微录校注》一卷，何秋涛校，沈曾植覆校，李文田注，顺德龙凤镳《知服斋丛书本》。

　　谨按《元圣武亲征录》，四库著录，不著撰人名氏，袁昶《渐西村舍丛刊》，亦有此书，惟只题何校，沈、李校正处，廖寥数条，用小字夹注，未标明某说。龙刻以何校为底本，沈、李校注全载，三家分别提行，尤明晰，又多吕文节公贤基一序，卷末有文诚自记，近年王忠悫公国维有再校本，以《说郛》本为主。

《元秘史注》十五卷，李文田注，桐庐袁昶，《浙西村舍丛书本》。

谨按《元秘史》四库未著录。阮文达公《研经室三集》采录呈进，并为提要，未著撰人名氏，元和顾广圻《思适斋集》有《元秘史》跋云：此书载《永乐大典》中，钱竹汀少詹家所有本，即从此出。又有残元椠本，在《连筠簃丛刻》内。阮本据此为主，而记钱本异同于下。何秋涛云：《元秘史》书成于《圣武亲征录》之前，而元代藏之内府，汉人未得见之。明初修《元史》，于纪太祖事，多据《亲征录》，故《亲征录》先发见于世，《元秘史》则阮文达公始从《永乐大典》移录耳。此本卷首题李文田注，书眉有袁昶、文廷式评识。

《朔方备乘札记》一卷，李文田撰，元和江标《灵鹣阁丛书本》。

谨按江刻，讹脱甚多，宜检原稿校补，以成完帙，孙雄记。

《西游录注》一卷，元耶律楚材撰，国朝盛如梓删略，李文田注。

《和林金石录》一卷，李文田撰，豫章黄裁和林考附。

《和林诗》一卷，李文田撰。

《双溪醉隐集笺》六卷，元耶律铸撰，李文田笺，知服齐丛书本。

《撼龙经注》一卷，五代后唐杨筠松撰，李文田注，庐陵萧允文校刊本有光绪十八年萧跋。

《知服斋业丛书本》，罗振玉《续汇刻书目》未见。

《塞北路程考》一卷，未刻。

《元代地名考》，孙雄记作十卷，今稿本不完。

《西使记注》元刘郁撰，李文田注。

参考文献

一、官方文献及档案

1．《清史稿》，中华书局，1976年版。

2．《清史稿》，二十五史百衲本，浙江古籍出版社，1998年版。

3．《清史稿》，中州古籍出版社，1998年版。

4．《清代七百名人传》，北京市中国书店出版社，1984年版。

5．《清代粤人传》，中华全国图书馆文献微缩复制中心，2001年版。

6．周之贞修，周朝槐纂，《顺德县志（民国）》，民国十八年刻本。

7．《清实录》，中华书局，2008年第2版。

8．北京图书馆：《北京图书馆藏珍本年谱丛刊》，北京图书馆出版社，1999年版。

9．第一历史档案馆编：《圆明园》，上海古籍出版社，1991年版。

10．第一历史档案馆编：《咸丰同治两朝上谕档》，广西师范大学出版社，1998年影印。

11．第一历史档案馆编：《光绪宣统两朝上谕档》，广西师范大学出版社，1996年影印。

12．李文田：《奏为上天垂象可畏，请敕下明诏停园工事》，第一历史档案馆藏，朱批奏折，档案号：04-01-01-0927-004。

13．李文田：《奏为补授翰林院侍讲学士谢恩事》，第一历史档案馆藏朱批奏折，档案号：03-4656-089。

14．沈淮：《奏为西事未靖南北旱涝兴修圆明园恐累盛德事》，第一历史档案馆藏朱批奏折，档案号：04-01-37-0122-001。

15．荆州将军巴扬阿：《奏为承平未久物力犹艰请暂停修理圆明园工作事》，第一历史档案馆藏朱批奏折，档案号：04-01-01-091-022。

16．李文田：《奏报岁试南昌首府并接试抚建广饶四府情形事》，第一历史档案馆藏录副奏折，档案号：03-5004-042。

17．李文田：《奏为宁都办仍暂行岁科连考事》，第一历史档案馆藏录副奏折，档案号：03-5004-060。

18．李文田：《奏报岁试南康九江两府并南安宁都两府州岁科试情形事》，第一历史档案馆藏录副奏折，档案号：03-5004-059。

19．李文田：《奏报考试赣州吉安并接试南昌抚建等府情形事》，第一历史档案馆藏录副奏折，档案号：C3-5004-082。

20．李文田：《奏报科试广饶等七府情形事》，第一历史档案馆藏录副奏折，档案号：03-5004-110。

21．李文田：《奏请饬广东督抚搜捕会匪以杜乱前事》，第一历史档案馆藏录副奏折，档案号：03-5088-022。

22．吴大澄：《奏为遵旨保荐翰林院侍读学士李文田等员事》，第一历史档案馆藏录副奏折，档案号：03-5177-105。

23．李文田：《奏为保举前广东布政使游智开重与录用事》，第一历史档案馆藏录副奏折，档案号：03-5326-051。

24．李文田：《奏为自报病危事》，第一历史档案馆藏录副奏折，档案号：03-5331-069。

25．李文田：《奏为江西学政李文田任满循例出具考语事》，第一历史档案馆藏朱批奏折，档案号：04-01-12-0515-070。

26．李文田：《奏为密陈江西学政李文田考语事》，第一历史档案馆藏朱批奏折，档案号：04-01-12-0514-091。

27．曾国藩：《奏为密陈江苏学政彭久馀安徽学政景其浚江西学政李文田年终考语事》，第一历史档案馆藏录副奏折，档案号：04-01-38-0164-039。

28．《奉旨着派李文田督办广州府团练捐输事》，第一历史档案馆电寄谕旨档，档案号：1-01-12-010-0195。

29．军机大臣：《奏为将本日李文田等奏事奉旨原折片恭呈慈览事》，第一历史档案馆藏录副奏折，档案号：03-5725-154。

30．张之洞等：《奏为前翰林院侍读学士李文田奉调督办广州府团练捐输事毕请准其销差回京供职事》，第一历史档案馆藏录副奏折，档案号：03-6020-076。

31．张之洞：《为广东绅士李文田劝捐会馆经费一案查开充饷罚款并商人捐款数目清单备查事致军机处咨呈》，第一历史档案馆藏咨文，档案号：03-6555-039。

32．张之洞、倪文蔚：《奏为遵旨查明复奏广东绅士李文田寄修会馆捐款事》，第一历史档案馆藏录副奏折，档案号：03-6535-076。

33．文祥：《奏为敬陈圆明园工程需用浩繁应暂行停止事》，第一历史档案馆藏朱批奏折，档案号：04-01-01-0923-010。

34．王家璧：《奏请酌提海关洋税作为圆明园工程经费事》，第一历史档案馆藏朱批奏折，档案号：04-01-35-0976-087。

35．崇纶、春佑：《奏为筹办圆明园安佑宫等要工巨款事》，第一历史档案馆藏朱批奏折，档案号：04-01-37-0121-034。

36．游百川：《奏请暂缓兴修圆明园事》，第一历史档案馆藏朱批奏折，档案号：04-01-37-0122-003。

37．谢维藩：《奏为修理圆明园工程微有滞碍不如经营西苑事》，第一历史档案馆藏朱批奏折，档案号：04-01-37-0122-006。

38．王家璧：《奏为报捐修理圆明园木植候选知府李光昭素行不端请将此项木植专归官办事》，第一厉史档案馆藏朱批奏折，档案号：04-01-37-0122-027。

39．杨昌浚：《奏为浙江向不出产大木奉派修理圆明园工程楠柏等项木植无从采办事》，第一历史档案馆藏录副奏折，档案号：04-01-37-0123-009。

40．李瀚章、郭柏荫：《奏为遵旨采办修理圆明园木植事》，第一历史档案馆藏朱批奏折，档案号：04-01-37-0123-008。

41．吴棠：《奏为川省委员采觅修理圆明园工需木植道路险远请准展限事》，第一历史档案馆藏朱批奏折，档案号：04-01-37-0123-013。

42．毓秀：《奏为续行报郊修理圆明园工程银两奉旨赏戴花翎谢恩事》，第一历史档案馆藏朱批奏折，档案号：04-01-37-0123-023。

43．文治：《奏为报郊圆明园工程银两奉旨优奖谢恩事》，第一历史档案馆藏朱批奏折，档案号：04-01-37-0123-025。

44．《奏为报郊修理圆明园工程银两本臣及子侄奉旨优奖谢恩事》，第一历史档案馆藏朱批奏折，档案号：04-01-37-0123-028。

45．吴大澄：《奏请饬下内务府停止圆明园一切工程事》，第一历史档案馆藏录副奏折，档案号：04-01-37-0124-005。

46．刘坤一：《江西巡抚刘坤一奏为查明江西学政李文田考试声名事》第一历史档案馆藏，朱批奏折，档号：04-01-38-0164-030。

47．《闰五月初七日礼部右侍郎李文田南书房翰林张百熙散秩大臣信恪给事中张嘉禄等奏折朱批清单》，台湾故宫博物院藏清代档案，文献编号：408015297。

48．刘坤一：《奏为循例察访江苏安徽江西三省学臣声名出具密考恭陈事》，台湾故宫博物院藏清代档案，文献编号：408017010。

49．《九月十四日李文田等奏折朱批清单》，台湾故宫博物院藏清代档案，文献编号：408018386。

50．王崇烈拟：《李文田列传》，台湾故宫博物院藏清史传包，文献编号：701006335。

51．桂坫纂辑，张林焱覆辑：《李文田列传》，台湾故宫博物院藏清史传包，文献编号：702001668。

52．王崇烈拟：《何绍基列传》，台湾故宫博物院藏清史传包，文献编号：701007501。

53．王崇烈拟：《潘祖荫列传》，台湾故宫博物院藏清史传包，文献编号：701007645。

54．桂坫纂辑，张林焱覆辑：《李文田传包》，台湾故宫博物院藏清史传包，文献编号：702001668。

55．李文田：《奏请开缺回籍养亲事》，台湾故宫博物院藏清代档案，文献编号：115730。

56．贾桢、倭仁：《奏保孙诒经张家骧李文田等三员参加南书房翰林考试（附一件）》，台湾故宫博物院藏清代档案，文献编号：098629。

57．李文田：《奏请天恩补授江西学政事》，台湾故宫博物院藏清代档案，文献编号：103327。

58．李文田：《奏谢天恩补授江西学政事》，台湾故宫博物院藏清代档案，文献编号：103327。

59．李文田：《奏报到任接印日期》，台湾故宫博物院藏清代档案，文献编号：104481。

60．李文田：《奏谢转补翰林院侍读恩》，台湾故宫博物院藏清代档案，文献编号：106038。

61．李文田：《奏报按试瑞临等五府情形》，台湾故宫博物院藏清代档案，文献编号：108177。

62．李文田：《奏谢新授左庶子恩》，台湾故宫博物院藏清代档案，文献编号：109497。

63．刘坤一：《奏为学政李文田任满循例具奏由》，台湾故宫博物院藏清代档案，文献编号：112599。

64．李文田：《奏因赏戴花翎谢皇太后天恩由》，台湾故宫博物院藏清代档案，文献编号：130265。

65．李文田：《奏谢赏戴花翎恩由》，台湾故宫博物院藏清代档案，文献编号：130266。

66．李文田：《奏报按试顺天等处并请保称职教官》，台湾故宫博物院藏清代档案，文献编号：134353。

二、文集、日记、年谱、尺牍

67．李宗羲：《开县李尚书奏议》，沈云龙主编：《近代中国史料丛刊》第四十七辑（462），台湾文海出版社，1989年版。

68．刘坤一：《刘忠诚公（坤一）遗集》，沈云龙主编：《近代中国史料丛刊》第二十六辑（252），台湾文海出版社，1989年版。

69．文廷式：《文芸阁（廷式）先生全集》，沈云龙主编：《近代中国史料丛刊续编》第十四辑（131—140），台湾文海出版社，1989年版。

70．汪叔子编：《文廷式集》，中华书局，1993年版。

71．汪叔子、张求会编：《陈宝箴集》（下），中华书局，2005年版。

72．李鸿章：《李鸿章全集》，安徽教育出版社，2008年版。

73．张之洞：《张之洞全集》，河北人民出版社，1998年版。

74．康有为：《康有为全集》，中国人民大学出版社，2007年版。

75．谢美俊编：《翁同龢集》，中华书局，2005年版。

76．梁鼎芬：《节庵先生遗稿》，出版商及年代不详。

77．王闿运：《湘绮楼诗文集》，岳麓书社，1996年版。

78．上海图书馆编：《汪康年师友书札》（一），上海古籍出版社，1987年版。

79．沈兆霖：《清沈文忠公兆霖自订年谱》，台湾商务印书馆，民国六十七年初版。

80．李宗桐：《李鸿藻先生年谱》，台湾商务印书馆，民国七十年初版。中华书局2014年版。

81．潘祖年编：《潘祖荫年谱》，沈云龙主编：《近代中国史料丛刊》第十九辑（181），台湾文海出版社，1989年版。

82．文祥：《文文忠公（祥）事略·自订年谱》，沈云龙主编：《近代中国史料丛刊》第二十二辑（212），台湾文海出版社，1989年版。

83．吴荣光：《吴荣光自订年谱》，沈元龙主编：《近代中国史料丛刊》第七十七辑（764—765），台湾文海出版社，1989年版。

84．朱芳圃：《孙诒让年谱》，商务印书馆，1934年版。

85．康有为：《康南海自订年谱》，沈云龙主编：《近代中国史料丛刊》第一辑（11），台湾文海出版社。

86．吴天任：《梁节庵先生年谱》，台湾艺文印书馆，民国六十八年版。

87．丁文江：《梁启超年谱长编》，上海人民出版社，1983年版。

88．吴天任：《清何翽高先生国炎年谱》，台湾商务印书馆，1981年版。

89．梁济：《桂林梁先生遗著》，台湾华文书局，出版时间不详。

90．吴道镕：《澹盦文存·广东藏书纪事诗》，沈云龙主编：《近代中国史料丛刊续辑》第20辑（199—200），文海出版社，1975年版。

91．陈寅恪：《陈寅恪集　寒柳堂集》，生活·读书·新知三联书店，2001年版。

92．傅增湘：《藏圆群书经眼录（一、二、三、四、五）》，中华书局，1983年版。

93．张俊等选编：《长联雅藏》，中州古籍出版社，2002年版。

94．许全胜：《沈曾植年谱长编》，中华书局，2007年版。

95．翁同龢：《翁同龢日记》，中华书局，2006年版。中西书局，2012年版。上海辞书出版社，2021年。

96．李慈铭：《越缦堂日记》，广陵书社，2004年影印。

97．叶昌炽：《缘督庐日记》，凤凰出版社，2002年版。

98．王闿运：《湘绮楼日记》，岳麓书社，1997年版。

99．缪荃孙：《艺风老人日记》，北京大学出版社，1984年影印。

100．张荫桓著，任青、马忠文整理：《张荫桓日记》，上海书店出版社，2004年版。

101．郭嵩焘：《郭嵩焘日记》，湖南人民出版社，1983年版。

102．王文韶：《王文韶日记》，中华书局，1989年版。

103．潘祖荫：《潘祖荫日记》，中华书局，2023年版，上海图书馆藏。

104．唐景崧：《唐景崧日记》，中华书局，2013年版。

105．袁昶：《袁昶日记》，稿本，上海图书馆藏。

106．吴汝纶：《桐城吴先生日记》，河北教育出版社，1999年版。

107．杜凤治著，邱捷点校：《杜凤治日记》，广东人民出版社，2021年版。

108. 江标：《笘誃日记》，凤凰出版社，2020年版。

109. 蔡元培著，王世儒编：《蔡元培日记》，北京大学出版社，2010年版。

110. 皮锡瑞著，吴仰湘编：《皮锡瑞全集》，中华书局，2015年版。

111. 刘大鹏遗著，乔志强标注：《退想斋日记》，山西人民出版社，1990年版。

112. 恽毓鼎著，史晓风整理：《恽毓鼎澄斋日记》，浙江古籍出版社，2004年版。

113. 张謇：《张謇日记》，江苏古籍出版社，1994年版。

114. 汪鸣銮：《郋亭日记》，稿本，上图藏。

115. 沈曾桐：《百研斋日记》，稿本，上图藏。

116. 沈曾植：《恪守庐日录》，稿本，上图藏。

117. 张佩纶：《涧于日记》，台湾学生书局，1966年版。

118. 张佩纶著，谢海林整理：《张佩纶日记》，凤凰出版社，2015年版。

119. 中国史学会编：《洋务运动》，上海人民出版社，1961年版。

120. 中国史学会编：《中法战争》，新知识出版社，1955年版。

121. 广东文征编印委员会：《广东文征》第六册，香港中文大学出版社，1978年版。

122. 李渊硕：《顺德李文诚公行状》，民国十八年铅印本，国家图书馆藏。

123. 李文田：《心园丛刻一集·李文诚公遗诗》，清光绪刻本，国家图书馆藏。

124．李文田：《李文田石角堤书札》，民国影印本，国家图书馆藏。

125．《名人尺牍墨宝》，文明书局，民国二年版。

126．李文田：《李文田日记》，残稿，李军辉先生提供。

127．李文田、李慈铭：《二李信札》，国家图书馆藏。

128．李文田：《致龚易图》，原件，私人收藏。

129．李文田：《致陈澧》，原件，私人收藏。

130．李文田：《致沈曾植》，原件，私人收藏。

131．李文田：《致丁日昌》，原件，私人收藏。

132．李文田：《致沈曾植》，原件，私人收藏。

133．李文田：《致汪鸣銮》，原件，私人收藏。

134．李文田：《致梁九图》，原件，私人收藏。

135．李文田：《致李慈铭》，原件，私人收藏。

136．李文田：《至杨泗孙》，原件，私人收藏。

137．《江尾上村乡李氏族谱志》，抄本，私人收藏。

138．李文田：《李芍农先生鉴定，辛卯直省乡墨文程》，光绪刻本，上海图书馆藏。

139．李渊硕：《五十初度长古二百十韵》，稿本，国家图书馆藏。

三、李文田已刊著述、书法、碑拓题跋

140．佚名撰、李文田注：《元朝秘史》，齐鲁书社，2005年第1版。

141．李文田注：《元朝秘史》，稿本，上海图书馆藏。

142．李文田：《塞北路程考（不分卷）》，稿本，上海图

书馆藏。

143．《烟画东堂小品》，清光绪刻本，国家图书馆藏。

144．李文田：《朔方备乘札记》，清光绪刻本，日本早稻田大学图书馆藏。

145．李文田：《西游录注》，清光绪刻本，日本早稻田大学图书馆藏。

146．李文田：《和林诗并注》，清光绪刻本，日本早稻田大学图书馆藏。

147．李文田注：《双溪醉隐集》，清光绪刻本，上海图书馆藏。

148．李文田、沈曾植校注：《元亲征录》，清光绪刻本，上海图书馆藏。

149．李文田校并跋：《崇祯朝记事》四卷，抄本，国家图书馆藏。

150．《大金吊伐录》，抄本，上海图书馆藏。

151．李文田手抄并跋：《盗柄东林伙》，抄本，国家图书馆藏。

152．李文田手抄并跋：《东林点将录》，抄本，国家图书馆藏。

153．李文田手抄并跋：《东林籍贯》，抄本，国家图书馆藏。

154．李文田手抄并跋：《天鉴录》，抄本，国家图书馆藏。

155．李文田：《撼龙经注》，清光绪刻本，国家图书馆藏。

156．《李文田殿试卷》，清咸丰刻本，上海图书馆藏。

157．《顺德本西岳华山庙碑》，香港中文大学藏。

158．《华山庙碑》（长垣本），上海辞书出版社，2011年版。

159．《华山庙碑》（四明本），民国影印本，私人收藏。

160．《李文田定武兰亭题跋》，复印件，苌军辉先生提供。

161. 《兰亭论辩》，文物出版社，1977年版。

162. 《明拓石门铭》，故宫博物院藏。

四、笔记、小说

163. 徐凌霄、徐一士：《凌霄一士随笔》（五），见《民国笔记小说大观》第三辑，山西古籍出版社，1997年版。

164. 《近代稗海》，四川人民出版社，1985年版。

165. 黄濬：《花随人圣庵摭忆》，中华书局，2008年版。

166. 黄濬：《花随人圣庵摭忆》，山西古籍出版社，1999年。

167. 吴庆坻撰，张文其、刘德麟点校：《蕉廊脞录》，中华书局，1990年版。

168. 徐一士：《一士类稿》，中华书局，2007年版。

169. 徐珂：《清稗类钞》，中华书局，1984年版。

170. 张集馨：《道咸宦海见闻录》，中华书局，1981年版。

171. 崇彝：《道咸以来朝野杂记》，北京古籍出版社，1982年版。

172. 祁寯藻等：《〈青鹤〉笔记九种》，中华书局，2007年版。

173. 胡思敬：《国闻备乘》，中华书局，2007年版。

174. 陈夔龙：《梦蕉亭杂记》，中华书局，2007年版。

175. 恽毓鼎：《崇陵传信录》，中华书局，2007年版。

176. 岑春煊：《乐斋笔记》，中华书局，2007年版。

177. 徐一士：《亦佳庐小品》，中华书局，2009年版。

178. 徐一士：《一士谭荟》，中华书局，2007年版。

179. 施蛰存：《金石丛话》，中华书局，2005年版。

180. 曾朴：《孽海花》，上海古籍出版社，2005年版。

181．冒鹤亭著，陈子善编：《孽海花闲话》，海豚出版社，2010年版。

182．小横香室主人：《清代野史大观》，上海书店，1981年版。

183．继昌：《行素斋杂记》，上海书店，1984年影印版。

184．费行简：《近代名人小传》，沈云龙主编：《近代中国史料丛刊》第八辑（78），台湾文海出版社，1989年版。

185．徐凌霄、徐一士：《曾胡谈荟》，沈云龙主编：《近代中国史料丛刊》第六十四辑（636），台湾文海出版社，1989年版。

186．法试善等：《清秘述闻三种》，中华书局，1982年版。

187．（越）阮思偭：《燕轺笔录》，南京师范大学出版社，2021年版。

五、研究论著

188．王维江：《"清流"研究》，上海书店出版社，2009年版。

189．王维江：《晚清的反铁路思潮》，王元化主编：《学术集林》卷八，上海远东出版社，1996年。

190．王维江：《晚清的反"维新"思潮》，《学人》第9辑，江苏文艺出版社，1996年。

191．朱维铮：《音调未定的传统（增订本）》，浙江大学出版社，2012年版。

192．朱维铮：《走出中世纪》（增订本），复旦大学出版社，2007年版。

193．朱维铮：《走出中世纪（二集）》，复旦大学出版社，2007年版。

194．朱维铮：《重读近代史》，中西书局，2010年版。

195．茅海建：《从甲午到戊戌：康有为〈我史〉鉴注》，生活·读书·新知三联书店，2009年版。

196．姜鸣：《天公不语对枯棋：晚清的政局与人物》，生活·读书·新知三联书店，2006年版。

197．辜鸿铭：《清流传》，东方出版社，1997年版。

198．梁基永：《李文田》，广东人民出版社，2008年版。

199．沈渭滨：《论陈宝琛与"前清流"》，《复旦学报》（社会科学版），1995年期。

200．林文仁：《南北之争与晚清政局：1861—1884，以军机处汉大臣为核心的探讨》，中国社会科学出版社，2005年版。

201．谢俊美：《翁同龢传》，中华书局，1994年版。

202．冯天瑜：《张之洞评传》，河南教育出版社，1985年版。

203．梁启超：《李鸿章》，湖北人民出版社，2004年版。

204．桑兵、关晓红主编：《先因后创与不破不立：近代中国学术流派研究》，生活·读书·新知三联书店，2007年版。

205．杨天石：《晚清史事》，中国人民大学出版社，2007年版。

206．翦伯赞主编：《中国史纲要》，人民出版社，1964年版。

207．北京大学中国传统文化研究中心编：《文化的馈赠：汉学研究国际会议论文集（哲学卷）》，北京大学出版社，2000年版。

208．胡海帆：《章氏四当斋李氏泰华楼旧藏与燕京大学图书馆（下）》，《收藏家》2006年第9期。

209．罗韬：《有关李文田的三封函札》，《收藏·拍卖》2005年第3期。

210．Wang，Weijiang：*Wang xianqian und die "Reine Strömung"：Politik und Gelehrsamkeit in der späten Qing-Zeit*，Gossenberg：Ostasien Verlag，2008.

211．自然科学史研究所主编：《科技史文集》第14辑（综合辑2），上海科学技术出版社，1985年版。

212．高长斌、高歌主编：《内科学与传染病学》，北京科学技术出版社，2009年版。

六、工具书

213．陈旭麓等编：《中国近代史词典》，上海辞书出版社，1982年版。

214．陈玉堂编：《中国近现代人物名号大辞典》，浙江古籍出版社，1993年版。

215．杨廷福等编：《清人室名别号字号索引》，上海古籍出版社，2001年版。

216．钱实甫：《清代职官年表》，中华书局，1980年版。

217．朱宝炯等编：《清代进士题名录》，上海古籍出版社，1979年版。

218．江庆柏：《清代人物生卒年表》，人民文学出版社，2005年版。

219．王德毅编：《清代别名字号索引》，中文出版社，民国七十四年版。

后　记

　　2024年5月9日，我受邀参加均安上村李氏宗祠门前李文田主题浮雕的落成仪式。仪式后的宴会上，与李氏族裔军辉先生畅谈，才发现此时距离我们2011年因李文田结缘，已过去十有二年；距离2010年11月我初涉历史学，在王维江老师指导下开始编撰《李文田年谱》，则已近十四个春秋。

　　作为广东本地较为重要的士大夫，李氏的相关资料因在抗战时遭受重大损失而鲜有学术性研究，这部年谱的编纂自然遭遇了很多困难。此间，我受李氏宗族，尤其是军辉先生益处颇多。作为李文田生平的专家，军辉先生在与我分享大量一手文献的同时，也在考订李氏生平方面为我提供了大量的帮助。李文田之学精深，文章可道，书法可传，可谓一代文宗。或可说，这部年谱之所以得以成书，非因我编纂之力，而是李文田其人在广东颇受敬重，地方各界鼎立支持的结果；当我剖析晚清官场的沉疴，对李文田的部分政治活动提出批评性意见时，当地各界，尤其是作为族裔的军辉先生，也能给予我足够的理解和宽容。历史人物的复杂性，也是其魅力不可或缺的部分。李文田系属翁同龢一派，他在19世纪80年代之后的政治活动，历来背负不少争议。其中一些，如他与康有为的龃龉，已被证明多属康氏诬言，不足为论；但作为北京政坛的重要官僚，颇显"清流"特色的李文田，却无法摆脱那个衰败的时代。所谓"清流"特色，绝非李文田独有，而是在太平天国运动结束以后，国家政治结构出现重大调整之时，出现在翰詹清要之臣中必然的政治现象。大范围的内乱和外患，不但使清王朝的君主权威急剧下降，同时还带来了旧体制在面对新局面时的无措和失效。"清流"和作为"清流"周边人物的李文田、翁同龢等人在此间的政治活动，正是翰林院制度丧失原有储才、育才、选才效能之后的直接体现。这部《年谱》虽不足以反映这一过程的全貌，却能部分地展示出，翰林群体在常规仕途日益拥堵，按部就班已难出头，入阁拜相、涉足中枢之路几近断绝时，竞奔于时髦学问，以惊世骇俗之言行，求一步登天的尴尬境地。这也能为后人理解同光以降金石学、公羊学、西北史地之学陆续迅速兴起的制度性和结构性原因，提供一个新的视角。

作为我个人学术生涯的起点，编纂这部《年谱》的过程，既是我进行基础学术训练的必由之路，也是我重读近代史、重新理解中国学术传统、重新认知社会生态，乃至重新审视个人精神世界的重要历程。在我撰写李文田的历史的同时，历史的李文田也在深刻影响着我个人的心灵成长。2013年中，本书初稿上传知网，仅过半年便有学者在国内重要刊物刊文，批评拙论"语甚谿刻"，并指出《年谱》中尚有不少错漏，但同时又复述了拙文中的不少分析和论断。前辈学者的批评令人欣喜，表示我对李文田的理解尚有价值，也为我最终决心修订、出版此书提供了难得的动力。时随世变，学术观点也会随之调整。尽管这部《年谱》仍有诸多未尽人意之处，但此次出版时，修订或删去的"刻薄"批评，也可见我对李文日、对晚清士风认知的改变。

我还要特别感谢在本书编纂、出版过程中向我提供大量无私帮助的友人。除了前述的李军辉先生和王维江老师之外，还有推荐本书竞争广东省哲社后期资助项目的刘志伟教授和吴滔教授。邱捷老师在见到书稿后，为我撰写了长达14页的阅读笔记提示我应该修改的内容或观点，又为我专门整理出《杜凤治日记》中关于李文田的内容一万五千余字。本书中涉及杜凤治的按语，多出自邱老师的提示。邱老师的关心令我感到幸福。作为后辈的学生，我非常感激邱老师以八十高龄仍愿予我提点，示我不足，祝我进步。邱老师的严谨精神是我自省和学习的榜样。广东人民出版社的钱丰先生，在我的出版经费捉襟见肘之时，仍愿以学术为重，并竭力承担了繁琐的校对工作，令我感动。在整理文献的过程中，陆续向我提供过帮助的还有胡译之、徐立、赵四方、张存等师友，以及协助我校对书稿的张昕悦、储伟、袁鸿、李溢澎、农正宇、梁正妍等同学，如果没有他们，这部书的出版，可能还会再拖上很多年。

十四年，对于个人的学术生涯来说并不长，却足够使世界变得面目全非。正当我校阅书稿，对翁同龢拒绝李文田推荐西洋绘画、摄影技术的保守态度付之一笑时，才突然意识到，就在最近几年，这股思潮早已在全球范围内卷土重来，而我自己，也随时随地可能陷入这种极具迷惑性的地域性偏见之中。作为旧式士人的代表，李文田于1859年，也就是帝国首都首次被列强攻陷、圆明园付之一炬的前一年，中式出道。其后三十年，他仕途得意，诗文风流，望重德高，见证了"同光中兴"的整个过程。李文田死于1895年，又是一年以前，甲午战争爆发，充斥着英国海军军校生的北洋舰队随即全军覆没，洋务运动中被冠以"中学之体"的"西学之用"，终被时代验证无效。李文田几乎是在国覆巢倾的痛苦、愤怒、恐惧和迷茫中度过了自己生命的最后时光。作为后来者，我们已有充足的历史经验，来同情身为传统士大夫的李文田在面对千年变局时的无措与困顿。然而与此同时，我们也将面临同样的疑惑。历史是否还将往复？

李骛哲

2024年7月21日，草于格林威治旧海军学院